讓生命潛能 帶你探索心靈世界的真、善、美
Life Potential Publishing Co., Ltd

Autobiography of a Spiritually Incorrect Mystic

叛逆的靈魂

奧修自傳

奧修 OSHO 著　黃瓊瑩 譯

關於奧修

奧修是二十世紀最具知名度、也最具爭議性的一位靈性大師。一九三一年出生於印度，從小就堅持要親身去經驗真理，是一個叛逆而獨立的靈魂，飽覽群書、辯才無礙，以優異的成績畢業於印度沙加大學哲學系，並在傑波普大學擔任了九年的哲學系教授。

之後奧修周遊印度各地，公開挑戰一切既有的宗教、社會和政治傳統，當時在印度擁有毀譽參半的名聲。但今日則被印度的〈週日午報〉（*Sunday Mid-Day*）與甘地、尼赫魯、佛陀等並列為改變印度命運的

十位人物之一。

一九七四年在印度孟買東南方的普那（Pune）創建了「普那國際靜心中心」，吸引了世界各國的求道者前來體驗靜心與轉化。

一九九〇年奧修離開了他的身體，但種種的教誨與啟示以文字的力量更廣為流傳，他對門徒及求道者的演講已被錄製成六百多種書，翻譯成三十多國文字。義大利目前出版了八十多種書，其中兩本是年度暢銷書，德國發行了四十五本書之多，而美國在一九九五年後讀者群穩定成長。

更不可忽略的是中國大陸，在一九九六年奧修的十六本書總銷售量即達六十萬冊，但旋即受到中共政府的打壓。在台灣，閱讀奧修的文字協助了許多追求靈性及心靈成長的人士打開了一扇意識之窗，每年前往普那國際靜心中心短期進修、體驗治療課程的人不斷增加。

目錄

第一部
天生反骨傳奇人物

第二部

明鏡的反照

第三部

遺世之愛

奧修生平與工作大事記

推薦與分享——

一朵玫瑰花的力量

王靜蓉

「在成道之後，一個人已經沒有傳記了。」他說：「在成道之後，什麼事都沒有發生，所有的發生止息了、消失了，一個人只是存在。」

所有一切繼續進行著，但你內在沒有發生任何事，依然平穩、沈靜。

二十一歲的某個晚上，成道發生在奧修身上了，他來到每天去的花園裡，所有的東西都開始發光發亮，到處熠熠生輝，瀰漫著無限祝福，這個永恆一直持續者，不是發生之後一直維持下去，而是每一片刻一再、一再地發生，每一個片刻都是奇蹟。

是的，存在的真相是，每一個片刻一再、一再地發生，每個片刻都充滿光、美和祝福，只是人們時常沉睡在幻夢裡，以致於和存在隔絕了。

九年前遇見奧修，遇見奧修是命中注定，因為他，我揭開存在的大能，因為他，我全然愛過，因為他，我全然靜心過；因為他，我認識了自己，從孤單挫折移向單獨整合的空間。奧修是教會我單獨的師父，這才是我活在這裡的珍寶。

一回，一位多年未見的朋友看了我的書來電話問：「妳怎能跟奧修有這樣的連結？」他一問，使我想回印度奧修社區，坐在師父的骨灰旁，他一問，使我聽見呼喚……是的，連結奧修的能量使我溶解、流淚、充滿，當一個求道者透過師父契入整個存在大能時，她只能釋出淚珠，或狂喜地舞蹈。

讀《叛逆的靈魂》的過程，身心又感到震動，過往讀遍許多的身心靈書籍，世界各地的求道者以他們的語言、使命為人們述說真相，那或是頭腦可以理解的，那或是靈魂所嚮往的，然而只有奧修，說的是存在，所以他說：

「請帶著空無來與我相遇！」

我喜歡看見奧修親自敘述童年和成長歷程。童年，因為他的質地，使得身邊的人都變得不一樣，他的外公外婆、他所遇見的人與事，都因為他而震動。小時候，他就能享有寧靜，就已經了解深入靜謐的力量，他說：

「靈性是單獨的，靈性不屬於群眾。真理只有在人們單獨中才會被發現。」

這也是奧修教會我的。想要在群眾和社交中找到靈性是醜的，靈性在本性中、在存在中，我所經驗到的完整感很難透過語言的分享傳給另一個人，以往我總想分享，於是挫敗而歸。

一開始讀這本書，便跟著奧修的能量靜心，跟他一起坐在河邊看見流動的本質，跟他一起坐到樹上看見靈魂與肉體分開，跟他一起到戲院去搗蛋，到哲學系所教課……我看見自己喜愛他的童年，愛他的外公外婆，愛他住的村子，寧靜與單獨透由他，貫穿著我。接著，看見他開始為人們工作，給與靜心的洞見、社區開始誕生……他所做的工作是獨一無二的，那是經過多世的探索發現的祕密：

「我從道家、密宗、瑜伽、蘇菲、禪宗的人那裡得到許多祕密，幾乎每一種傳統我都待過，有好幾世裡我是個流浪者，從花朵中採集到大量的花蜜。而我離開的時間早晚會來臨，我將不再進入身體，這將是我的最後一世。

我想把我所蒐集的花蜜與你分享，如此你能夠與人分享，花蜜才不會從地球上絕跡。」

是的，我嚐到了他賜與的花蜜了，透過我在自己身上工作，透過無數的試誤與學習，透過深深的無望發生……無望繼續發生在身上，不知道將帶我到哪裡，而此時，信任也發生了。

信任無法與恐懼並存。奧修的歷程裡沒有恐懼，人們卻常是恐懼的創造物。沒有恐懼是奧修累世在自身工作的福報，充滿恐懼和傷口就是奧修給與治療和靜心的原因。在我從事治療與靜心工作同時，發現絕大多數人被恐懼環繞而創造出種種理性頭腦的護衛，因為他們不知自己是誰，黑暗的部分比光明多太多，他們很難信任，沿路顛簸前進。

這是我在治療工作上一直觀察的；怎麼去幫助一個與存在隔絕，甚至充滿恐懼的人？

「讓存在去做，讓會發生的發生吧！」

在讀過奧修在俄勒岡社區以及接連不斷的政治迫害後，我慨歎而臣服了，就是允許它們發生吧！靜心是很單獨的事，靜心的氛圍或能震動有緣人，但不能改變外在，他說明了：

「我是颱風的中心，無論周圍發生了什麼，對我都沒有差別，我只是兩者的觀照。這就是我全部的教導：事物或許會變，但你的意識應保持不變。」

靜心是意識的旅程，如果你追求的是比別人好，比別人成功，抱歉，靜心不能給你，請你繼續追求你要的，同時，你也將經歷內在的空乏和苦悶，或者在那時，你會明白什麼。不論你正經驗什麼，是渴望、是混亂、是恐懼，不論你在那裡，存在依然為你敞開大門，你可以繼續流浪，終有一天，你會想回家，存在會張開雙臂歡迎你。

在存在的懷裡，神奇一個接著一個片刻在發生。可惜的是，這不能教，但你絕對值得試看看，就像是我常對學員說的：相信我一次吧！

信任是顛簸前往本性路上的關鍵，信任，你將能觸及存在，觸及諸佛的力量，如奧修說的：

他們的力量全都是愛……如同一朵玫瑰或小水滴，我很脆弱、細緻和敏感，我的力量是一朵玫瑰花的力量……

王靜蓉 Ma Dhyan Mahita

- 作家、治療師。
- 主持愛和光靈氣中心，給與能量治療個案和工作坊，工作主題在直覺及創造力。
- 著有《把神祕喝個夠》（生命潛能出版）、《沐浴在光中》、《用愛做解答》等二十餘本書。

推薦與分享——

認識這位當代的成道師父

賴佩霞

最近幾年來，對於一些東西方的智者、宗教家、甚至成道者的生命歷程，產生無比的興趣。尤其是他們的成長過程，更是吸引我。經由各種管道和書籍一窺究竟，希望能深入了解他們所描述的至高慈悲。特別是關於耶穌及佛陀兩位宗教大師的生平事蹟，更是喜歡閱讀、比較。但是，也由於這兩位大師的年代與今日相隔甚遠，再加上人們的繪聲繪影，穿鑿附會，多少會使我懷疑這些記載的真實性。

仔細想想，這些被信奉的歷史人物，其實就像你我一般，曾經活生生的生活在這個世界上。而當人們將這些宗教大師神格化的同時，反而在人與神性間產生了更大的距離。他們的證悟似乎遙不可及，過多虛幻的形容，令我困惑，摸不著邊際。

奧修是本世紀的一位成道師父，他跟我們一起生活在同一個時代，加上現代紀錄科技的貢獻，更能字字句句忠實記錄他的言行舉止，被誤傳的機會也相對大大地減少。這些精確的紀錄、照片、錄影、實錄等……相較於兩千多年前的聖者，以口耳相傳的方式所遺留下來的經典與傳說，更能貼近我的心，更能令我感受到他的真實與親切。

奧修是那麼的平凡，就像你我一樣的平凡。

當他在世時，人們曾賦予他不同的評價。門徒們珍視他如同來自上天的禮物，但備受挑戰的威權體制，卻竭盡所能地要將他毀滅。奧修的存在是如此震撼人心，他的直言不諱曾令許多政府當局困擾。在媒體的渲染報導下，世界各地的人們還未來得及認識他，便已對他懷有莫名的敵意。如今，就在他的肉身離開之後，人們也許才能夠放下成見，重新咀嚼，聆聽他的見解。

奧修的仁慈，在他的字裡行間表露無遺，他的開導，讓人體驗、尊重生命的精髓。平常聽他闡述經典，詼諧中帶著幽默，博大精深的東西方哲學，從他的妙語中更教人淺顯易懂。而有趣的是，我總私自暗想……是什麼樣的成長背景，能造就出他這般的人格特質。這本書有別於其他奧修的作品，是少數他談論自己成長歷程的作品。內容生動有趣，尤其聽奧修描述他童年的頑虐行徑，得以讓我內在曾被壓制的靈魂得到紓解，也讓我重新思考生命的寬廣與範疇。

「愛」是什麼……到底有多少長者能夠接納兒童的純真。

從我發現自己即將為人母的那一刻起，尊重孩子的生命便是我最重要的學習議題。為人父母都曾自許，希望能孕育出一位身心靈和諧的主人翁。然而，生活的實際情況，往往讓人倍感失望。一旦感受到無奈與壓力，便不由自主地強迫子女來迎合社會的期許，藉此平衡心裡的不安。捫心自問，如果自己的生命走得踉踉蹌蹌，怎可能培育出踏踏實實的下一代。

此時，你正在翻閱這本書，藉著這個機緣，邀請你一同走進這如神話般真實的世界。奧修一再強調希望人們為自己負起責任，別一再的淪於抱怨及被奴役的擺盪中。他的故事，也許能為你開啟另一種認識生命的新視野。

賴佩霞

- 暨南大學國際關係研究所、國際心靈科學院、心理諮商師、企業培訓師。
- 現職：魅麗雜誌發行人、愛睿朋身心靈國際教育機構首席教育長。
- 譯著《失落的幸福經典》。

是的，我是一個嶄新的起始

並非新興的宗教
而是一種新的宗教品質
卓然獨立、無邊無際
重視自由的精神、寧靜的本質、潛能的成長
最終
你經驗到的是內在的神性
從你內在泉湧而出

前言——哲理思辨的一生

奧修經常被問到為什麼他不寫一部自傳，或者至少接受一系列的訪談，也好讓人編纂、記述他一生的歷史。他總是搖搖手表示：「超越時間的真理才是重要的，而不是我們剪報蒐集來、那些所謂的『歷史』。」或他會說，他的傳記就寫在他的工作總結之中——在他無數的公開演說、在人們煥然一新的生命裡。

話雖如此，人類的頭腦總傾向從時間的角度理解事情，特別是有些看起來矛盾、令人驚異又不尋常的事件發生時，我們會忍不住想釐清楚一切的來龍去脈，以說服自己已經知道那是怎麼一回事。本書的問世，象徵著將奧修的生平揭櫫於世的時機到了，人們可以藉此了解奧修的為人以及他的工作。

十餘個年頭過去了，在奧修準備要離開為他服務了五十九年的身體時，奧修的主治醫師述說著當時的情形：「他的平靜，讓人以為他只是為了去鄉間度個週末而打包行李一樣。」從一個極具真實的意義上來看，這本傳記含括了時間的推移以及重大變遷下的結果；自從奧修去鄉下度假以來，有美國有線電視CNN和網際網路兩者的誕生，他從前經常談到的烏托邦理想——一個沒有國家、種族、性別與信仰所劃分的世界——儘管還不是一個事實，但至少現在可以想像得到。奧修一再強調的靜心，並不只是某些行跡古怪的人所熱中的模糊興趣，相反地，從生活緊張的商業人士到癌症病患，靜心對每個人都可能產生助效，這個事實正廣泛地受到正視。

換個方式說，奧修原本就是他那個時代的先驅，這是無庸置疑的，但時代的腳步也在起碼的程度內跟上他，才使得今日更多人有機會了解他獨到的眼光與見地。

從更實際的層面來看，拜時代與科技之賜，在將奧修龐大的工作實體數位化之後，人們能夠研究他將近五千個小時的英語談話錄音，以及好幾百小時從印度語翻譯成英語的演講。在彈指之間，我們可以從這些演講裡得知，奧修在不同情況下使用「靜心」（meditation）這個字達兩萬五千次，談到「愛」（love）將近四萬兩千次。在一九六〇年代的印度，性似乎還不是神祕家會談論的主題，「性」（sex）這個字與其相關變化型在奧修的演講裡出現九千三百次——比他提及政治與政客的次數還多了兩千次。

當然，尋找某些題材——例如奧修直接講述他自己的生活——需要更多人類的智力，這不是電腦軟體所能辦得到的。若非針對這項任務努力不懈了三載的時間，這本書恐怕無法誕生。最後一點，從既有的素材之中構建一部奧修的傳記，需要一股傻勁才能進行這項不可能的任務，因為，那代表你得將奧修對於「真理」與「事實」、「永恆」與「短暫」相對重要性的了解發揚光大。

舉例來說，奧修大學畢業之後的幾年裡從事哲學的教學工作，事實取向的頭腦會將他標貼為「以前是一位哲學教授」，以知道他的某件重要事蹟為滿足，但就奧修而言，他或許也曾經是位鞋匠或木匠，重要的不在於他「做了什麼」，而在於「他是誰」。事實取向的頭腦喜歡從人們做了些什麼來定義別人，卻不是因為他們是誰；獨看人們所獲致的成就，而不是發現他們過世時所帶走的是什麼。

奧修關懷的核心正是「存在」（being）的層次，不是「做為」（doing）或「擁有」（having）的層次。假如我們妄自根據自己對「做為」以及「擁有」的價值觀，去判定他生命中的事件重要與否，若真到了這種程度，我們必定會曲解了他。

姑且不論永恆的真理，事實的發生是，奧修並沒有訓練自己去做鞋子或製造家具，而是以語言的方式傳達他自己。無論是他的朋友或敵人，兩者莫不同意他是一個非常健談、饒富洞見與幽默感的人。如果奧修所要教導給世人的是一套一致的哲學，或許就有可能挑出「正確」的字句來敘述他的生命，其實那是很輕鬆的工作，但事實不然。如果他曾經支持傳統，曾經是其中的一員，或宣稱他是來發掘新傳統的某種超自然使者或先知，那事情可就好辦多了。錯了，奧修一再強調他不屬於任何傳統的一部分，而且盡了身為人所能做的一切，以避免在他走之後，形成某種以他為中心的傳統。

本書的內容並非為了「奧修是誰」這個問題提供確切的回答，況且，有鑒於書中主人翁的特質，這也是不可能的。書中的文字比較是指引你從「永恆」與「時間」、「存在」與「做為」的層次，繼續追溯那個問題。

最後奧修說，唯有在明瞭了我們自己是誰之後，我們才會明瞭他是誰。他將這個挑戰交到我們手上，邀請我們從他的生命經驗中學習；這是可能的，然而他也要我們認清，唯有當我們藉由他而對自己產生更多認識時，一切才有意義。

莎雷多．卡羅．奈門（Sarito Carol Neiman）

序——這是一則內在的故事

首先，你得分清事實與真理之間的區別。一般而言，歷史只顧及事實，也就是在物質世界中實際上所發生的事，歷史不會注意到真理，因為真理並不發生在物質世界裡，真理發生在意識當中，而人類尚未成熟到能夠注意到意識層面發生了什麼。

人們一定會記下事件發生的時間與地點，那些是事實，但由於他還不夠成熟、洞察力量不夠，他無法注意到超越時間與空間之外所發生的事情，也就是那超越頭腦、發生在意識裡的。總有一天，我們將以一種完全不同的角度撰寫歷史，因為事實只是支微末節，儘管它們有形有狀，但並無足輕重；真理雖然看不見摸不著，但它很重要。

未來歷史的新方向所關注的，正如同佛陀成道時他內在所發生的，以及在成道之後，他在身體裡的四十二年間所持續發生的，那四十二年裡的一切不會因為身體的凋零而中斷。意識裡的現象與身體無關，它是永無止盡的；意識上的朝聖沒有盡頭，曾經發生在意識裡、身體內的現象，在身體消失後依然繼續著，這是一份簡明的認知。

以下是一則關於內在的故事。

第一部

天生反骨傳奇人物

問：你是誰？

答：我就是我自己。不是先知，不是彌賽亞，不是救世主，只是一個普普通通的人類……就和你沒有兩樣。

問：嗯，我看不盡然！

答：沒錯……不盡然！你還在沉睡，但差異並不大，從前我也沉睡過，而將來有一天，你可以清醒過來。此時你就可以醒過來，沒有人會攔著你，所以那個差異事實上是沒有意義的。

——摘自與羅伯塔．葛林（Roberta Green）在加州橘郡首府聖安那的訪談

第一章

金色童年翦影

若依你對靈性的認知來看我，我是一點都不算有靈性的人。我從不上廟宇或教堂，不讀經書，也不遵循某些修持方式去找尋真理，我從沒有崇拜過神明或者對神祈禱過。那些從來就不是我的路子，所以你大可說我什麼靈性的事都沒有做，但是對我而言，靈性（spirituality）隱含著一層截然不同的意義在其中。靈性需要一種篤實的個體性，並且不允許任何倚賴；無論要付出多高的代價，也要為自己創造自由。靈性是單獨的，它從不屬於群眾，因為群眾未曾找到過任何真理。真理只在人們的單獨中才會被發現。

所以你對靈性的想法與我有所不同。如果你能看懂我的童年故事，那些故事必會在某些時候顯示出我所指的靈性特質。沒有人會說那些特質是屬靈的，但我會，因為就我而言，那些特質已經賦予了人所企望的一切。

聆聽我的童年故事時，你應該試著去找尋某種品質；不光是聽故事，還要探尋某個內部特質，那特質像一條纖細的線，貫穿過我所有的記憶，那條細線是靈性之線。

靈性，對我的意義即是找到自己，我從未讓別人代替我做這件工作，因為——沒有人可以為你代勞，這件事你必須親自出馬。

1931-1939年：古其瓦達／馬達亞・普拉德西／印度（Kuchwada, Madhya Pradesh, India）

回想起我出生所在的那個小村落，為什麼存在選擇了那個小村落是無法解釋的，好像一切理當如此。那個村子有著如詩如畫般的美，我去過許多遙遠的地方旅行，卻未曾遇過相同的美。沒有什麼是重複的，事情來來去去，但總是不一樣。

我依稀可以看得見那個小村子，幾間小屋錯落在一座池塘的鄰近處，還有幾株我從前常去嬉戲的大樹。村裡沒有學校，那件事很重要，因為有近九年的時間我都沒有受教育，那是一個人最關鍵的發展時期，過了那段時間，就算是你很想要，也不可能再被教育。所以，某個角度上說，我還是沒有受過任何教育，雖然我擁有不少學位，而且不是隨隨便便的學位，是一流水準的博士學位。不過，那是任何一個傻瓜都辦得到的事，每年都有無數的傻瓜在拿那些學位，其實一點意義都沒有，有意義的是在早年的歲月裡，我一直沒有接受教育。那時沒有學校，沒有馬路，沒有鐵路，沒有郵局，真是天大的恩賜！那個小村子自成一個世界。

即使在我離開那個村子之後，我依然處在那個世界裡，沒有受過任何教育。

我見過成千上萬的人，不過，那個村裡的人要比其他人都來得天真、質樸；他們非常原始，對這世界一無所知，村裡連一份報紙都沒有，現在你知道為什麼那裡沒有學校了吧，連一所小學都沒有，好幸福！沒有一個現代的孩子能享有這種福氣。

＊＊＊＊＊＊

從前的時代，不到十歲的小孩就結婚這種事是存在的，有時候，甚至孩子還在母親肚子裡就結婚了。就只是兩個朋友自行決定：「我們的太太都有孕在身，如果其中一人生男孩，另一個人生女孩的話，這樁婚姻就這麼說定了。」根本沒有去詢問過男孩與女孩的意見，他們甚至都還沒有出世呢！而要果真生了一男一女，婚事就會這麼敲定了；人們信守承諾，總是說話算話。

我的母親在她七歲時就結婚了，當時我的父親還未滿十歲，他並不懂那是怎麼一回事。我以前常問他：「在你的婚禮上，你最享受什麼事情？」

他說：「騎馬。」這是當然的！頭一次他可以打扮得像個國王，身上還佩帶了一把寶刀，英姿煥發地騎在馬背上，每個人都圍在他的身邊走著，他當然是樂不可支。那就是他在自己的婚禮上最享受的事。度蜜月是不可能的，你要將一名十歲的男孩與一名七歲的女孩送去哪裡度蜜月？所以那個年代，印度並沒有蜜月旅行這種事，而從前的時代，世界上其他地方也沒有。

當我父親十歲、我母親七歲的時候，我的祖母過世了。在他們結婚之後，大概是一、兩年以後，所有的責任就落到我母親身上，那時她才九歲而已。我祖母留下兩個稚女與兩個稚子，也就是一共有四個孩子，照顧這四個孩子的責任於是落在一個九歲女孩、與一個十二歲男孩的身上。雖然我祖父在城裡有一家店，但他向來不喜歡住在城市裡，他喜愛鄉下地方的生活，妻子過世後，他可以說是完全自由了。當時政府會撥給人民免費的土地，因為土地很多，卻沒有人去耕作，我祖父從政府那裡得到五十英畝的地，他將整間店交給他的孩子——我十二歲的父親以及九歲的母親。他那個人熱中園藝、栽作，喜愛鄉下清新無礙的空氣，一點都不喜歡都市。

所以，我父親從來就沒有體驗過現在年輕人的自由，他並沒有變成那樣的年輕人，在他進入青年期以前就已經老了，忙著照顧他年幼的弟妹們，以及打理一家店。當他二十歲的時候，他已經在為他的妹妹們安排嫁人的對象，為弟弟們籌措上學念書的事情。

我從不曾稱呼我母親「媽媽」，因為在我出生之前，她所照顧的那四個孩子都叫她「巴希」（Bhabhi），「巴希」的意思是「兄弟的太太」，由於四個孩子都叫我母親「巴希」，我也跟著叫她「巴希」，打一開始我就從四個孩子那裡學到這麼叫她。

＊＊＊＊＊＊＊

我是由我外公、外婆帶大的，那兩位老人家相依為命，所以他們想要一個孩子，為自己的晚年增添一些樂趣。我父母親同意了，我是第一個出生的老大，所以他們將我給送去。

在童年歲月裡，我不記得任何與我父親那邊家族的關係，我早期的生活是與兩個老年人——我的外公與外婆——以及一位老僕人共同度過的。這三個人……我們年齡的差距之大，使得我完全單獨，這三位老人家不是我的同伴，也不可能是我的同伴。我沒有其他人作伴，因為我家是那個村裡最富有的人家；那個村子的規模很小，全部的人口加起來還不到兩百人，村民都很窮苦，所以我外公外婆不讓我和其他孩子混在一起，那些孩子都髒兮兮的，當然，大部分都是乞丐。我根本沒有交朋友的機會，那對我造成了深遠的影響，一生之中，我不曾為了交朋友去認識任何人，雖然我與某些人很熟。

在那段早年的時光裡，我是那樣地孤伶伶一個人，最後我開始享受起來，那真的是一件喜悅的事。孤單不是我的詛咒，事實證明它是一項恩寵，我開始享受一個人，並感到一種怡然自得的滿足，沒有倚賴著任何人。我素來對遊戲就沒有興趣，理由很簡單，自孩提時代，我就沒有玩耍的機會與對象，我仍可看見自己小時候只是靜靜坐著的樣子。我們的房子位於一個絕佳的景點，屋前就是一座湖，那是一座綿延好幾哩的湖泊……優美又恬靜，除了偶然間可見到一排白鷺鷥從湖上輕輕掠過，牠們發出求偶的鳴聲劃破了寧靜，否則，那幾乎可說是最完美的修行地點。在鳥兒求偶的聲音過後……寂靜就更深濃了。

湖裡長滿了蓮花，而我一坐就是好幾個鐘頭，感覺如此心滿意足，彷彿這世界一點都不重要了：蓮花、白鷺鷥、那份靜謐……

我外公、外婆注意到一件事：我很陶醉在自己的單獨之中。我一點都沒有去村裡跟任何人碰面的興趣，也不想去和誰交談；就算他們想與我說話，我的回答也只有是與否兩種，我對說話沒有什麼興致。他們意識到我享受著自己一個人，所以他們發現一項神聖的任務就是不去干擾我。

有七年的時間，沒有人腐化我的純真，沒有半個人。家裡的三位老人家，那位僕人與我的外公、外婆，他們都極力保護我，使我免於任何人的干涉。說實話，在我長大成人之後，我對他們覺得有些不好意思，由於我的關係，他們不能和普通人一樣說話。你常會對孩子們說：「安靜一點，你爸爸正在思考事情。你爺爺在休息，小聲一點，乖乖坐著。」我的童年經驗卻正好與別人相反，即便到了現在，我也說不出個所以然來，事情為什麼會這樣，以及如何變成這樣，反正就是這麼發生的，功勞不在我就是了。

那三位老人家常在對彼此打暗號：「他正自得其樂，別吵他。」他們開始愛上我的安安靜靜。

安靜自有一種氛圍，特別是小孩子，當他沒有被強迫時，那種氛圍具有感染性。他的安靜不是因為你告訴他說：「假如你不乖或吵鬧的話，我就打你。」不，那不叫安靜，那不會產生我所說的喜悅氛圍。孩子安安靜靜一個人的時候，他沒有理由地享受著自己；當他的快樂是沒有任何原因的，他的身邊將迴盪起一波波的漣漪。

純粹出於偶然，我沒有受任何人的干擾，那樣的時光過了有七年之久，沒有人對我嘮嘮叨叨，要我為進入商業、政治、外交世界做準備。我外公外婆比較希望讓我愈自然愈好，特別是我外婆，她是很單純的人，雖然沒有受過教育，卻擁有極細膩的敏感度，她是我對所有的女性都很敬重的原因之一——這些小事能夠影響一個人生活的許多面向。她斬釘截鐵地向我外公與僕人說：「我們全都過著沒有意義的人生，就跟從前一樣的空乏，而現在，死亡的腳步近了。」她堅定地說：「讓這個孩子不要受到我們的影響。我們還能給他什麼影響？只會把他變得像我們一樣罷了，可我們什麼都不是，就給他一個機會做他自己罷！」

我聽到他們在夜裡討論這些事，他們以為我已經睡了。我外公常對她說：「你這麼說，我就這麼做，但是，他是別人的孩子，遲早他會回到父母身邊，你想想，到時他們會說你都沒有教他禮貌、規矩，讓他就像匹脫韁的野馬一樣。」

她說：「沒有必要煩惱，在這個世上人人都很文明，大家都很有禮貌又懂規矩，但這有什麼用？你是個有教養的人，請問你從中得到了什麼？頂多，他的父母會生我們的氣，那又如何？讓他們生氣，反正對我們又無傷，到那時候，這孩子就夠強壯了，他們已經無法去改變他的人生。」

我對我外婆的感激之情甚於一切，外公總在擔心他早晚得背負這個責任：「他們一定會說：『我們把孩子交給你，你卻什麼都沒教他。』」

外婆甚至不讓我上家教，村裡有一個人，他可以教我一些初級的語文、算數和一點地理。那個人只念了四年的書，那是印度最初級的小學教育，但他是全村教育程度最高的人。外公想盡辦法要請他來教我念書，他說：「他可以來家裡教他，至少他會看得懂字母，懂一點數學，等他回去父母那邊時，他們就不會說我們白白浪費了這七年的光陰。」

可是外婆說：「七年之後，隨便他們要做什麼都可以，但這七年的時間，就讓他自然地做自己，我們不去干擾他。」她的論點是：「你能看懂字母又如何？你會算數又怎樣？你只是賺了一點錢，而你要他也賺一點錢，然後過著和你一般的生活？」

那番話讓我外公終於無言以對，該怎麼辦？他裡外都不是人，一方面他辯不過我外婆，一方面他知道要負責任的是他，不是我外婆。我父親會問他：「你做了什麼？」事實上是如此沒錯，幸運的是，他在我父親問他之前就過世了。後來，我父親總是說：「都是那老人家的錯，他把孩子慣壞了。」不過這時我已經茁壯到可以直接對他們說：「在我面前，永遠不准說我外公外婆的壞話。他讓我可以不被你慣壞，那才是你生氣的原因，但你還有其他的孩子，你可以去寵他們，到頭來你就會知道是誰被慣壞了。」

我父親有其他的孩子，而且一個接一個相繼出世，我那時常對他開玩笑：「再生一個吧，這樣就可以湊一打了，十一個小孩？當人們問：『你有幾個孩子？』十一個聽起來不夠稱頭，一打比較響亮。」在後來的幾年，我告訴他：「你可以去寵你所有的小孩，我很野，而且我會一直野下去。」而不知道怎麼的，我也總是不被文明所影響。

＊＊＊＊＊＊

我外公為人慷慨，雖然沒什麼錢，但他的慷慨使他富有，他總是給每個人他所有的一切。我從他身上學到給與的藝術，我從沒見過他拒絕過任何乞丐或任何人。

我叫我外公「那那」（Nana），印度人就是這麼稱呼外公的，外婆則是「那尼」（Nani）。我以前常問我外公：「那那，你是去哪裡找到這麼漂亮的老婆的？」她的五官長相不像印度人，倒像希臘人，她是一位韌性很強、非常堅毅的女性。外公死的時候還不到五十歲，而我外婆活到八十歲，她一直都很健康，根本沒有人會料想到她即將過世。我答應過她，在她即將往生之際我會來看她，那是我最後一次造訪我的家庭。她於一九七〇年辭世，我履行了我的承諾。

在早期的歲月裡，我將那尼視為母親，那段時期是一個人成長的階段。我母親之後才出現，而我已經長大了，早已形成了某種格局。外婆對我的幫助很大，外公儘管很疼愛我，也充滿了愛心，但他無法使上力，助人需要更多的品質——某種力量。他總是怕我外婆，某個角度上看，他是怕老婆的男人。不過他愛我，也幫助我……如果他是個懼內的丈夫，我能拿他如何？百分之九十九點九的丈夫都怕老婆，所以沒有關係。

我可以了解我外公的處境，也可以想見我的淘氣給他帶來的麻煩。他整天坐在他的「加地」（gaddi）上——印度人稱有錢人所坐的座位，前來向他抱怨我的人，比去光顧他店裡的客人還多！可是他都對他們說：「我願意賠償他所造成的損失，但記住，我不會處罰他的。」

或許，是他對我這頑皮的孩子特別有耐心……甚至我都沒辦法受得了，要是這種孩子交給我帶幾年……老天爺！即使只有幾分鐘，我就會將他永遠丟出門外。或許因為他無盡的耐心，那幾年為我外公造就了奇蹟，我眼見他的寧靜日益加深。偶爾，我會對他說：「那那，你可以處罰我，你不必這麼縱容我。」你相信嗎？這位老人家居然哭了，他邊掉眼淚邊說：「處罰你？我辦不到，我可以處罰我自己，但不是你。」

我從未在他眼裡見到一絲對我的怒意，相信我，我所做的事可抵得過一千個孩子加起來會做的事。從早上開始，甚至在早餐前，我就已經開始調皮搗蛋，一直到三更半夜為止。有時候我會很晚才回家——凌晨三點鐘——可是，真有他的！他從來沒說過一句：「你太晚回家了，這不是一個小孩子應該回家的時間。」連一次都沒有，事實上，在我面前他總是避免去看牆上的時鐘。

他不曾帶我去他常去的寺廟裡，我自己倒是常去，不過是在它關門的時候，我只是為了偷三稜鏡，因為那間廟裡有許多以三稜鏡做成的漂亮吊燈。我在想，那些三稜鏡一定都是被我拿光的。當我外公聽到這件事時，他說：「那又如何！我捐了那些吊燈，大不了我可以再捐啊！他不是偷，而是拿他外公的財產。那座廟是我蓋的。」寺廟的住持不再抱怨了，抱怨有什麼意義？他不過是我那那的僕人。

那那每天早上都會去廟裡，不過他從來沒有對我說過：「跟我一道去。」他從沒有教導過我任何事情，最棒的就是這點……沒有教誨。要一個無助的孩子跟隨你的信仰是人之常情，可是他一直都不受誘惑；是的，我說那是最大的誘惑，當有個人完全地倚賴著你，你很難不對他發揮你的影響力。他甚至連說都不曾對我說過：「你是一個耆那教徒。」

我記得很清楚，當年是人口普查的時候，工作人員來到我家，他問了許多問題，當他問到我外公的宗教信仰時，他回答：「耆那教。」接著又問我外婆的宗教信仰，那那說：「你可以自己去問她，宗教信仰是個人的事，我從沒過問她這個。」多麼了不起的一個人！

我外婆回答：「我從未相信過任何宗教，所有的宗教在我看來都很幼稚。」那個人聽了很訝異，連我都很吃驚，她居然什麼信仰都沒有！在印度要找一個沒有絲毫宗教信仰的女人是不可能的。不過，她出生在卡朱拉侯（Khajuraho），說不定她進入了一個密宗的家庭，這種人只落實修行，不信仰任何宗教。

沒有宗教信仰的修行？西方人的頭腦聽了一定覺得不合邏輯。一點都沒錯……說真的，要是信了任何宗教，修行就免談了，宗教會妨礙修行。修行不需要神，不需要天堂，不需要地獄，不需要恐懼與懲罰，不需要以快樂作為誘餌。靜心與頭腦一點都沒有關係，靜心是超乎頭腦的，而宗教只在頭腦裡打轉。

我知道那尼從沒去過廟裡，不過她教過我一串咒語，在這裡我將第一次說起。那是耆那教徒所持誦的咒語，不過它與耆那教並沒有關連，會與耆那教產生關係純屬意外……

這是一段很美的咒語，要轉譯它實在不容易，但我會全力以赴……不過我也許會翻譯得一蹋糊塗。

且先聽聽咒語的原音之美：

Namo arihantanam namo namo
Namo siddhanam namo namo
Namo uvajjhayanam namo namo
Namo loye savva sahunam namo namo
Aeso panch nammukaro

Savva pavappanano
Mangalam cha savvesam padhamam havai mangalam
Arihante sarnam pavajjami
Siddhe saranam pavajjhami
Sahu saranam pavajjhami
Namo arihantanam namo namo
Namo siddhanam namo namo
Namo uvajjhayanam namo namo
Om, shantih, shantih, shantih……

好，現在聽聽我在翻譯上的努力：「我去到阿瑞罕塔的腳下，向他叩首頂禮……」阿瑞罕塔（arihanta）是耆那教裡的人名，一如阿羅漢（arhat）是佛教中的人名，指的是已達到自身終極之境者，但他並不管別人是如何；他已經到家了，從此轉身背對著這世界。他不會建立宗教，甚至也不傳道說法，他連一句話都不會對世人說。當然，他必須先為人所記得，最值得世人記住的，是那些已經知道而保持沉默的人，他們之所以受到敬重不是因為言語，而是他們的寧靜；不是因為造福別人，而單純因為成就了自己。他是否造福別人並不重要，那是其次而非主要的事。重點是他已經成就了自己，在這個世界裡，要自我了悟是極端困難的事……

耆那教徒稱一個已經達成自己的人為阿瑞罕塔，他是那樣地沉醉在已身的明白所帶來的至樂當中，所以他將全世界給忘懷了。「arihanta」這個字本身的意思是「一個結束掉敵人的人」，那個敵人就是自我。所以第一句咒語所說的是：「我去碰觸一個已經自我了悟者的腳。」

第二句：Namo siddhanam namo namo。這串咒語是以古印度的方言（Prakrit）所構成，耆那教所使用的即是方言，這種語言比梵文（Sanskrit）還久遠。「sanskrit」的意思是「精煉的」，於是你知道之前一定還有某個東西存在，否則要怎麼精煉法？方言是未加改良，自然、原始的語言，耆那教人說得不錯，他們的語言是全世界最古老的，所以這咒語所使用的是自然、原始的方言。

咒語的第二句是：Namo siddhanam namo namo——我去碰觸一個已經成為他的本質者的腳。第一句與第二句有什麼不同？阿瑞罕塔從來不回頭看一眼，從不會操心造福眾生、基督教或其他的事，但「悉達」（siddha）偶爾會對身陷苦海的人類伸出援手，不過只是偶爾而已，並不總是如此。他不是基於必須或義務，而是可以選擇要或不要這麼做。

所以第三句說：Namo uvajhayanam namo namo——我去碰觸大師們的腳。他們有相同的達成，不過他們面對世界，服務這個世界。他們置身於這個世界，但不屬於世界……只是待在世界裡。

第四句：Namo loye savva sahunam namo namo——我去碰觸老師的腳。你曉得大師與老師之間的細微差異，大師已經知道，並且傳授他所知道的。老師從已經知道的人那裡接受到一些東西，然後將他所收到的原封不動再傳給世人，不過他本身並不具備了解。這咒語的創作者真是很棒的人，他們甚至去碰那些還不知道自己是誰的人的腳，因為那些人至少將大師的教誨帶給眾生。

第五句是我一生中所遇過最有意義的話語之一，說來也奇怪，在我還小的時候就由我外婆交給我這段話，當我對你解釋之後，你就能見識到它的美在哪裡。只有她才有能力將這些話交給我，其他任何一個我所認識的人，沒有一個有勇氣真正去宣告這些話，縱然他們都在廟裡反覆唸這串咒語。可是，去複誦是一回事，要將它傳給一個你愛的人是完全另一回事。

我去碰觸所有已經知道他們自己的人的腳……沒有任何分別，無論他們是印度教徒、耆那教徒、佛教徒、基督徒、回教徒。咒語說：「我去碰觸所有已經知道他們自己的人的腳。」據我所知，這是唯一沒有任何派系之分的咒語。

另外的四句與第五句是一樣的，它們全都蘊涵在第五句的意義裡，不過，第五句有其他幾句所沒有的浩瀚。第五句話應該寫在每一間廟宇和教堂裡，無論它們屬於哪一門哪一派，因為這句咒語說：「我去碰觸所有已經知道他們自己的人的腳。」而不是說：「那些已經知道神的人。」連「他們自己」也應該丟掉，我為了翻譯才放了受詞，原來的咒語單純指：「碰觸所有已經知道者的腳。」沒有受詞，我只是為了配合你的語言，否則，一定有人會問：「知道？知道什麼？這個知識的客體是什麼？」沒有知識的客體，除了知道者之外，沒有什麼要知道的。

若說到宗教性，我外婆所交給我的這串咒語是唯一具有宗教性的東西——不是我外公，而是我外婆交給我的。有一天晚上她說：「你看來精神還很好，睡不著嗎？是不是在計畫明天要怎麼搗蛋？」

我說：「沒有啦，只不過我心裡有一個問題。每個人都有宗教信仰，當人們問我：『你屬於哪一個宗教？』時，我都是聳聳肩膀，當然，聳肩膀不是我的宗教，所以我想要問你，我應該怎麼回答。」

她說：「我本身不屬於任何宗教，但我喜愛這串咒語，而這也是我僅能給你的。倒不是因為這是傳統者那教的東西，而是因為我懂得它的美。我已經唸誦過它無數遍，總能藉此感受到心中無比的祥和，那份感覺……只是去碰觸所有已經知道者的腳。我可以交給你這串咒語，除此以外就超出我的能力所及了。」

現在我可以說那個女人真的很了不起，因為，就宗教來說，每個人都在說謊。基督徒、猶太教徒、耆那教徒、回教徒，所有人都在說謊；他們談神、天堂與地獄、天使和各種無稽的事，可是他們根本什麼都不知道。她是偉大的人，不是因為她知道，而是由於她無法對一個小孩說謊。

沒有人應該說謊，至少不應該對一個孩子說謊，這是無法被饒恕的行為。幾百年來，孩子們正因為他們願意去信任而被剝削，你可以很容易就欺騙他們，他們對你的話深信不疑。如果你是他的父親或母親，他就對你的話信以為真。幾百年來的人類，就是活在一層又滑又厚的謊言泥濘裡，活生生地被謊言所腐蝕。如果我們可以只是落實一件事：不要對孩子說謊，向他們坦承我們的無知──如此我們才稱得上有宗教性，並把孩子帶到宗教的道途上。孩子們只是純真的一群，不要將你所謂的知識留給他們。不過，你本身要先成為天真無邪的，自己要先真實不阿。

＊＊＊＊＊＊

耆那教是全世界最講求苦修的宗教，或者這麼說，它是全世界最有虐待狂與被虐待狂的宗教。耆那教的僧侶對自己極盡折磨，讓人不禁以為他們是不是瘋了。他們才沒有瘋，他們是生意人，所有信奉耆那教的人都是生意人。真是怪事，整個耆那教的社群裡只有生意人，但那也不足為奇，基本上耆那教本身是為了來世的利益而存在的。耆那教信徒折磨自己是為了來世可以有所得，那是他知道自己這一世無法獲得的。

第一次見到一位全身光溜溜的耆那教僧侶受邀來我外婆家時，我應該有四、五歲大了，當時，眼見我忍俊不住，外公對我說：「不許胡鬧！你對街坊鄰居作怪時，我可以原諒你，但要是你想在我的上師面前搗蛋，我不會饒你的。他是我的師父，他點化我進入宗教內在的奧祕。」

我說：「我才不管什麼內在的奧祕，我只在乎他清楚顯示出來的『外在奧祕』。為什麼他要赤身裸體？最起碼，他可以穿條短褲吧？」

這下連我外公都噗哧一聲笑出來了，他說：「你不懂的。」

我說：「好吧，我會親自問他。」

所有的村民都聚在一起來參加這名耆那僧侶的達顯（darshan），就在所謂的「講道」進行到一半時，我站起身來。那是四十多年前的事了，從那時候起，我就在與這些愚蠢的人對抗，那一場抗戰唯有等到我不在了以後才會結束；說不定到時還是不會結束，我的人們也許會繼續接下去。

我問了幾個簡單的問題，但他回答不了我的疑惑，而在一旁的外公則是很不好意思。外婆拍拍我的肩膀，她說：「太好了！你辦到了！我就知道你有這個本事。」

我問了什麼？不過是簡單的問題，我問他：「為什麼你不想再出生一次？」在耆那教裡，那是個再簡單不過的問題，因為耆那教所代表的就是不要再出生的努力，其全部的科學就在於避免重生。所以，我問了他一個初級的問題：「你想不想再出生一次？」

他說：「不，絕對不會。」

接著我問：「為什麼你不自殺？為什麼你還在呼吸？為什麼吃東西？為什麼喝水？直接消失、自殺就好了。何必對一件小事這麼大費周章？」他當時還不到四十歲……我對他說：「假如你以這種方式繼續活著，你可能還要再活四十年或更久。」吃得少的人比較長壽，這是個科學上的事實……

當時我還不知道這些事實，我對那個僧人說：「如果你不想再出生一次，為什麼還要活著？活著只為了去死嗎？這樣的話，為什麼不乾脆自殺算了？」我想，從沒有人曾問過他那樣的問題。在一個禮節至上的社會裡，沒有人會去問真實的問題，而自殺是最真實的問題。

馬歇爾（Marcel）曾說過：自殺是唯一真正的哲學問題。我當時還不知道馬歇爾這個人，也許那個時代馬歇爾還不存在，他還沒有寫下那本書。不過我是這麼對那個耆那僧侶說的：「要是你不想再次出生，如果那是你所渴望的，那你為何活著？你還活著做什麼？自殺吧！我可以教你自殺的方法。雖然我不知道世上的人都是怎麼自殺的，不過就自殺來說，我可以提供你一些建議，從村子旁的那座山崖跳下去，或投河自盡都行。」

我說：「在雨季的時候，你可以和我一道跳進河水裡，我們一起游了一會兒之後你就可以死了，我會游到對岸去，以我的游泳技術這不成問題。」

他的炯炯目光燃著強烈的憤怒，於是我告訴他：「記著，光是因你的怒意就會讓你再次出生，這不是擺脫苦海之道。你對我忿忿不平為的是什麼？請平心靜氣、高高興興地回答我的問題！如果你回答不來，只需要說：『我不知道。』但是不必大動肝火。」

他說：「自殺是一種罪，所以我不能自殺。但我想要永遠不再生而為人，藉由我將自己擁有的一切逐漸捨棄，我就會達到那個境界。」

我說：「請展示給我看你所擁有的東西，就我所看到的來說，你從頭到腳光溜溜的，什麼東西都沒有。請問你擁有什麼？」

外公試著要我閉嘴。我指了指外婆，然後對他說：「不要忘了，我有那尼給我的准許，現在沒有人能夠阻止我，連你都不行。我向她提到你，因為我擔心如果我打斷了你的上師和他的垃圾——所謂的講道，你可能會生我的氣。她說：『只管指向我就對了，不必擔心。我只需看他一眼，他就不敢再說話了。』」奇怪……這是真的！他靜默下來了，甚至在那尼看他之前。

後來那尼和我在笑這件事，我跟她說：「那那甚至都不敢看你。」

她說：「他做不到，因為他一定怕我說：『住嘴！不要干擾孩子。』所以他免掉了一場麻煩。唯一可以免掉我這麻煩的就是不要干涉你。」

事實上，他將眼睛閉上，假裝在冥想，我向他說：「那那，真是太好了！你心裡悶悶不樂，可是你卻坐在那裡假裝冥想。你的上師因為我的問題惹得他火冒三丈，而你生氣是因為你的上師回答不了問題。我要說的是：這個在這裡講道的人是個低能兒。」那時我還不過四、五歲而已。

從那之後，那就是我的語言，不管哪裡有任何一個白痴，我都立刻認得出來，沒有人能逃得過我的X光眼。

******

我已經不記得那個耆那教僧侶的名字了，可能是叫香提・沙加（Shanti Sagar），這個名字的意思是「狂喜之洋」（ocean of bliss），他當然名不符實，那就是為什麼我連他的名字都忘了，他只稱得上是一池髒兮兮的水坑，不會是狂喜或什麼平靜的汪洋。他絕對不是一個寧靜的人，因為他有滿腔的憤怒。

香提（Shanti）有許多含意，可以是祥和，可以是平靜，這是兩個基本的意義。這兩種特質在他身上都找不到，他既非祥和，也不寧靜，一點都不。你可以看出他內在的混亂，他的暴怒使他對我咆哮，要我坐下來。

我說：「在我家裡沒有人可以叫我坐下，我可以請你出去，但你沒有資格叫我坐下來。

不過，我不會請你出去，因為我還有一些問題要問你。請別動怒，記得你的名字是香提・沙加——祥和平靜之洋。你至少可以當一座小池塘，不要被區區一個孩子給打敗。」

我無視於他是否靜下來了，我轉而問這時笑得很開心的外婆：「你認為呢，那尼，我該再問他幾個問題，還是請他離開我們家？」

我沒有問我外公，我當然不會問他，那是他的上師。外婆說：「你想問什麼儘管問，如果他回答不了，我們家的大門是開著的，他可以離開。」

那就是我所愛的女人，正是她造就了我的反叛。連外公都很意外她對我的支持到這般程度。那位人稱上師的香提・沙加一見外婆為我撐腰就不敢說話了，不只是她，村民們也都站在我這邊。可憐的耆那教僧侶，一個人勢單力孤地杵在那裡。

我又問了他幾個問題。我問：「你曾說過：『除非你自己親身經驗到了，否則不要相信任何事情。』我覺得這話有真實性在裡面，所以我才問你這個問題……」

耆那教徒深信有七層地獄，直到第六層都還有機會回來，但要是到了第七層就萬劫不復了。也許第七層是基督教的地獄，因為那個地獄也是一進去就永遠待在那裡了。我接下去說道：「你提到七層地獄，所以我有一個問題，請問你是否曾經造訪過第七層。如果是，那你現在不可能在這個地方，要是沒去過，你憑什麼那樣肯定它存在？你應該說只有六層地獄，而非七層。現在請你正確地說：地獄只有六層，否則，如果你堅持有七層，請你對我證明至少有一個人，他的名字叫香提·沙加，曾經從第七層地獄回來過。」

他被我的話所震懾住，一時之間啞口無言。他不敢相信一個孩子能問得出這種問題，甚至是今天的我也難以相信！我怎麼會問那樣的問題？我唯一能找到的答案是，因為我當時沒有受教育，所以我沒有任何知識。知識使人詭譎多詐，我那時並不是狡猾，只是提出一個沒有受教育的孩子會問的問題。教育是人對孩子所犯下的最大的罪行，也許，這世間最後的解放就是對孩子的解放。

我當時一派純真，什麼知識都不懂，既不識字也不會書寫，甚至不會用手指頭算數。連到現在，每當我必須以手指頭算什麼時，如果少數了一根手指頭我就會搞混。他回答不出我的問題，我外婆站起來說：「你必須回答這個問題，不要以為只有一個孩子在問這個問題，我也想問這個問題，而且我是你的女主人。」

這時候我必須再向你介紹一項耆那教的傳統。當一個耆那教僧侶去到一個家庭接受供養的食物之後，他會舉行一場佈道作為對這個家庭的加持，而這講道的內容是給女主人聽的。我外婆說：「我是你今天的女主人，我也問了同樣的問題，你是否曾去過第七層地獄？要是沒有的話，請誠實地說你還沒有去過，也就不能說有七層地獄這回事。」

那個和尚原本已經很茫然了，被一個美麗的女人正面挑戰之後，他就更不知該說什麼了，所以他準備要離開。那尼叫住他：「站住！不要走！你走了，誰來回答我的孩子的問題？而且他還有幾個問題要問，你算什麼男人，居然要逃避一個小孩子的問題？」

那人停下腳步，我對他說：「我放棄第二個問題，因為你回答不了。第一個問題你也沒有回答，所以我要問你第三個問題，說不定你可以回答這個問題。」

他看著我，我跟他說：「如果你想看著我，請你注視我的眼睛。」那時空氣裡一陣沉寂，沒有人發出一語。和尚垂下他的雙眼，我於是說：「那麼，我不想問了，我先前的兩個問題他回答不出來，而我不想問第三個問題的原因是我不想讓家裡的客人丟人現眼，我收回問題。」我真的離開了那個聚會，當外婆跟我一起離開時，我感到很高興。

外婆結束了那場聚會，不過，他一走之後，我外公就衝回家裡質問我外婆：「你瘋了不成？先是為一個天生的麻煩人物撐腰，接著，連再見都沒向我師父說一聲就和他一起離開。」

外婆說：「他不是我的師父，所以我一點都不在乎。還有，你所認為的天生麻煩人物是一顆種子，沒有人知道這顆種子將來會長成什麼。」

我知道這顆種子長成了什麼。除非一個人是天生的麻煩人物，否則他無法成為一個佛。我不是像佛陀的那種佛，那太傳統了，我是一個左巴佛，我是東方與西方的結合。事實上，我並不去區分東方與西方、高與低、男人與女人、好與壞、神與魔鬼，不，一千遍的不，我不去分別，而是將目前為止被區分的一切結合在一起，那就是我的工作。

如果你了解那天所發生的意義，你將能看懂我的一生所發生的事，因為，除非你了解種子，否則你將錯過樹木與花朵，或是錯過樹梢間的那一輪明月。

就從那一天起，我從來就沒贊成過「自我虐待」的事，當然，我很晚才知道這個用詞，但文字並不重要。我一向反對禁慾，即使當時我還不知道禁慾這個字眼，可是我嗅得出來有什麼東西味道不對。你知道我對所有的自我折磨會過敏，我要每個人活到最淋漓盡致，最低限度不是我的道路。活出最大的極限，或者如果你可以超越最大的極限，那更好。就去做！切莫等待！別浪費時間在空等上面……

我並不反對結束生命，如果一個人決定結束它，那當然是他的權利，不過，我絕對反對將生命變成是漫長的折磨。在香提．沙加過世前，他有一百一十天沒有進食，通常一個健康的人九十天不吃東西都還可以存活，要是他的健康情形非常好的話，他就可以撐更久。

所以記住，我並沒有對那個人無禮。在那個背景下，我的問題絕對沒有錯，可能正因如此，所以他才答不出來。告訴你，奇怪的是那不只是我提問題的開始，也是人們回答不出來的開始。我遇過許多所謂的有靈性的人，不過沒有人回答過我的問題。從某個角度上說，那一天決定了我這個人的風格，決定了我的一生。

香提．沙加悻悻然地離開，我卻是高興得不得了，而且我並不對外公掩飾我的高興，我告訴他說：「那那，他走的時候可能很不高興，但我覺得自己絕對是正確的。你的上師是一個泛泛之輩，你應該選一個更值得的人做師父。」

連他自己也笑了，他說：「也許你是對的，不過，我都這把年紀了，換上師不是個實際的作法。」他問那尼：「你認為呢？」

那尼以她一貫的真實精神說：「改變永遠不嫌晚。假如你看到你所選擇的並不正確，那就改變。事實上，要改變要快，因為你年紀愈來愈大了。別說：『我老了，所以我不能改變。』年輕人還有本錢不做改變，但老人沒有──而你夠老了。」

這席話之後不到幾年他就過世了，但是他鼓不起勇氣改變，依然維持著舊有的模式。外婆只要想到就會撩撥一下外公，問他：「你何時才要改掉你的師父和你那套方法？」

他就說：「會的，我會的。」

有一天我外婆說：「別再言不由衷了！沒有人曾經改變過，除非你現在就改變！不要說：『我會改，我會改。』不是『改』，就是『不改』，至少請你表示得清楚一點。」

那個女人原可以有很驚人的力量，她生來不只是當一個家庭主婦的。她不該住在一個小村莊裡，全世界的人都應該認識她。或許，我是她的管道，或許，她將自己灌注在我身上。她對我的愛之深，使得我從來沒有將我真正的母親當成是真正的母親，我總是將那尼視為真正的母親。

每當我得坦承自己對誰做了什麼錯事，我只會對她吐露，不會對別人說。她是我所信任的人，我可以對她傾吐任何事情，因為我發現了一件事：她有了解的能力。

……在我生命中的那個時刻，當我向那個耆那教僧侶提出令他不快的怪問題，我並不認為自己做錯了什麼事；說不定我還幫了他一個忙，也許有朝一日他自己會明白。如果他當時有勇氣的話，他在那一天就會明白了，但他是個懦夫，他逃掉了。從那之後，這就一直是我的經驗：所謂大聖者與聖人都是懦夫。我從未見到過任何一位大聖者，在那些印度教徒、回教徒、基督徒與佛教徒之間，沒有一個人可以真正稱得上是叛逆的靈魂。除非一個人是叛逆的，否則他不可能具備宗教性，反叛正是宗教的基礎。

那那對我而言不只是一個外公，要去定義他對我來說是什麼實在不容易。從前他都叫我羅傑（Rajah），「rajah」的意思是「國王」，那七年的光景裡，他讓我過得十足像個國王。在我生日的時候，他會從鄰近的鎮上找來大象……那時候，在印度只有國王或聖人才會養大象，因為照顧大象的花費是很高昂的，從前只有這兩種人會擁有大象。聖人可以擁有大象是因為他們有許多的追隨者，他們照顧聖人，所以也照顧大象。我們家附近的一位聖人有一頭大象，所以在我生日的時候，我外公就將我放到大象的背上去，兩側還各放一只裝滿銀幣的袋子。

在我的孩提時代，印度還沒有紙鈔，人們使用銀來製造盧比（rupee；譯注：印度的貨幣單位）。我外公將兩只袋子裝滿銀幣，掛在大象的兩側，讓我騎著大象繞行整個村莊，同時將銀幣灑出去，那就是他以前為我慶祝生日的方式。有一次我騎著大象到處去繞時，他也坐上他的牛車跟在我後面，身上帶著更多的盧比，不斷對我說：「可別小氣，我有足夠的錢，你所丟出去的不會比我擁有的錢還多，盡情去灑吧！」

他想盡辦法為的是給我一個印象，讓我覺得我來自一個皇室家庭。

******

分離自有一種詩意在其中，只不過你得去學習它的語言，並且，活在那詩境的深意之中。接著，悲傷本身自會產生一種新的喜悅……看上去喜悅幾乎是不可能的，但它會發生。我由那那的過世體悟到這件事，那是一個徹底的分離，我們再也不會相遇了，可是我感受到一種美。他已年邁，而且即將死亡，可能是由於嚴重的心臟病發作，我們沒有意識到是由於村裡沒有醫生，連藥劑師、藥房都沒有，所以我們不知道他的死因，不過我猜想是因為心臟病發作。

我問他：「那那，在你離開之前，你想說些什麼嗎？任何最後的遺言？或是你想給我什麼東西，讓我能永遠記得你？」他拿下他的戒指，將戒指放到我手上。那個戒指現在在某個桑雅士那裡（sannyasin；譯注：傳統上，桑雅士是棄世的靈性追尋者。奧修對這個詞的使用是指，一個留在塵世間的求道者或門徒，他將靜心或是覺知帶入每件他所做的事情當中），我將它給出去了。那只戒指一直都是個奧祕，他從來都不讓任何人去看戒指長什麼樣子，他自己卻常常在看。那只戒指的兩邊有玻璃，使你可以看穿過去；中間鑲著一顆鑽石，兩邊各有一面玻璃窗。

他從不給別人知道自己從戒指的玻璃窗所看的是什麼，原來，那裡面是一張耆那教大師馬哈維亞（Mahavira）精緻的照片。所以那是一張小巧的馬哈維亞相片，兩邊的玻璃窗是放大鏡，它們可以使照片看起來很大。

那那眼中含著淚水，他說：「我沒有什麼東西可以給你，因為，我所有的一切有一天也將會自你身上被帶走，正如它們已經從我身邊被帶走一般。我唯一能夠給你的，是我對一個已經知道他自己的人的愛。」

雖然我並沒有留著那只戒指，但我完成了他所渴望的，我已經知道了我裡面的那個人。一只戒指裡面的人能有什麼重要性？但可憐的老人家，他深愛著他的師父馬哈維亞，而他將對他的愛給了我。我尊敬他對他師父的愛，以及對我的愛，他最後所說的話是：「別擔心，因為我並不是死亡。」

我們全都屏息等待著，看看他是不是還會再說些什麼，然而沒有。他閉上眼睛，然後就走了。我仍然記得當時的肅靜，所有的細節我都記得一清二楚。牛車正通過一處河床，那時我沒有說任何話，因為我不願打擾外婆，她並沒有說話。過了一些時候，我不禁有些憂慮，所以我對她說：「請說些話嘛，不要這麼一聲不響的，教人難以承受。」

你能相信嗎？她居然唱起了一首歌！我就是那樣學習到死亡應該是一種慶祝的，她所唱的那首歌，就是當她第一次愛上我外公時所唱的那首歌。

這件事也值得一提：早在九十年前，在印度這種地方，她就敢自己去談戀愛。她一直到二十四歲才結婚，那是十分罕見的事。有一次我問她為什麼保持單身這麼久，她是一位美麗無比的女人……我習慣以戲謔的口吻對她開玩笑，連恰塔波（Chhatarpur）——卡朱拉侯所在的省的王儲說不定都愛上她了。

她說：「怪了，你居然會提到這件事，他是愛上我沒錯。我拒絕了他，而且不只他，還有許多人也被我拒絕。」那個時代的印度，女孩子七歲大就結婚了，頂多拖到九歲。這純粹是由於他們對愛的恐懼……如果他們年紀大一點的話，他們或許會墜入愛河。不過，我外婆的父親是一位詩人，他的詩歌在卡朱拉侯與鄰近的村子都還被吟誦著。他堅持除非那尼同意，否則他不會將她嫁給任何人。說來是機會的降臨，她與我外公墜入愛河。

我追問她：「那就更奇怪了，你回絕了恰塔波省的國王，卻愛上這個窮小子。怎麼會這樣？很顯然他不是長得很英俊，在其他方面也並沒有特別突出。你為什麼會愛上他呢？」

她說：「你問錯問題了。愛上誰沒有為什麼，我只是見到他，就這樣；我見到他的雙眸，心中就有一股信任油然升起，那信任從來不曾動搖過。」

我也問過外公：「那尼愛上你，就她那部分來說這沒問題，但你是如何讓這樁婚事發生的？」他說：「我既非詩人，也不是思想家，不過當我見到美麗的人事物時，我總認得出來。」

我從沒見過比我的那尼更美麗的女人，我自己愛戀著她，而且在她的這一生中始終愛著她。當她八十歲過世時，我趕回家裡發現她已經過世躺在那裡。所有人都在等我回去，因為她告訴他們，在我回去以前不可以將她的身體放進火葬的柴堆裡。她一定要我為她的火葬點火，所以他們在等我。我走進去，掀開她臉上的布……她依然是那麼美，事實上比從前更美，因為一切都平息下來了，連呼吸的混亂、活著時的擾動都不在了，只有她靜靜地存在。

我一生所做過最困難的事莫過於在她的火葬堆上點火，那就像放火將達文西或梵谷的畫燒掉一樣的感覺，當然，對我而言，她比「蒙娜麗莎」更有價值，就我看來，她比克麗奧佩屈拉（Cleopatra）更動人，這麼說一點都不誇張。在我眼中關於美的一切都是透過她而來，她盡可能地協助我成為我自己，若不是她，我也許只是一家店的老闆，或是一名醫生、工程師。當我通過大學入學許可的時候，我父親沒有錢讓我去念書，他甚至已經決定要借錢了，因為他堅持我非念大學不可。我也願意這麼做，但我不願去念醫學院，也不想去念工學院，我斷然拒絕當醫生或工程師，我告訴他：「如果你想知道真相的話，我要當桑雅士、當個遊民。」

他說：「什麼?!遊民？」

我說：「正是，我要去大學念哲學，這樣我可以做一名哲學遊民。」

他很不以為然地說：「那樣的話，我就不想大費周章去向人借錢了。」

外婆說：「你別擔心，你去就對了，做你想做的事。我還有一口氣在，我會變賣所有的東西，就為了讓你做你自己。我不會問你要去哪裡，和你想念什麼書。」

她從未過問，而且不間斷地寄錢給我，甚至在我當了教授之後還會收到她的錢。我還得反過來告訴她現在我自己在賺錢了，應該是由我寄錢給她才是。

她說：「沒關係的，這些是閒錢，而且你一定會善加利用它們的。」

人們常納悶我哪裡來那麼多錢買書，因為我有許多書。甚至在我還只是個高中生的時候，我家裡就有上千冊的書，整間屋子都是書，大家都在猜我哪裡來的錢。外婆曾告訴我：「不要跟別人說是我給你的錢，因為要是被你爸媽知道了，他們會來向我要錢，到時候我很不好拒絕。」

她一直寄錢給我，甚至在她過世的那個月也不例外，這著實令人詫異，她在過世的那天早上就已經將支票簽好了，而且更令人訝異的是，那上面的金額正好是她銀行裡剩下的錢。也許，她已經心裡有數自己不會有明天了。

我在許多方面都是十分幸運的，但是最幸運的就是擁有我外公外婆……還有那童年時期的黃金歲月。

第二章　桀傲不馴的青春期

就我記憶所及，我只愛一項遊戲，就是去辯論——任何事情都可以辯論，所以很少有大人受得了我，他們根本不了解我。

上學從來就不是我的興趣所在，學校是最糟糕的地方。我雖然最後還是被迫去上學，但我使盡全力抵抗，理由是，那裡的小朋友對我有興趣的事情並不熱中，而他們所有人覺得興味盎然的事，我連看都不想看一眼，所以我是個局外人。

我所關心的一直都是：去知道終極真理是什麼，生命的意義何在，為什麼是我而不是其他人出現在這裡。我決意不找到答案絕不罷休，而我也不會讓我身邊的人有機會喘一口氣。

1939-1951年：葛答瓦拉／馬達亞・普拉德西／印度（Gadarwara, Madhya Pradesh, India）

外公的過世是我與死亡第一次的正面相遇，是的，除了相遇之外還有更多的，不只是相遇而已，不然我就會錯過死亡真正的意義。我見到死亡，還有某種不死的東西，它跳脫出身體，跳脫出那個環境，在上方漂浮著……那次的經驗決定了我一生的道途，它為我指出一個方向，或更貼切地說，它為我揭示了一個次元，那是我從前並不知道的空間。

我聽聞過別人的死亡，不過僅止於聽聞而已，我沒親眼見過，就算我看到了，他們對我也沒有意義。除非你愛某個人，而這個人後來過世了，不然你無法真正體驗死亡。請為這句話標上底線：當你所愛的人過世時，你才能體驗死亡。

當你被愛與死亡所包圍，蛻變就發生了，那是個巨大的轉變，宛如一個新生命的誕生，你再也不一樣了。但是，人們並不會愛，而因為他們沒有愛，所以他們無法經驗到我所經驗到的死亡。少了愛，死亡不會給你進入存在的鑰匙；有了愛，它交給你通往一切的鑰匙。

我的第一個死亡經驗並不單純，它包含了許多複雜的現象。那個我所愛的人正在垂死，我一直將他視為父親，他養育我，給我絕對的自由，沒有禁忌、沒有壓抑與命令……

如果你擁有伴隨自由的愛，你就是國王或皇后，那才是真正的神的國度：自由的愛。愛給你深入大地的根，自由為你增添雙翼。

外公兩者都給了我，他對我的愛，比對我母親甚至是外婆還多；而他也給我自由，那是最無可比擬的禮物。在他即將過世之際，他又給我他的戒指，眼裡泛著淚光告訴我：「我沒有其他的東西可以留給你。」

我說：「那那，你已經給了我最珍貴的禮物。」

他睜開眼睛，接著說：「是嗎？什麼珍貴的禮物？」

我笑道：「那那，你忘了嗎？你給我你的愛，也給我自由。我認為沒有哪一個小孩擁有我這般的自由，我還能需求些什麼？你還能再給我什麼？我要好好謝謝你。你可以平靜地走了。」

那就是我第一次遭逢死亡，那次的經驗很美，一點都不嚇人，不像發生在世界上其他小孩子身上那樣。我很幸運能夠陪伴在外公身邊數個小時之久，看著他緩緩步向死亡，我可以感覺死亡降臨在他身上，我可以看出死亡的靜謐。

那尼當時也在場，這是我幸運之處，若不是她，我也許會與死亡的美失之交臂，因為愛與死亡是如此相近，說不定它們是一樣的。她愛著我，她對我傾注她的愛，而死亡在那裡，一點一滴的正在發生。一輛牛車……我仍舊聽得到輪子輾過石頭所發出的格格聲，車伕不斷對拉車的牛吆喝，鞭子抽打在牛身上……一切仍歷歷在目，那個經驗深深地烙在我心底，我想即使是我的死亡也將無法抹滅它，甚至在我臨死之際，我也還會聽到那輛牛車的聲音。

那尼握著我的手，我則是一片茫然，完全不知道正在發生的是怎麼一回事，只是全然在當下。外公的頭就枕在我的大腿上，我將我的手放在他的胸前，而漸漸地，他的氣息停止了。當我感覺出他不再呼吸的時候，我對外婆說：「我很抱歉，那尼，那那似乎已經停止呼吸了。」她說：「沒有關係的，你不需擔心。他已經活夠了，不需要再要求更多。」接著她又告訴我：「切記，別忘了現在這些時刻：永遠不去要求更多，事實是什麼樣，就怎麼樣，那就夠了。」

******

生命的頭七年是最重要的，此後你不可能再有那麼多的機會，那七年的時間將會決定你往後七十年的生命，所有的基石都在那七年裡奠定。所以，由於一個奇特的偶然，我被救出免於父母的掌握，等我再和他們接觸時，我幾乎是獨立了，我已然蓄勢待發，知道我有翅膀可以振翅高飛，也很清楚自己並不需要任何人的協助讓我飛翔，更確定我擁有整片天空。我從未向他們尋求指導，要是他們這麼做的話，我總是駁回：「這是一種侮辱，你認為我自己處理不來嗎？我知道你們沒有不好的意圖，這點我很感激，可是你不了解一件事，我有能力自行打理我的事情，只要給我一個機會證明，所以請別干涉我。」

在那七年裡，我變成一個不折不扣、強韌無比的個人主義者，此時要施加任何使倆在我身上都是不可能的。

我父親的店就在全家人住的房子前面，在印度都是這樣的，為了方便，店面與住家設在一起，以利事情的進行。從前我經過父親的店時，都把眼睛閉上。

他問我：「這就奇怪了，每當你從店裡要進去屋裡，或從屋裡要出去時，你總是閉著眼睛，不過十二步路就可以走完的距離，為什麼你要將眼睛閉上？你那是在做什麼禮拜的儀式嗎？」

我說：「我所做的，是不讓這家店毀掉我，就像它已經毀掉你一樣。我根本就不想看見它，我對它沒有一絲一毫的興趣。」他那間店是城裡最頂尖的布店之一，你可以在那裡找到上等的布料，但是我從沒往兩旁瞟過一眼，只是閉上眼睛逕自通過。

他說：「可是，你睜開眼睛又有何傷？」

我說：「沒有人知道，一個人會在何種情況下受到影響，我不想被任何事情所阻礙。」

我是家中的長子，所以父親理所當然要我協助他的生意，希望我從學校畢業後能接掌他的店。他將店經營得很好，生意愈做愈大，他說：「這是當然的，不然還有誰能來掌管這家店？我年紀大了，難道你要我看店看一輩子嗎？」

我回答他：「不，我不會這麼想，但你可以退休。你的弟弟們想接管你的店，事實上，他們唯恐你把整家店交給我。我已經對他們說：『別怕，我不想與任何人競爭。』你可以將這家店交給你弟弟。」

可是，印度的傳統是長子繼承一切，我父親是他父親的長子，所以他接收了所有的財產。他現在所擁有的一切理應由我承接下來，所以他自然憂心忡忡……可是，他又無計可施，他試過各種方法想引起我的興趣。

他會跟我說：「就算你當了醫生，你一個月的收入也不可能比我一天賺得多。假設你當了工程師，你能有多少的薪水？假設你當上教授——我可以請得起你的教授們，沒問題。而且，你知道外頭有不計其數的碩士、博士找不到工作嗎？」

一開始，他想說服我不要去念大學，因為這麼一來我就得離鄉背井，自己獨立生活六年的時間，那他就沒辦法看住我。他一直後悔將我留在我外公外婆身邊七年，我對他說：「不必害怕，你所害怕的早已發生：我已經畢業了！那七年的歲月……再不需要大學來帶壞我，因為我已經完全被帶壞了，而且就是你一手造成的。那些說服人的伎倆，薪水、聲譽、金錢對我而言一點價值都沒有。我不會當醫生或工程師的，所以你不必操那個心，實際上我要當一輩子的流浪漢。」

他說：「那更慘！做一名工程師或醫生還說得過去，但是流浪漢？那是全新的行業，需要花費很大的心思，而你果真要做流浪漢？當你對一個流浪漢說『你是流浪漢』的時候，連他都會覺得蒙羞，而你卻對自己的父親說，你一生只想當個流浪漢！」

我說：「這就是將來會發生的事。」

接著，他開始說道：「那為什麼你要去念大學？」

我說：「我要當一名有素養的流浪漢，而不是出於懦弱。在我的生命中，我不想基於虛弱無力去做任何事，例如，因為我沒辦法做任何事，所以我才當流浪漢，這不是我的行事方式。我要先向這個世界證明我想成為什麼，就可以成為什麼，而在這個狀況下我依然選擇當流浪漢，這是出於我的力量。這時候，即便你是流浪漢，你也有值得人敬重的地方。一個人值不值得尊重與他的職業或專業能力無關，而是他是否了了分明、是否基於他的聰穎與力量行動。」

「所以說，你要很清楚，我讀大學不是為了找到好工作，我生來不是為了做這麼蠢的事情，做這種事的人多得是。這世界缺乏很有涵養、懂得處世、有教養的流浪漢，你周遭見不到這種人。流浪漢是有，但他們只是三流的人，他們是失敗者。我要先絕頂成功，然後將那些成功丟棄，只是做一名流浪漢。」

他回答說：「我搞不懂你那套邏輯，不過，一旦你已決定做流浪漢，我知道要改變你是不可能的。」

那七年的時間……他總不斷重提：「基本上是我們的錯，那段日子我們原可將你塑造成有用的人，可是你的那那與那尼，那兩位老人家徹底將你給毀了。」

在我那那過世之後，那尼就不再回到那個村子了，她是如此心碎。我見過無數夫妻都很恩愛，因為我在印度到處旅行，與許多家庭待在一起過，可是我從未見過任何人比得上那兩位老人家：他們真的深深愛著彼此。

她住在我父親的鎮上，但她是個無比獨立的女人，不喜歡大家庭的生活，我父親的兄弟、兄弟的老婆小孩，那一家子可是浩浩蕩蕩的一票人。她說：「這不是我想住的地方，我一生都靜靜地與我先生過生活，若不是你在的那七年，我們平常並沒有太多對話，因為並沒有什麼需要說的。我們之前就聊過那些事情，所以不需要一再去說，我們只是靜靜坐在一起。」她說：「我想自己一個人住。」所以，我們為她在河邊找到一間屋子，那裡的環境有一點像她與外公同住的地方。這個鎮上沒有湖，倒是有一條很美的河流。

我整天都在學校或在鎮上四處閒晃、做各式各樣的事情，到了晚上，我總是與那尼在一起。她向我說過許多次：「你爸媽也許會覺得不高興。我們從他們身邊帶走了你七年的時間，這件事他們一直耿耿於懷。我們認為應該將你完整地還給你的父母，讓你就像當初來的時候一樣，所以盡可能不去施加任何東西在你身上。但他們心有埋怨，雖然嘴巴上不說，可是我感覺得出來，而且也從鄰居那裡聽到他們說我們將你寵壞了。現在，你不回去你家睡覺，反而每天都窩在這裡，他們一定會以為我還要繼續寵你——老傢伙不在了，但老女人還在這裡。」

我對她說：「但要是我不過來的話，你真的睡得著嗎？在我來之前，你每天所準備的第二張床是要給誰睡的？我並沒有告訴你明天我會來，關於明天，打從一開始我就是不確定的，因為誰知道明天會發生什麼事情？為什麼你要準備另一張床呢？而且，還不只準備第二張床……」

我有個老習慣，我的醫生花了將近兩、三年的時間才終結了這個習慣。就我記憶所及，打從孩提時代起，我在上床之前需要吃甜食，不然的話我無法入睡。所以她不只為我準備一張床，還會出去買我愛吃的甜食，將甜食放在我床邊讓我吃，要是半夜裡我想吃的話，我就可以再吃。

我問她：「你買來的甜食是要給誰的？你並不吃，從那那走後，你就沒再吃過甜的東西。」那那愛吃甜食，事實上，好像就是因為他我才開始接觸甜食的，他以前也習慣在睡前吃甜食。這種事不會發生在任何耆那教家庭，耆那教徒晚上不吃東西，甚至不喝水、牛奶或任何東西。但他住的那個村裡只有他一個人是耆那教徒，所以沒有問題。可能是因為他，我才養成那個習慣，想必是他正在吃，於是叫我也一起吃，我一定跟著他吃，漸漸地，那變成一件每天例行的事情，他訓練我七年的時間！

所以，基於兩個原因我無法回我自己的家。第一是甜食，因為在我母親家這種事是不可能的，家裡有很多小孩子，如果你讓一個吃，所有的孩子也都會要求；再說那本來就是違反宗教的，你連問也別想問。但我的難處在於，沒有甜食我沒辦法入睡。

第二，我感覺到：「那尼一個人形單影隻，而那個家裡人口浩繁，永遠像一個吵雜的菜市場，想獨處一下都難。沒有人會因為我不在而想念我的。」沒有人曾經惦念過我，他們只要確定我與那尼一起睡就沒事了。

於是，就算在七年之後，我也並沒有受到我父母的影響，我打從一開始就獨立自主，這可說是純屬意外，對或錯並不重要，重點是：我獨力去做那些事。逐漸地，那演變成我的生命風格，而且對任何事情都如此，例如我的服裝打扮。

＊＊＊＊＊＊

在鎮上，我是唯一非回教徒卻穿得像是回教徒的人，我父親說：「其他事你愛怎麼做都行，但起碼這件事請你不要做，因為我還要在社會上過活，我得顧及其他的孩子，還有，你打哪裡來的這個想法？」

我們鎮上的回教徒，不像印度男人會纏腰布，他們穿一種寬寬的長褲叫「沙瓦」（salvar），阿富汗人與巴基斯坦人都這樣穿，這兩個遙遠的國度緊鄰著喜馬拉雅山。那種寬寬的褲子很好看，不像一般長褲醜醜的，「沙瓦」有許多皺褶，如果你有一件貨真價實的「沙瓦」，你可以用那件「沙瓦」做出至少十件一般的長褲，因為它的皺摺很多。當那些皺摺全部接在一起時會產生一種美感。我那時還常穿北巴基斯坦邊疆民族的「可薩」（kurtha：一種沒有釦子的長袍），不是印度的「可薩」，印度式的很短，而且袖子不是很寬鬆，我穿的可薩袖子非常寬鬆，而且袍子很長，一直到膝蓋下面。除此之外，我還戴了一頂土耳其式的帽子。

我父親以前常對我說：「反正你進出店裡時都是閉著眼睛，為什麼你不乾脆走後門算了？」他說：「你可以從後門進來，也可以從後門出去，你身上有鑰匙，後門也沒有人在用。這樣至少我可以省下一些回答客人問話的麻煩，他們都在問：『那個閉著眼睛走進去的回教男孩是誰？』而你的想法又都很怪異，我們家開的是布店，各種樣式的布料任你挑，現成的衣服也很多，你要什麼風格都有，但是……回教？」

在印度，回教風格被認為是最糟糕的風格，我說：「這就是原因，因為你們都認為回教風格是最爛的，我是在對你們抗議，我認為回教風格才是最好的。而且你可以看得到，不管我走到哪裡，我是唯一會受到矚目的人，其他人都不會被注意。每次我走進教室時，人們就會注意到我，我到哪裡都會立刻受到注目。」

那就是為什麼我要那樣打扮……那真是優美的衣服，還加上一頂土耳其式的帽子。土耳其的帽子是長形的，兩側有髮帶垂掛著，很有錢的土耳其人會戴這種帽子。我那時年紀很小，那樣的衣著打扮幫了我很大的忙。

我可能會去見鎮上的行政官，守衛看了我一眼就對我說：「進去吧。」見到我的模樣……要是他知道我是個小男孩的話一定不讓我進去，但是他心想：「以這身打扮看來，他一定是一位『謝赫』（sheik）或什麼重要的大人物。」連行政官見到我的衣著也會站起身來。「謝赫」是用來尊稱很受敬重的人，他會對我說：「謝赫吉（吉『ji』是印度人對男子的敬稱），請坐。」

我對父親說：「這身衣服幫了我許多忙，前幾天我去找一位部長，他也以為我是來自某個富有的阿拉伯或波斯家族的謝赫。而你卻要我捨棄這身衣服，只穿長袍繫一條腰帶，把自己弄成貌不驚人的樣子？」

在我進大學之前，我一直都是那身打扮，他們無所不用其極想阻止我，不過他們愈想阻止……我說：「要是你們放下這個企圖，我說不定會改變，但你們要是繼續一直這樣，我說什麼也不會放棄的。」

有一天，我父親將所有的「沙瓦」、「可薩」以及我三頂土耳其帽捆成一束，拿到地下室去，跟其他壞掉、沒有用的東西放在一起。我找不到任何東西可以穿，於是當我從浴室出來時，我直接一絲不掛，眼睛閉著走過店裡，當我走到一半時，我父親說：「等等！回來穿上你的衣服。」

我說：「你拿了我的衣服，我不管你放哪裡。」

他說：「我沒想到你居然這麼做，我以為你會四處找衣服，然而你找不到，因為我將它們放在一個你絕對找不到的地方，於是你自然會穿起正常的衣服，那才是你該穿的。我想也想不到你會做出這樣的事！」

我說：「我這個人說做就做，不相信無謂的交談。」

甚至，我沒有問過我的衣服在哪裡，為什麼要問？不穿衣服也能達到同樣的目的。他說：「你可以拿回你的衣服，從此沒有人會再管你的衣服了。但拜託，你不要再脫光衣服，那樣麻煩會更大，因為人們會說那個布商的兒子沒有衣服可以穿。你自己已經聲名狼藉不算，還將我們一起拖下水，人們會說：『你看那個可憐的小孩！』他們會以為是我們不給你衣服穿的。」

事情還沒有結束，我從來沒有錯失任何磨練智商的機會，我將每一個可能的機會拿來使我的智力與個體性更銳利、鮮明。現在，你知道我整個成長背景後就可以了解，但當時人們只從片段來看……那些與我有過接觸的人當然無法了解我是什麼樣的人，看起來我很瘋狂，其實我是很有方法地去經驗過那些事。

＊＊＊＊＊＊

在走進小學之前，我對我父親所說的第一句話就是：「不要。」我向他說：「不要，我不想進入這扇門，這不是一所學校，而是一座監獄。」就是那扇門，還有建築物的顏色……說也奇怪，特別是在印度，監獄和學校的建築都是用紅磚塊蓋成的，而且外觀所漆的顏色也一樣，要從建築物去分辨出那是一所監獄或學校還真不容易。說不定曾經有個講究實際的人故意惡作劇，不過他這個玩笑實在開得好！

我說：「你看這所學校，你管這叫做學校？看看這扇門！而你竟然強迫我進去待至少四年。」父親說：「我總是擔心……」我們倆正站在學校的大門口，當然，是在大門外，因為我不讓他帶我進去。他繼續說下去：「我總擔心你外公，特別是你外婆會把你寵壞。」

我說：「你擔心的一點都沒錯，只不過木已成舟，現在一切已無法挽回，我們還是回家好了。」他說：「你在說什麼！你必須接受教育才行。」

我回他：「這算什麼？我一開始連說好或不好的自由都沒有，你說這叫做『教育』？如果你要這麼做的話，那就別問我的意見，這是我的手，就把我拖進去，最起碼，我從來沒有自願進去這間醜陋的學校過，這會令我問心無愧。至少請幫我這個忙。」

自然，我父親覺得一點也不好過，他只好把我用拖的拖進學校。雖然說他是個單純的人，但他很快就了解那麼做是不對的。他告訴我：「儘管身為你的父親，我感覺拖你進去是錯誤的做法。」

我說：「絲毫不必覺得罪過，你做得完全正確，因為除非有人拖我進去，我絕不可能自願走進去。我的決定是『我不去』，你可以將你的決定施加在我身上，因為我靠你提供我吃住，我倚賴著你，你的位置當然比我有利。」

進入學校是一種新生活的開始，有好些年的時間，我就像隻野生動物一樣活著，沒錯，我不能算是野生人類，因為沒有狂野的人類存在。

偶爾，才會有一個人變成狂野的人類，我現在是了；佛陀是、查拉圖斯特拉是、耶穌也是，不過在當時，說我過著像是野生動物的生活是再貼切也不為過。

我從來就不曾自願去上學，我很高興我是被拖進去的，而不是我自願的。那間學校真的醜得沒話說，而所有的學校都很醜，說實話，為孩子創造一個學習的環境是不錯的，但去教育他們並不是件好事，教育注定是醜陋的事情。

在學校我所見到的第一件事是什麼？就是我上第一堂課所遇見的老師。我見過美麗的人們，也見過醜陋的人們，但自從他之後，我從未再見過像他那樣的人！我連看都無法看著他，神一定是在匆忙之間將他創造出來的，也許祂當時膀胱很脹，為了將工作做個結束，祂草草做出這個人，然後趕緊衝去廁所，瞧祂所造出來的人！他只有一隻眼睛，和一個鷹勾鼻。那隻眼睛已經令人難以招架了，那個鷹勾鼻更是醜化了整張臉，而他塊頭很大，體重至少四百磅。

他是我第一個師父，我是指老師，因為在印度，人們稱學校的老師為「師父」（master），即便是現在，見到他我一定還是會全身顫抖，他根本不算是人，他是一匹馬！

我不知道那位老師的真實姓名，學校裡也沒有人知道，特別是孩子們，大家都叫他堪塔（Kantar）老師，「堪塔」的意思是「一隻眼睛的」，對孩子來說那樣的稱呼就夠了；另外，那個字也帶著貶抑的意味，在印地語中「堪塔」不僅指「一隻眼睛的」，它還被用來當成詛咒，要從這層意義來翻譯這個字是不可能的，因為翻譯無法傳達一些細微的東西。所以，當著他的面我們叫他堪塔老師，在背後我們直接叫他堪塔——那個一隻眼睛的傢伙。

他不只人長得醜，他所做的每件事都很醜。在我上課的第一天，不用說也知道一定會出事。他處罰孩子的方式極盡殘忍，我從沒見過或聽過有誰會對孩子做出這樣的事。

他教算數，而我略懂一些算數，外婆在家裡曾教我一點語言和算數，所以我往窗外望出去，欣賞著在陽光下婆娑搖曳的菩提樹，沒有其他的樹在陽光底下會如此閃耀動人。每片葉子都獨個兒跳著舞，整棵樹簡直就像個歌舞隊，許許多多耀眼的歌者與舞者聚在一起，然而卻又是各自獨立的。我看著樹與樹葉在輕風中款款舞動，陽光照耀在每片葉子上，成千上百隻鸚鵡在枝頭上飛來跳去，那幅景象使我無由地陶醉，對了！牠們不必上學。

當我正凝望著窗外的時候，堪塔老師怒氣沖沖地走向我。

他說：「在一開始就將事情做對比較好。」

我說：「這點我完全同意，我也希望事情從開始就是它應該有的樣子。」

接著他說：「為什麼你在我教算數的時候看窗外？」

我回他：「算數應該是用聽的，而不是用看的。為了避免看到你那張美麗的臉，所以我只好看窗外。至於說到算數，你可以考我，我聽到你所說的，而且我聽得懂。」

他於是考我，那是一場漫長麻煩的開始——不是我的，而是他的麻煩。麻煩就在我能正確無誤地說出答案，雖然他無法置信，他還是說：「不管你說的對或錯，我都要處罰你，因為在老師上課的時候看著窗外是不對的。」

我被叫到前面，他從他桌上拿出一盒鉛筆，我早風聞過他這些鉛筆，他用鉛筆夾緊你的手指頭，一邊問你：「要不要我再用力一點？」他居然對小孩子做出這麼殘忍的事！

我看了一眼那些鉛筆說：「我風聞過你這些鉛筆的事，不過，在你將它們放到我的手指之間前，切記你會為此付出慘痛的代價，說不定連你的飯碗都保不住。」

他笑了起來，我可以告訴你，他的笑聲就像怪獸在夜裡所發出的聲音，他說：「誰能阻止得了我？」

我說：「那不重要，我倒想問一句：當有人在教算數時，我看著窗外是不合法的嗎？如果我能將你上課所說的東西一字不漏地重述出來，那麼我去看窗外又有什麼不對？不然，這間教室為什麼要有窗戶？窗戶要做什麼用的？白天整天都有人在上課，晚上教室裡又沒有人需要用到窗戶。」

他說：「你是個專門找碴的搗蛋鬼。」

我說：「一點都沒錯，我要去找校長問清楚，我已經說出正確的答案卻還要被你處罰，我要知道這是不是合規定的。」

聽到我的話之後，他的氣焰變得柔和一點了；這倒是出乎我意料，因為我聽說過他不是那種能隨便就被降服的人。

於是我接下去說：「然後我要去找經營這間學校的委員會，明天我會和一位警官一道來，這樣他可以親眼看見你用的是什麼樣的處罰方式。」

他顫抖了，別人看不出來，但那逃不過我的眼睛，我向來能看到其他人看不到的。我也許看不到一道牆，但我幾近顯微鏡的雙眼絕對不會錯過小事情。我對他說：「你在發抖，儘管你沒有膽子承認。我們走著瞧就對了，我要先去找校長。」

我去了，校長說：「我知道這個人虐待小孩，這是違法的，但我一句話都不能說，因為他是鎮上最資深的老師，幾乎每個人的父親和祖父至少都被他教過一次，所以沒有人會站出來舉發他。」

我說：「我不在乎，我父親和我爺爺也都曾是他的學生，不管是我父親或我爺爺，我一點都不在乎。事實上，我並不真的屬於那個家庭，我一直都沒有跟他們一起住，我在那裡是個陌生人。」

校長說：「我一眼就看得出來你必定是陌生人，但我的孩子，不要惹上無謂的麻煩，他會虐待你的。」

我說：「那不容易，就讓這件事成為我與一切虐待行為對抗的開始，我會奮戰到底。」我一拳打在他的桌上——當然，那只是一個小孩的拳頭——告訴他：「我不管教育或任何事，但說什麼我也要維護我的自由。沒有人可以莫名其妙攻擊我，請你拿出教育法規，我不識字，所以請你告訴我，如果我能正確回答所有的問題，那我看著窗外是不是違法的。」

他說：「假如你能說出正確答案，那你看哪裡都並不是重點。」

我說：「請跟我來。」

他帶著教育法典，他總是隨身帶著那本古書，一本我想根本沒有人曾經讀過的書。校長對堪塔老師說：「最好不要找這個孩子的麻煩，你有可能自食惡果，因為他是不會輕易放棄的人。」

不過，堪塔老師不是那種人，心生膽怯之下他反而露出攻擊性與暴力，他說：「我會好好示範給這孩子看，你不必擔心。誰會在乎那些法規？我在這裡教一輩子的書了，難不成這個孩子還要來教我教育的法規有哪幾條？」

我說：「明天，不是我就是你會在這棟建築物裡，我們不會同時出現，明天我們走著瞧。」我衝回家，跟我父親說這件事。他說：「我才在擔心把你帶進學校會為別人和你自己造成麻煩，還有連我也會被拖下水。」

我說：「沒有，我只告訴你來龍去脈，這樣等一下你就不會說你被蒙在鼓裡。」

我去找警長，他是個可愛的人，我從來沒想過一個警察可以是這麼好的人。他說：「我聽說過這個人，事實上，我自己的兒子曾被他虐待過，可是沒有人提出申訴，施虐是違法的，可是除非你申訴，否則我們什麼也不能做。我自己無法申訴，因為我擔心他會當掉我的孩子，所以最好讓他繼續虐待，只要熬過幾個月，然後我兒子就會換到別的班級去。」

我說：「我是來這裡申訴的，我一點都不在乎去別的班級，我準備一輩子都待這個班級裡。」他看著我，拍拍我的背，然後說：「我很欣賞你的行事風，明天我會去。」

接著我跑去見鎮上委員會的會長，但事實證明他不過是個膽小怕事之徒，他對我說：「我了解，我們無法拿他怎麼樣，你必須接受，學著去容忍他。」我告訴他：「我絕不容忍任何我的良心認為是錯的事情。」這句話我記得一清二楚。

他說：「若是這樣的話，我管不了這件事。請你去找副會長，也許他比較幫得上忙。」

基於此，我必須好好謝謝那個膽小鬼，因為根據我的經驗，那個村子的副會長杉布・德貝（Shambhu Dube）是那裡唯一稱得上有價值的人。當我去敲他門的時候——我只是個八、九歲的孩子，而他身為副會長——他說：「是的，請進。」他原以為是某個紳士，看到我，他的臉上閃過一絲不好意思。

我開口道：「很遺憾我沒能年紀大一點，請原諒我。而且，我沒有任何教育程度，但是我要來檢舉這位堪塔老師。」

當他一聽到我的描述，得知堪塔用鉛筆去夾小孩子的手指頭，還以針刺進指甲底下來虐待一年級的小朋友，他實在難以相信。

他說：「我聽過傳言，但是為什麼都沒有人出來舉發他？」

我回答：「人們深怕自己的孩子會被蹂躪得更慘。」

他反問：「難道你不怕？」

我說：「不會，因為我有失敗的心理準備，頂多如此。」我說我已準備好失敗，我並不是非贏不可，但是我會奮力抗戰，直到最後一刻為止，我說：「不是他就是我留下來，我們不會共處一室。」

杉布・德貝把我喚到他身旁，他握著我的手說：「我向來欣賞有叛逆精神的人，卻沒有想過像你這般年紀的孩子會是個叛逆者，我想恭喜你。」

我們成了朋友，這份友誼一直持續到他過世為止。那個村子有兩萬人口，不過以印度來說，那仍只是一個村子。在印度，除非一個鎮的人口超過十萬人，否則不足稱為一個鎮；超過十五萬才可說得上是城市。在我的一生當中，我從未在那個村子裡發現過有誰擁有像杉布・德貝那樣的才華、人品與天分。如果你問我的話，聽起來雖然像是誇張，但事實上，我在全印度從沒有遇過另一個杉布・德貝，他真是稀有的人。

當我在印度四處旅行期間，他會等我等上好幾個月，只為了我到村子裡停留個一天。他是唯一在我的火車路過那個村子時，會去火車站看我的人，當然，我並沒有將我父親與母親算在內，他們是一定會去的。可是杉布．德貝與我非親非故，他只是愛我這個人，這份愛從我們那次碰面開始——在我起而反抗堪塔老師的那一天。

杉布．德貝是我們村裡委員會的副會長，他對我說：「別擔心，那個傢伙應該被繩之以法，事實上，他的職務任期已經滿了，他提出延長的申請，但我們不打算批准，從明天起，你不會見到他出現在那所學校。」

我說：「這是個承諾嗎？」

我們相互凝視了一會兒，他臉上綻出笑容，對我說：「沒錯，這是個承諾。」

翌日，堪塔老師不在了。自那之後，他無法再面對我，我試著聯絡他，敲過許多次他的門，我只想向他說再見，然而他果然是一個懦夫，一隻披著獅皮的綿羊。那上學的第一天，為許多、許多事情揭開了序幕……

＊＊＊＊＊＊

我父親所教過我的第一件事，也是他唯一曾教過我的事，就是對一條河流的一份愛，那條河流就位於小鎮旁。他只教我這件事：在河裡游泳。那即是他教給我的唯一一件事，話雖如此，我對他卻是感激不盡，因為那改變了我生命中許多事情。正如同悉達多

（Siddhartha），我愛上河流。

與河流在一起是我每天的例行事宜，我一待至少五到八個鐘頭。自凌晨三點我就去到河邊，那個時候天上依然閃爍著星光，滿天星斗映照在水面；那是條很可愛的小河，河水甘醇甜美，於是人們將它命名為「香卡」（Shakkar），香卡的意思是「蜜糖」，那是一幅很怡人的景象。

我曾在點點繁星中，見過它踩著自個兒的舞步緩緩朝向大海，我曾在初升的朝陽中見過它，我曾在滿月時分中見過它，我曾在黃昏的暮靄中見過它。我曾獨自坐在岸上看著它，或是與朋友一起，吹著洞簫、在岸邊手舞足蹈或沉思冥想，在水裡撐條船，或是游過對岸，在細雨中、在寒冬、在炎炎夏日裡……

我懂得赫曼・赫塞（Hermann Hesse）筆下的悉達多與河水的經驗。發生在我身上的是，許多東西揮發掉了，因為逐漸地，整個存在對我而言變成一條河流，不再是固定的，存在變成是一條流動、彈性的河水。

我很感激我父親，他沒有教過我數學、語文、文法、地理與歷史，他一向對我的教育沒有太在意。他還有其他十個小孩……我常常聽到人們問他：「你的兒子在哪一個班級？」而他總必須去問人才能回答。他對其他的教育並不挺關注，唯一賦予我的教育是與河流的共享交流，因為他本身十分熱愛河流。

當你愛上的是流動、移動的事物，你對生命的觀點會因此大不相同。現代人與柏油路、水泥建築為伍，那些是名詞，記住，它們不是動詞。摩天大樓不會一直長高，馬路不管白天或夜晚都是一樣；對柏油路與水泥建築來說，月圓的夜也好，月黑風高的夜也罷，並沒有任何差異。

人類創造出一個名詞的世界，他逐漸被囚禁在自己的世界裡。他遺忘了綠樹山林的世界，河川流水的世界，山巒與星星的世界，在這些世界裡沒有任何名詞，連聽都不曾聽過任何名詞，唯有動詞存在。每件事都是一個過程，神不是一件物品，而是一個過程。

******

在我住的鎮上只有一間教堂，信基督教的人不是很多，約莫只有四、五戶人家，我是唯一常上教堂的非基督徒，不過，那也沒什麼特別的，我以前也常去清真寺、印度教、耆那教的廟宇，因為我總覺得一切都是屬於我的。我不隸屬於任何教堂，不隸屬於任何廟宇，可是所有存在於地球上的廟宇以及教堂卻都屬於我。

牧師見到一個不是基督徒的小男孩每個星期天都來教堂裡，他開始注意到我。他對我說：「你似乎很有興趣的樣子，在這群人裡——那是一個很小的教會團體——事實上你才是最認真聽講的人，其他人在睡覺、打呼，但是你十分清醒、專注地聆聽，你觀察所有的動靜。你想成為像耶穌一樣嗎？」接著，他給我看耶穌的照片，不說也知道，那是張祂被釘在十字架上的照片。

我說：「不，絕對不要！我一點都不想被釘上十字架。而且，一個會被釘上十字架的人，他一定有什麼不對的地方，不然，誰會想去將他釘在十字架上？若是舉國上下的人民決定將他釘上十字架，那麼想必這個人身上一定有什麼問題。他或許是一個善良的人，他或許是好人，但一定有某個東西導致他被釘上十字架。也許，他有自殺的天性。」

「天生有自我毀滅傾向的人，一般都沒有足夠的勇敢去自殺，不過他們有辦法讓別人來殺害自己，這樣你永遠不會發現他們自毀的意圖，也不知道你是受到他們引發才去殺害他們的，變成是你要去扛責任。」

我說：「我沒有自殺天性，或許祂也沒有，但祂肯定是個被虐待狂。只需去看看祂那張臉，我見過祂不少照片，但每一張都是很淒苦的神情，完全了無生趣。我試過站在鏡子前面要讓自己看起來像祂一樣悲慘，可是沒有成功，我努力了半天，就是做不出祂那個表情，我怎麼能成為耶穌基督？那似乎是不可能的，而且我又為什麼應該變成祂呢？」他一臉錯愕的樣子，接著說：「我以為你對耶穌有興趣。」

我說：「我確實是有興趣，我對祂的興趣勝過你對祂的興趣，因為你只是一個領薪水做事的牧師，要是你連續三個月沒有拿到半毛錢的話，我包準你會離開，你所教過的那些也就蕩然無存。」而最後就是那樣，因為那些基督教家庭不是鎮上永久的居民，他們是鐵路局的員工，遲早會被調走，留下他一個人在那間他們蓋的教堂，現在沒有人捐獻，沒有人支援他，沒有人去聽他說話——除了我。

在星期天，他總是會這麼說：「親愛的朋友們——」

我就會告訴他：「等等！別用複數，這裡沒有朋友『們』，只要說『親愛的朋友』就行了，就像是一對愛侶在交談，而不是教友的聚會。你可以坐下來，這裡又沒有人，我們可以好好閒話家常。為什麼沒事要罰站一個鐘頭，在那裡聲嘶力竭……」

事情正是那樣，三個月之內他就走人了，因為如果你不付他錢……儘管耶穌說了：「人不能光靠麵包過活。」但沒有了麵包，人也活不下去。他需要麵包，光有麵包或許還不夠，他還需要更多的東西，但那「更多的東西」稍後才會出現，首先要有麵包才行。人當然可以只靠麵包就活得下去，這樣的人不會太像是人，但話說回來，誰又是真正的人？但是，少了麵包，沒有人可以活得下去，就連耶穌也不例外。

我以前也去清真寺，他們讓我進去。基督教、回教的人都想要人改信教，希望人們可以自其他的信仰轉到他們的宗教，所以他們都很高興見到我。只是他們提出的問題也是一樣的：「請問你想要像穆罕默德那樣嗎？」我覺得很詫異，居然沒有人有興趣讓我只成為我自己，也沒有人想幫助我成為我自己。

每個人的注意力都在於外在的某個人，某個完美的典型、某個偶像，但我只能當一個複製品嗎？難道神沒有賦予我任何原始的面目嗎？我非得戴一張借來的面具過活不可？難道我沒有自己的臉孔嗎？這樣的生命怎麼會有任何樂趣可言，連你的長相都不屬於你。

如果你不是你自己，你如何快樂得起來？整個存在之所以籠罩在幸福之中，是因為石頭是石頭，樹木是樹木，海洋是海洋。沒有誰會想要成為別人，否則它們早就發瘋了，人類就是瘋了。

從小，你就被教導不要成為你自己，而他們灌輸你的手腕非常精明、狡詐，他們說：「你必須像克里希那，像佛陀。」他們將佛陀和克里希那畫得美侖美奐，令你不禁升起想要成為佛陀、耶穌、克里希那的欲望。這個欲望即是你痛苦的根源。

就如同你的遭遇，我也被告知相同的事情，但是自孩提時代起，我即嚴正表明了立場：無論後果怎樣，我永遠不會脫離我自己；無論是對是錯，我只會做我自己。縱使我最後淪落到地獄去，至少我會滿意我是跟隨自己的人生道路。如果注定要我下地獄，那我就下地獄；但如果是聽從別人的意見、理想與紀律，就算是到了天堂，我也不會快樂的，因為我違背了自己的意願。

請試著了解這一點，若違背你的意願，就算人在天堂，你也會置身地獄；但是當你跟隨天性的腳步，即使你到了地獄，你也將會是在天堂。

天堂，是你真如本性開花的所在。

地獄，是你被某個外力加以瓦解的下場。

******

我住的那座村子裡，正如整個東方的傳統，每年都要上演那齣描述羅摩（Rama）一生事蹟的古典史詩「羅摩衍那」（Ramayana），故事中的另一位人物「羅婆那」（Ravana）是羅摩的死對頭，因為他奪走了羅摩的妻子。飾演羅婆那的是一位出色的摔角選手，他是我們那一區的冠軍，而下年度他將出席全省的競賽。我們倆都喜歡在清晨的時分去河邊洗澡，由於常常在那裡不期而遇，所以我們成了朋友。我向他說：「每年你都變成羅婆那，而每年你都要被騙一次。就在你即將折斷濕婆（Shiva）的弓，好讓你可以娶到加納卡（Janaka）的女兒希塔（Sita），就在那千鈞一髮之際，一位傳訊兵跑來通知你，你在斯里蘭卡的首都失火了，所以你不得不離開，趕回你的國家去。而在同時，羅摩得以折斷弓，和那個女孩結婚。每年都是同樣的劇情，難道你不覺得乏味嗎？」

他說：「可是，故事就是這樣演的啊。」

我回答：「假如你願意聽我的建議，這故事就在我們的掌控之中了。你一定看到過大多數的觀眾都睡著了，因為他們年復一年都在看相同的內容，已經看了好幾代了，所以你要灌注一點新鮮的活力進去才行。」

他說：「你的意思是……」

我告訴他：「這一次你就照我跟你說的這樣做……」他真的照做了！當傳訊使者跑來告知消息說：「您的黃金首都失火了，您必須立刻趕回那裡。」他對他說：「你這個白痴，給我閉嘴！」他講英文！

我就是那麼跟他說的！所有睡著的觀眾全都醒過來了，他們紛紛在想一件事：「是誰在羅摩劇裡說英文啊？」

羅婆那說：「你走吧，我不管失不失火。你每年都騙我，這一次我非娶到希塔不可。」他去將濕婆的弓折成碎片——那只是一隻竹子製成的弓，然後將它丟向山的那一頭。接著他去問加納卡：「你的女兒在哪裡？請把她帶來！我的巨無霸噴射客機在等著！」

那實在爆笑到極點，即使在四十年之後，每當我遇到同村的人，他們都還記得那齣羅摩劇，大家莫不表示：「從來都沒有發生過像那樣的事。」

劇場的老闆不得不臨時放下布簾，那個人是個摔角選手，至少花了十二個人才將他抬出場外。那一天，羅摩劇沒能順利演完。隔日，他們找到另一個人去飾演羅婆那。

羅婆那在河邊遇到我時，他對我說：「你壞了我的事。」

我說：「可是，你難道沒看到人們捧腹大笑、鼓掌叫好的樣子嗎？你演了那個角色許多年，從來也沒有人報以你任何掌聲或歡笑，你那麼做是值得的！」

宗教需要宗教性的品質，而我們失去了一些品質，其中最重要的是幽默感。

他們不讓我見他們的演員，還警告每位演員，要是誰聽我說話或跟我見面的，他就不能再演戲。不過，他們忘記對某個人說這件事，這個人不是演員……。

他是一個木匠，以前也常來我家做一些工作，於是我告訴他：「今年我無法接近演員們，光是去年的事就夠他們受的！雖然我沒有傷害任何人，況且人人都愛死了，全城的人都讚賞不已，可是他們現在提防演員來找我，也不准我接近他們。不過，你不是演員，那個領域不是你的工作，所以，你可以幫我的忙。」

他聽了之後說：「只要做得到的，我就會去做，去年的演出實在令人絕倒。我可以幫上什麼忙嗎？」

我回答：「那是當然的。」而他做到了。

戰爭當中，羅摩的弟弟拉許馬那（Lakshmana）被毒箭射中，他可能因此而喪命。醫生說除非能找到阿如那恰山的藥草，否則他熬不過天亮。舞台上的他正攤在那裡，陷入無意識當中；羅摩則在一旁啜泣。

羅摩最赤膽忠心的隨從哈努曼（Hanuman；譯注：印度教的猴神，他協助羅摩贏得戰役，此後猴子被納入諸神之中，受到人們的敬奉）說：「請不必擔憂，我隨即啟程到阿如那恰山，在天亮之前找到草藥帶回來。我只需要醫生告訴我那種草藥的長相特徵，山裡或許有許多種草藥，而時間緊迫，眼看就要天黑了。」

醫生說：「要找到並不難，那種特殊的草藥有種獨一無二的特質，它在夜晚會散發出光芒，你一定看得見，所以不管在哪一處，只要你看到發光的植物就可以摘回來。」

哈努曼去到阿如那恰山，可是整座山到處都是會發光的植物，這下可令他大惑不解，看來不只一種植物擁有那個獨一無二的特質，還有很多其他的植物同樣也會在夜晚發光。

可憐的哈努曼不知道該怎麼辦才好——「他」不過是一隻猴子，於是決定帶走整座山，然後把山放在醫生面前，讓他去找草藥。

這位木匠人在屋頂，他必須拉著一條繩子，哈努曼帶著硬紙板做的山——紙板插了點燃的蠟燭——吊在上面。我已經告訴木匠：「繩子拉到正中間時停下來，讓他帶著所有的東西掛在那裡。」他辦到了！

劇場經理衝出來，觀眾席裡的人對這個突來的狀況大感興奮。哈努曼嚇出一身汗，因為他一隻手緊抓著繩子，另一隻手抱著硬紙板做的山。經理衝到屋頂上，他質問木匠怎麼會發生這種事，木匠說：「我不知道哪裡出了問題，繩子忽然卡住了。」

由於找不出原因，情急之下經理只好將繩子切斷，哈努曼和他手上的山一起跌落到舞台上，他自然火大到極點，但是台下數千名觀眾卻哄堂大笑，對他，那無異是火上加油。

羅摩接著往下說出準備好的台詞：「哈努曼，我忠誠的朋友……。」

哈努曼就說：「跟你的朋友們都下地獄吧！這回我可能摔成骨折了。」

羅摩繼續說：「我的弟弟快死了！」

哈努曼說：「他隨時都可以死！告訴我，是誰切斷了繩子？我非宰了他不可！」

布幕再次被放了下來，這齣戲被延後上演。經理和他整組的幕後工作人員都來找我父親，他們說：「你的兒子搞砸了所有的事情，他這種行為是在嘲笑我們的宗教。」

我說：「我不是嘲笑你們的宗教，我只想為它添上一些幽默的色彩。」

我希望人們常保歡笑，每年都重演一齣老掉牙的故事有什麼看頭？大家都看到睡著，因為他們都知道會上演些什麼，熟悉裡面的每一句對白，這有何意義？然而，對傳統主義派的人而言，要他們接受歡笑簡直比登天還難，在教堂裡是不准笑的。

*****

正因我的淘氣，我的祖父格外疼愛我；即使在他的晚年，他也還是很淘氣。他素來都不是很喜歡我父親和我叔叔們，因為他們不懂得欣賞這位老人家的頑皮，反而告訴他：「你現在已經七十歲了，你應該要規矩一點。你的兒子都五十、五十五歲，你的女兒也五十歲了，他們的孩子都結婚生子，你卻還做出這種事情，真讓我們替你感到羞恥。」

我是他唯一親近的人，我深愛著這個老人家，原因無他，因為他並沒有失去童稚之心。縱使已經七十歲了，他就像任何一個小孩一樣地調皮。他甚至會對著他的兒子女兒、女婿玩起來，常教他們嚇一大跳。

我是他唯一的知己，因為我們常一起幹些壞事。可想而知，有些事情他做不到，就由我去執行。舉例來說，他女婿正在睡覺，我祖父沒辦法爬上屋頂，但是我就可以，所以我們一起祕密策劃這件事。他會把身體讓我當成梯子爬上去掀起一塊瓦，然後大半夜裡，我們以一支前端附有刷子的竹竿伸進去碰他女婿的臉……他失聲尖叫，全家人都跑去看出了什麼事……「怎麼了？」但那時我們早已溜之大吉了，他就說：「不知道是鬼還是誰剛剛摸了我的臉，我想抓住他，但沒有成功，太暗了。」

祖父一直都保有他的純真，我看到他擁有極大的自由。在我們家，他的年紀最長，應該是最嚴肅、身上背負最多問題與憂慮的人，但他卻絲毫不受影響。每當出事情的時候，大家都憂心忡忡，只有他一點都不煩惱。不過有一件事我從來都不喜歡，那就是和他一起睡覺。他睡覺時習慣蓋著頭，而我也得跟他做一樣的事，可是那樣我沒辦法呼吸。

我明白告訴他：「每件事我都同意，唯獨這件我無法忍受。你沒蓋住臉的話會睡不著，但我要是蓋住臉的話會睡不著，因為我會窒息。雖然你的方式富有愛心——他將我拉近他的心房，然後將我完全蓋住——那樣是很好，但是到了早上，我的心臟就不會再跳了！你是出於好意，但到了早上，你還是活跳跳的，但我已經上西天了，所以我看我們的友誼還是離開床上比較好。」

因為對我的喜愛，他才要我去他那裡睡，他問我：「為什麼你都不來和我一起睡？」

我說：「你很清楚，那是因為我不想被任何人悶死，即使他是出於善意也不例外。」還有，我們常在一大清早去散步，有時，天色還是沒亮，可是我總不願讓他牽著我的手，他就說：「為什麼呢？說不定踩到石頭或任何東西，你就跌倒了。」

我說：「那樣還比較好，就讓我摔跤，我死不了的。我可以學到怎樣避免摔跤，怎樣保持警覺，記住哪裡有石頭。而你要牽我的手，你可以牽多久？你又可以和我在一起多久？假如你能保證你會永遠在我身邊，那我當然願意讓你牽手。」

他是一個很真誠的人，他說：「我無法保證，連明天我都不能保證。有一件事是肯定的，那就是你會活得久，而我就快死了，所以我不可能永遠在這裡牽著你的手。」

「那麼，」我說，「最好我從現在就開始學，不然的話，有一天你會留下我無助地在半路上，所以現在請你別插手，讓我跌倒。我會試著重新站起來，你只要看著我，等候我，那會比牽著我的手還要來得慈悲。」

他明白我的話，他說：「你說的沒錯，有一天我就不在了。」

跌倒幾次是好的，受傷、再爬起來；誤入歧途幾次不會怎麼樣的，當你發覺自己走岔了，你就再走回來。就從嘗試與犯錯當中，你學習到生命是什麼。

＊＊＊＊＊＊

我以前常跟父親說：「就算是我問你，你也不要給我任何建議。這件事你必須清楚表態，直截了當說：『去找出你自己的路。』不要給我什麼忠告。」當廉價的建議唾手可得的時候，還有誰想去尋找屬於自己的想法？

我對我的老師們很堅持一點：「請記住，我不要你們的智慧，所以只管教你們的科目就是了。你明明是地理老師，而你卻想教我道德？地理和道德有什麼關係？」

我猶記得有個可憐的男人所惹來的麻煩，他是我的地理老師。我拿了坐我旁邊的人袋子裡的錢，這個老師就對我說：「不可以這樣子。」

我說：「不關你的事，你是地理老師，而這是個道德問題。如果你要的話，我可以去找校長，你跟我一道去。在地理課本裡……我已經讀過了，裡面沒有寫著你不可以拿別人的錢。錢就是錢，錢在誰的手上，它就屬於誰。不久之前那還是他的錢，但他失去了那筆錢，是他應該要更當心一點的。如果你要告誡的話，你應該告誡他。」

「首先，上地理課帶這麼多錢要做什麼？這裡又沒有任何東西可供買賣的，為什麼他要帶這麼多錢來學校？其次，他要帶這麼多錢在身邊，就應該多留意那些錢。錯不在我，錯的是他，我只是占了他的便宜，那是我的權利。每個人都有權利去利用那個情境下的好處。」

我還記得那個可憐的男人，他總有麻煩，而且總與我脫不了關係。在課堂外見了我，他跟我說：「你想做什麼都可以，就是不要在歹命的地理學加進一大堆哲學。我對哲學一竅不通，只懂地理，你卻有本事將問題顛來覆去，弄得我連晚上都還在繼續想那是地理、宗教還是哲學問題。」

學校對面的地方有兩棵卡丹巴樹（kadamba），卡丹巴樹非常香，每當我有空檔溜出教室時，我常去那兩棵樹上坐坐。那是最佳的地點，因為老師們、校長會經過樹下，但沒有人會想到我躲在樹的上面，因為樹幹十分粗壯。然而，每次這位地理老師經過時，我總忍不住往他頭上丟一、兩顆石子，他抬頭看到我之後，問說：「你在那裡做什麼？」

有一天我說：「這又不是地理課，你打攪了我的靜心。」

他就說：「那兩顆掉到我頭上的石頭你怎麼說？」

我回答：「那不過是巧合而已。我丟了石頭，奇怪的是你出現的時間還真準，我正在想怎麼回事，而你也在想事情怎麼會這樣，居然如此巧合。」

他以前會來我家找我父親說：「這真的是太離譜了。」他是個禿頭，印地語的禿頭叫做「穆得」（munde），他的名字叫查特拉爾（Chotelal），不過大家對他的印象是查特拉爾・穆得，查特拉爾很少人用，光說穆得大家就知道是誰了，因為他是唯一整頭都禿的人。當我剛好人在他家前面時，我會去敲他家的門，他的老婆或其他人來開門的時候就對我：「你為什麼要折磨他？你在學校折磨他，在市場裡折磨他，當他去河裡洗澡時，你也折磨他。」

有一天是他老婆開的門，她說：「你可不可以不要再折磨穆得了？」而他人正好就在她身後。他一把抓住她，激動地說：「你也叫我穆得！這個小子在全城散播我的名字叫查特拉爾·穆得，我自己的老婆居然被他給同化了。我可以原諒別人，但我自己的老婆，在我的家裡……」

我對我的老師們都堅持這件事：「請不要離題，也別給我任何不屬於你學科的建議，讓我用我的方式探索我的人生。沒錯，我會犯許多的錯，而我願意嘗試錯誤，因為那是學習的唯一辦法。」

＊＊＊＊＊＊

我的祖父壓根兒不屬於宗教型的人，他比較接近希臘的左巴：吃吃喝喝、開開心心的，除此以外沒別的世界，其他的世界在他眼底都不實際。而我父親則是個信仰極為虔篤的人，說不定這是由於祖父的緣故。由於反彈、代溝，造成我家中兩極化的情形：祖父是無神論者，而也許是因為他的無神論主義，父親變成有神論者。每當父親要去廟裡時，祖父總是嘲笑著說：「又要去了！繼續將你的生命浪費在那些愚蠢的雕像上好了！」

我深愛左巴，原因有很多，其中之一是我在左巴身上又找回祖父。他是個熱愛美食的人，由於總信不過別人的手藝，他乾脆自己動手下廚。我一生中在印度無數個家庭裡當過客人，但沒有人的廚藝比得上祖父來得精湛。他酷愛烹飪，所以每個星期他都會宴請他的朋友，他可以為了這件事而忙上一整天。

我媽媽、嬸嬸、僕人、廚子，每個人都被擋在廚房外，當我祖父在下廚的時候，沒有人可以去吵他。不過，他對我倒是很友善，讓我進廚房去看他煮東西，他告訴我：「學著點，不要倚賴別人，只有你知道自己的口味，其他人有誰會知道？」

我說：「那不是我做得到的，我太懶了，我可以看你怎麼做，至於整天煮東西？我做不來。」所以，我沒有學到什麼，但光是看就很過癮，他做菜的樣子，活像個雕刻家、音樂家或畫家。對他而言，做菜不只是做菜而已，那是一門藝術；要是稍有差池，他毫不考慮就將材料丟掉，因為那不合他的標準，他會重做那道菜，雖然我說：「那道菜沒有問題啊！」

他就說：「有問題，我是個完美主義者，所以光沒有問題是不行的，除非這道菜符合我的標準，否則我不會端出去給別人吃，我愛我的食物。」

他常自製許多種飲料……不管他做什麼，全家人總是持反對意見，他們說他只會找麻煩。例如他不讓其他人進廚房，或在晚上找來全鎮所有的無神論主義者來家裡坐。耆那教規定是：進食時間要在太陽下山前，日落後不准再吃東西。他公然蔑視耆那教的傳統，偏要等到天黑之後才吃飯，他常常差我出去看天黑了沒。

全家人被他所惹惱，但卻敢怒不敢言，因為他是一家之主，是家中最年長的人。但他們會生我的氣，那容易多了，他們說：「為什麼你一再地出去看天黑了沒有？那個老傢伙也把你帶壞了，你完全迷失了。」

我一直到祖父快過世時才讀到《希臘的左巴》（*Zorba the Greek*）這本書，為此我難過不已；站在他的火葬堆旁，我腦海裡揮之不去的想法是，如果我能翻譯這本書給他聽，他一定會很高興的。我讀過許多書給他聽，他不識字，只會寫他的名字而已，但他對自己沒有讀寫的能力感到驕傲。

他常告訴我：「還好我爸爸沒有強迫我上學，否則我就完了，這些書本害人不淺。」他說：「切記，你爸和你叔叔們都被那些書害了，他們常常讀經書、典籍，吸收了一堆垃圾；當他們埋首書堆中，我卻在過生活，經由生活歷練而來的了解是很好的。」

他對我說過：「他們會送你去讀大學，我幫不上忙，他們不會聽我的，若你爸跟你媽堅持的話，他們會讓你去讀大學，但是要小心：不要迷失在書本裡。」

他是個懂得享受小事情的人，我問他：「每個人都相信神，你為什麼不相信啊，老爹？」我叫他老爹（baba），在印度人們都是如此稱呼祖父。

他說：「因為我不害怕。」

他的回答很簡短：為什麼我應該害怕？並不需要害怕，我又沒有做錯任何事情，沒有傷害任何人，我只是開開心心地過我的日子。假如有神的話，而我能與祂偶遇的話，祂無法對我有怨言，我才要對祂抱怨：「為什麼你創造出這種世界？」我並不害怕。

當他快過世時，我又問他一次。醫生說他只剩下幾分鐘，他的脈搏漸漸微弱，心臟慢慢衰弱，但他的神智很清醒，我問他：「老爹，我有一個問題……」

他睜開眼睛說：「我知道你要問的問題：為什麼你不信神？我知道你會在我快走的時候提這個問題。你以為死亡會讓我畏懼嗎？我曾經這般快樂、這般全然地活過，面臨死亡並不會使我有絲毫懊悔。」

「明天我還會再做些什麼？我已經都做完了，沒有剩下任何事要做的。如果我的脈搏與心跳慢下來，我覺得一切都沒有關係，因為我感到很安詳、很鎮定、很平靜，到底我完全死了或活過，現在說還太早，但是你應該要銘記於心：我並不害怕。」

*****

當我通過大學入學考試時，引起全家上下一陣騷動，因為他們全都想參與意見。某個人要我當醫生，某個人要我當科學家，某個人要我當工程師，因為在印度，這些全是人人稱羨的高收入工作。你會變成有錢人，你會出名、受人尊重，可是我說：「我要念哲學。」

他們異口同聲說：「這不像話！一個有判斷力的人絕不會去念哲學，你念完之後要做什麼？白費了六年在大學裡學習沒有用處的東西，哲學沒有任何的價值，你到時候會連一個小工作都找不到。」

他們說的沒有錯，在印度，例如申請一個郵局職員的工作，你只需要大學的學歷，若你擁有的是哲學博士學位，管你是全校第一名，還是得過金牌，你都得不到那份工作，這些反而是使你喪失資格的原因，你是個麻煩！因為一個職員不應該是哲學家，否則一定會有麻煩。

於是他們說：「你會吃苦一輩子的，好好想一想吧！」

我說：「我從不『想』，你們是知道的，我這個人只『看』，對我而言沒有選擇的問題，我很清楚我要念的是什麼，這無關乎去衡量哪一個工作會賺更多錢，即使變成乞丐，我也非去念哲學不可。」

大家都搞不懂，紛紛詢問：「可是，你想念哲學的理由究竟是什麼？」

我回答：「原因在於，我的一生都會與哲學家對抗，我必須從頭到腳、裡裡外外洞悉他們的一切。」他們說：「我的老天哪！這就是你所想的？我們從來就沒想到過，有人會因為他的一生都要與哲學家對抗而去學哲學。」但是，他們全都知道我很瘋狂，所以說：「早知道你會做這種事。」可是他們還是不死心地說：「時間還早，你可以好好考慮，再過一個月大學才開學，你還是可以改變心意。」

我說：「一個月、一年或是一輩子都沒有差別，因為我沒有選擇，這是我無選擇式的責任。」我有一個大學畢業的叔叔，他說：「跟他怎麼說都說不通，他說的話裡面似乎沒有意義，什麼『沒有選擇……責任……』這些與生活有什麼關係？你會需要金錢、需要房子，你需要養家。」

我說：「我不會有家庭，也不會有房子，我不需要養家！」我從沒有養過誰，也沒有自己的房子。我是世界上最窮的人！

他們沒辦法強迫我去當醫生、工程師、科學家，所以都很不高興。後來，我成了遊走於全國各地的老師，為了做這份工作，當初我去學邏輯與哲學，因為我要完全摸透敵人；沒有多久，我便發現沒有半個人能夠接下我的挑戰。我的家人們後來才覺得有點過意不去，他們覺得幸好我沒有受他們的影響去當醫生、工程師、科學家，我已經證明了他們是錯的。

當他們向我尋求原諒時，我說：「沒有關係的，因為我從來就沒有把你們的建議當真過，我從來就無所謂！凡是我想做的，任你們百般阻擾我都還是會去做，所以沒有什麼好抱歉的，我一直就不曾認真看待過你們的意見，聽是聽到了，但我沒有聽進去，我的內在早已有一份果決的決定。」

第三章　正視死亡

問：在這一世之外，請問你知道你會以某種形式活著嗎？
答：沒有任何形式，我將不會活在形式裡。
問：永遠都如此？
答：永遠，我一向都在這裡，也將會一直在這裡。
問：在死亡之外，你還會有意識嗎？
答：是的，因為死亡與意識並沒有關係。
問：死亡之後，你會有身分嗎？
答：沒有。

——摘自與西雅圖郵報員記者約翰．瑪寇爾（John McCall）的訪談

在東方，從過去到現在我們不斷在觀察人們的死亡經驗；你怎麼死，反映出你的一生是

怎麼過的。我光從你的死亡，就能夠為你寫一部傳記，因為你的一生就濃縮在那一刻當中。那一刻就像是盞發亮的電燈泡，將所有的事情照得一覽無遺。

吝嗇的人死的時候會緊捏著拳頭，他還是在抓取、執著，還掙扎著不要死，還是不願放鬆。有愛的人死的時候，他的手掌是打開的，他甚至分享他的死亡……一如分享他的生命。一切都寫在他臉上，你看得出來這個人是否完全警醒、覺知地過他的生命。如果是的話，他的臉上會煥發著光芒，他的身體周圍會有一層氛圍，使你靠近他時，你感受到的是一股沉靜，而非哀傷。當一個人在狂喜中過世時，你甚至會在他身邊感覺到突如其來的快樂。

這樣的事在我小時候發生過。村子裡有一位賢者過世了，他是一間小廟的祭司，沒有什麼錢。但我對他有著某種依戀，一天中我至少會經過他的廟兩次，每當我去學校途中路過他的廟時，他總會叫住我，然後遞給我一些水果、甜食。

當他過世時，全鎮的人都去看他，在場唯一的小孩子就是我。我無法相信，忽然間——我竟然無法遏抑地笑了起來。我父親也在那裡，他想要阻止我發笑，因為他覺得很窘，有人過世時，並不是適合笑的時機，他試著要我閉嘴，一再告誡我：「你安靜一點！」

然而，那樣強烈的衝動再也不曾出現過。從那次之後，我再也沒有感受到過，以前我也沒有那種經驗——彷彿發生了某件奇美無比的事情，使得我狂笑不已。我笑到無法克制，大家都對我很氣憤，後來我被送回家，我父親告訴我：「以後不准你再去參加嚴肅的場合！因為你，連我都很不好意思。你為什麼笑？那裡有什麼事情嗎？死亡有什麼好笑的？每個人都在哭，而你卻在笑。」

我跟他說：「某件事情發生了，那位老人家釋放出某種很美好的東西，他的死亡是一種高潮。」我當時用的不完全是這些字句，但大概是這個意思，我說我感覺得出來他在極大的喜樂、狂喜中過世，我想與他一同歡笑，他當時正在狂笑，他的能量是充滿歡笑的。

他們認為我瘋了，人死的時候怎麼還笑得出來？自那時候起，我就去觀察許多死亡的場合，不過，我未曾再遇見那樣的死亡。當你死的時候，你釋放出你的能量，在那個能量中，你整個一生的經歷會顯現出來。無論你曾經是什麼樣子，傷心、高興、愛、憤怒、熱情、慈悲，你的能量裡夾帶著你一生的軌跡。當一個崇高的聖者逝世時，單單在他的身邊就是一項禮物，只是讓他的能量流經過你便能激發許多東西，你將會進入一個截然不同的次元，沉醉在他的能量中無法自拔。死亡可以是一個完完整整的滿足，然而，只有當這個人已經活出他的生命時，那才是有可能的。

*****

小時候，我常跑去看別人的喪禮，那是我童年的消遣之一。我爸媽常常在操心：「你又不認識過世的那個人，那個人與你非親非故的，為什麼要浪費時間管這種事？」印度人的喪禮通常要花上三、四或五個鐘頭的時間。

首先，隊伍抬著屍體走到城外，接著，在火葬柴堆中將屍體焚燒掉……而你也曉得印度人，他們辦事的效率一向很低。柴堆的火燒不旺，零星的小火沒辦法焚燒得掉屍體，大家七手八腳地忙著，因為他們想早一點離開那裡，不過死去的人也很狡猾，他們會盡力讓大家留在那裡愈久愈好。

我告訴我爸媽：「重點不在於認不認識這個人，而是我與死亡脫不了關係，這是誰也無法否定的。死的是誰並無所謂，這對我是一種象徵，象徵著終有一天我會死，我必須知道人們是怎麼對待亡者的，而亡者又是怎麼對待活著的人，不這樣的話，我要怎麼學？」

他們說：「你又在說怪異的論調了。」

「不然，」我繼續說，「你得說服我——死亡與我無關，告訴我我不會死，要是你說服得了我，我就不再去別人的喪禮，否則，請讓我去探索。」他們說不出口，所以我說：「那就不要干涉我，我並沒有叫你去，我自己很享受那裡發生的每件事。」

我所觀察到的第一件事就是，沒有人會談論死亡，連在喪禮上也不例外。那個躺在火堆當中的人是某個人的父親，他是某個人的弟弟、某個人的舅舅、某個人的朋友、某個人的敵人，如今他死了，可是他們卻都在忙些芝麻綠豆的事情。

他們攀談著電影、政治、生意，各式各樣的事情——除了死亡之外。他們形成一個小團體圍坐在火堆前，我遊走於各個小團體之後，發現一件事：沒有人談到死亡。我很確定，他們藉著說其他的話題讓自己心不在焉，這樣他們就不必去看正在火化的屍體，因為那也是他們的身體。

人們知道，如果他們的眼光是清晰的話，就可以看出正在火化的是自己，不是別人——那是遲早的。明天，換成參加這場葬禮的某個人躺在火葬堆裡，後天輪到另一個人，每天都有人被抬到火葬場去。有一天，我會被帶到火葬場去，而人們就是如此對待我的，這是他們給我的告別式：就在死亡發生之際，他們討論物價上漲、盧比貶值的事；他們背對著火葬堆，坐在那裡高談闊論。

他們不得不去參加喪禮，所以只好出席，但他們從頭到尾就不想去，於是就以一種有去跟沒去都一樣的方式待在那裡，那也只是為了可以確定，當他們死的時候不會被公營的卡車載走草草了事，因為他們參加了許多人的喪禮，當然別人也就應該來為自己送別。他們心知肚明自己為什麼會在那裡：他們要別人在自己躺到火葬堆裡的時候能來。

可是，這些人在做什麼？我去問我認識的人，有時我在那裡遇到我的某個老師，我看他在講一些愚蠢的事，比方誰和誰的老婆調情……我說：「這是談論某個人的老婆做了什麼事的時候嗎？想想這個過世的人的老婆吧，沒有人會操這個心，沒有人會談到這件事。」

「想想當你死的時候，你的老婆會怎麼做。她會和誰調情？她會何去何從？你們之間是否協議過這件事？難道你看不出自己的愚蠢行為嗎？死亡就在眼前，而你極力避免正視它。」然而，所有的宗教都是如此，這些人不過代表某些宗教的某些傳統罷了。

******

我外公告訴過我，當我出生時，他跑去請教當時一位鼎鼎有名的占星學家，那位占星家本來要排我的占星圖，但他研究過我的生辰之後卻說：「如果這孩子活得過七年，屆時，我再來排他的占星圖。看起來他不太可能活過七歲，排一個早么者的占星圖是沒有用的，排出來也派不上用場，這是我的習慣，」這位占星家說：「除非我確定占星圖排出來能有用處，否則我不為人占星。」

他在排我的占星圖前就過世了，所以換他的兒子準備我的占星圖，可是他也有疑惑，他說：「幾乎可以確知的是，這孩子在二十一歲那一年會死亡，每隔七年他就得面臨一次死亡。」所以我爸媽，我的家人們經常擔心我會死，每當接近七年循環尾聲的時候，他們就不免提心吊膽。他說的沒錯，在七歲那一年我倖存下來，但我經驗了一次很深的死亡，不是我自己的，而是我外公的，由於我和他之間是如此緊密相繫著，使得他的死亡變成像是我的死亡一般。

我用小孩子的方式模仿他的死亡，三天裡我不吃不喝，因為我覺得如果我不這麼做的話，我就是個背叛者。他是我的一部分，他的人、他的愛一直陪伴著我成長。

當他過世時，我覺得如果我吃東西的話，就是對他的背叛，我並不想活。那是很孩子氣的表現，但因為那樣，發生了某種非常深刻的經驗。我躺在床上三天不肯下床，我說：「既然他已經過世，我也不想活了。」我活了下來，但那三天變成一種死亡經驗。某個意義上說，我死了，而且我發覺到死亡是不可能的，當時對我來說那是個模糊的感覺，現在我可以清楚的告訴你這件事。

就在我快要十四歲時，我的家人又很擔心我會死亡，我活下來了，而我依然很有意識地去嘗試那個經驗，我告訴他們：「如果誠如那個占星家所言，我會死的話，那麼最好我能有所準備。為什麼要給死亡機會？為什麼不和它在半路就打照面？如果我就要死了，最好死得有意識一點。」

所以我向學校請假七天，我去找校長跟他說：「我快要死了。」

他說：「你在胡說八道什麼！難道你要自殺不成？你快死了是什麼意思？」

我跟他說占星家預言我每七年就有可能面臨死亡，我說：「我要閉關七天等待死亡的降臨，如果死亡來臨了，能有意識地和它正面交會是很好的，如此一來那會成為一種經驗。」

我去到村外的一間廟裡，和廟的祭司談好，要他不來打攪我。那是一間人跡罕至的老舊寺廟，平日沒有什麼香客，所以我跟他說：「我會待在廟裡，你一天只要給我一次食物和水，我整天都會躺在那裡等待死亡。」

我等了七天，那七天是一段美好的經驗，死亡沒有來臨，但我自己想盡辦法去體會死亡。奇特、詭異的感覺發生了，許多事情發生了，但我有一個基本的覺知：如果你感覺到你正在死亡，你會變得平靜、安寧，那時候，沒有任何事會引發擔憂，因為憂慮只和生命有關，生命是一切煩惱的大本營。如果你終有一天會死，那又何必為此煩惱呢？

我躺在那裡，在第三、還是第四天的時候，廟裡跑進一條蛇，牠就在我視線所及的地方，我看見蛇，卻不覺得害怕。忽然間，我有一種很奇怪的感覺，那條蛇愈來愈朝我靠近，但我心中沒有一絲恐懼，所以我就想：「死亡的來臨或許會透過這條蛇，那麼又有什麼好怕的？等等看吧！」

那條蛇跨過我之後離開了，恐懼不見了。當你接受死亡的時候，恐懼並不存在；當你執著於生命，恐懼就從四面八方撲向你。

很多時候，有蒼蠅飛來我身邊，他們在我附近飛來飛去，又在我身上、臉上爬來爬去，好幾次我覺得牠們很煩，我想將牠們甩掉，可是又想到：「有什麼用？我遲早就要死了，到時候沒有人會在這裡保護我的身體，不如隨牠們去吧。」

就在我決定隨牠們去時，我就不再覺得牠們很煩人，牠們還是在我身上，但我一點都無所謂了，彷彿牠們是在別人身上爬行、蠕動，有種距離旋即產生。假如你接受死亡，距離就產生了，生命帶著它所有的煩惱與紛擾遠遠離去。我以某種方式死去了，但是我明白死亡當中有某種不朽。一旦你全心全意接受了死亡，你就對它有意識。

然後，在我二十一歲時，我的家人又開始擔心了。於是我就對他們說：「為什麼你們老是在等候？不要等，我現在不會死了。」

我的肉體終有一天會死，那是一定會發生的。然而，這位占星家的預言給了我很大的幫助，因為他使我很早就意識到死亡，我能夠靜心，能夠接受死亡的到來。

第四章　靈魂暗夜

有一則美麗的佛教故事：

在某個鎮上，忽然來了一位年輕貌美的女子，她的來歷完全沒有人知道，可是，由於她生得那般楚楚動人，甚至沒有人曾想過她是從哪裡來的。全鎮上的人都湊過去看她，在場將近有三百位年輕男子，每個莫不想將她娶回家。

女子說：「你看，我只有一個人，而你們有三百個人，我只能嫁給一個人，所以你們做一件事。我明天會再來，我給你們二十四個小時的時間，如果有人可以背誦佛陀的《妙法蓮華經》（*Lotus Sutra*）的話，我就嫁給他。」

所有的年輕人趕緊衝回家，個個不吃不睡、不眠不休，使出他們的渾身解數，整晚都在反覆唸那本經，試圖將所有經文都灌進自己腦袋，有十個人辦到了。隔天早上，這位女子出現了，那十個人一一背出經文給她聽，他們成功地做到了。

她說：「是不錯，但我只有一個人，怎麼能嫁給十個人？我再給你們二十四個小時，誰能夠解釋《妙法蓮華經》的經意，我就嫁給誰，所以你要去了解經文。背誦很簡單，你可以只是機械性地將經文背得滾瓜爛熟，卻不懂箇中涵義。」

根本沒有時間，只有一個晚上而已！《妙法蓮華經》是很長的經文，但當你被沖昏頭時，你什麼事都會去做。他們衝回去努力，隔天有三個人出來，他們懂得經文的意義。

那名女子說：「麻煩還是在，雖然人數減少了，可是問題還是一樣。從三百個人降到三個人，雖然情況已經改善很多了，但我沒辦法嫁給三個人，我只嫁給一個人。所以，再二十四個小時……如果有人不僅了解經文，而且還親身體驗到的，我就嫁給那個人。你是解釋出經意了，但這樣的解釋是智性上的了解，很好，已經比昨天好，你對經文的意義有認識，但那只是智性上的認知。我想要看到一些靜心上的體驗、芬芳，我想看到蓮花已經進入你的本質當中，看到你成為某朵蓮花；我想聞到蓮花的香味，所以明天我會再來。」

只有一個人出現，當然，他辦到了。女子帶他去到她位於城外的家，這男人從來沒有見過這棟華美的房子，幾乎就像是作夢般。女子的雙親站在門口迎接這個年輕人，他們說：「我們很高興。」

女子進入屋裡，年輕人則和兩位老人家閒聊一下，然後他們說：「你去吧，她一定在等你，這是她的房間。」他們指示他哪一間，他進去了，可是裡面卻沒有半個人影，那是個空房間，卻有扇門通往花園，於是他過去看了看，心想也許她去花園了，對，她一定是去那裡了，因為小徑上有足跡。所以，他沿著足跡走出去，走了幾乎有一哩路，直到花園的盡頭，現在他正站在一條景色宜人的河流岸邊，可是女子不在那裡，足跡也不見了，只有兩隻金色的鞋子，那是女子的鞋子。

這下他摸不著頭緒了，到底怎麼回事？他回頭看，發現花園、房子、女子的雙親都不見了，全部都化為烏有！他又再看了一次，那雙鞋子也沒了，河流也沒了，那裡僅有的是空無，以及狂笑聲。

他也笑了，他結婚了。

這是一則很美的佛教故事，他和空無結婚，他娶到的是空無；所有偉大的聖人所追尋的就是這樣的婚姻——當你成為「耶穌的新娘」（bride of Christ）或「克里希那的愛人」（gopi of Krishna）的時候。只是，一切都消逝無蹤——小徑、花園、房子、女子，甚至是足跡，全部都沒有了，只有笑聲，從宇宙的丹田所發出的笑聲。

******

從小我就深愛著寧靜，每當我有機會，我就會靜靜地坐著，所以家人就很自然地認定將來我會變成一個沒有用的人。被他們料中了！我的的確確成了沒有用處的人，但是我一點都不後悔。

有時候我就坐在那裡，我媽媽會過來對我說像這樣的話：「整間房子裡似乎都沒有半個人在，我需要有人幫我去菜市場裡買一些蔬菜回來。」而我就坐在她前面，我告訴她：「如果我有看到人的話，我會告訴他們。」甚至到了這種地步。

家人們都當我的存在不算數，無論我在不在家都無所謂。他們試過一、兩次，結果發現最好別去找我，就當我不在比較好。因為他們早上派我出去買菜，到晚上我才回來，還問他們：「我忘了你叫我出去做什麼，現在市場已經關門了……」

我媽媽說：「這不是你的錯，其實我們不該叫你去的，我們等你等了一整天，你都去哪裡晃了？」

我說：「我走出房子，附近有一棵很不錯的菩提樹。」佛陀即是在菩提樹下開悟的，樹因佛陀而名為菩提，沒有人知道在佛陀之前那種樹叫什麼，它一定是有名字的，但在佛陀之後，樹才與這個名字產生關連。

那裡有一棵美麗的菩提樹，我十分為它所吸引。樹下總是好清靜、好涼爽，沒有人會去打擾我。每次我經過，就一定會到樹下去坐一會兒。有時我在想，那些片刻的寧靜也許延續了一整天。

就在幾次的失望後，他們認為：「最好少去煩他為妙。」我高興得不得了，他們接受了我幾乎不存在的事實，這讓我獲得很大的自由，因為這下沒有人會期望我任何事。當沒有人從你身上指望任何事的時候，你會沉入一種安靜裡，整個世界已經接受了你，現在起沒有人會要求你任何事。

有時，我很晚還沒回家，他們會去兩個地方找我，一個是我那尼家，另一處是菩提樹。由於他們會去菩提樹下找我，我開始爬到樹上，換到樹上坐，他們來了之後四處張望不到我，就說：「看來他不在這裡。」

我也對自己點頭說：「對，這是真的，我不在這裡。」

＊＊＊＊＊＊

我第一次出離身體的經驗是從樹上掉下去的時候。我常到大學校園後面靜心，那裡有一座僻靜的小山丘，上頭有三棵高大的樹，平日沒有人會去那個地方，我常坐在其中一棵樹上靜心。有一天，我忽然發現我坐在樹上，而同時，我的身體已掉下去倒在地上。我一時想不出辦法要如何再回到我的身體，剛巧，有一位從鄰村送牛奶去學校的女人經過，她看到我的身體躺在那裡，於是走上前去察看。想必她聽過這種情形，當內在的身體與外在的身體分開的時候，如果你摩搓兩眼之間的地方，也就是第三眼，那是一扇門，出離的靈魂將能夠從那扇門再回返身體。

所以她摩搓我的第三眼，我可以看得出來她在我的前額上摩搓，一下子，我就睜開眼睛了。我向她道謝，並問她怎麼知道要那樣做。她只是聽說過這樣的事，在那個原始的村落裡，她聽過傳統的觀念上，第三眼是一個人出去與回來的所在。

就我記憶所及，打從很小的時候我就在尋覓進入開悟的那扇門。那樣的想法一定是從我前世來的，因為，在我這一世的童年裡，沒有一天我不是在找尋那扇門。

當然，每個人都認為我很瘋狂，我從來不和其他孩子一起嬉戲玩耍，同齡的孩子和我無法溝通，在我眼裡，他們都很笨，他們所做的事都很愚蠢可笑。我不曾參加什麼足球隊、排球隊和曲棍球隊，所以當然他們都視我為瘋狂。就我而言，隨著我逐漸長大，我開始視這整個世界為瘋狂。

在最後一年，當我二十一歲的時候，那段日子是我精神崩潰與突破的時期，對那些愛我的人，我的家人、朋友、教授們，他們自然可以稍稍了解我怎麼了。為何我和其他孩子比起來顯得如此與眾不同，為何我可以閉起眼睛一坐就是好幾個小時，為何我可以坐在河邊仰望天空良久，有時甚至看整個晚上，當然不懂我的人會認為我瘋了，而我也並不會指望他們的了解。

在我的家裡，我變得幾乎不存在似的。慢慢地，他們不再要我做任何事；慢慢地，他們開始感覺我好像不在那裡一樣，我喜歡這樣，我喜歡我變成一個「空無」，一個什麼都不是的人，彷彿我不存在般。

那真是驚人的一年，我被「空」、「無」所圍繞，失去了與世界的所有連繫。如果有人提醒我去洗澡，我會洗好幾個小時都不知道要出來，直到他們再來敲門：「現在你該離開浴室，你已經將一個月該洗的澡都洗完了！快點出來！」如果他們提醒我吃飯，我會吃，不然好幾天過去了，我也都沒有吃飯，倒不是我在斷食，我所關心的既非吃飯也非斷食，我只全神貫注在深入我自己，愈來愈深入。那扇門的巨大磁力不斷將我往裡面拉，就像是物理學家說的黑洞。

他們說黑洞是存在的，若有星球偶然間靠近黑洞，黑洞會將星球往裡面拉，而星球無法抵擋那股拉力，進入黑洞無異於進入毀滅，我們不知道那裡邊的情形。我的想法是——這一點有待物理學家的查證——黑洞的一邊是黑的，另外一邊是白洞，洞不可能只有一面，它是一個隧道，這在我身上曾經驗到，或許在更大規模的宇宙當中也是如此。星球會消殞，就我們看到的是它消失了，但是，新的星球隨時都在產生，從哪裡產生的？它們的子宮在哪裡，這是很簡單的數學，黑洞就是那個子宮，舊的星球消失在它裡面，然後再孕育出新的星球。

我本身經驗過這樣的事，雖然我不是個物理學家。那一年強大的拉力使我離人群愈來愈遠，甚至連自己的父母親都認不出來了。有時我忘了自己的名字，我努力想了半天，還是想不出我之前姓什麼名什麼。對其他所有人來說，那一年的我在他們眼裡當然是瘋了，但是對我來說，那個瘋狂變成是靜心，而就在瘋狂到了極致時，那扇門打開了。

我被帶去看印度草藥醫生，事實上，我被帶去看過許多的醫生，不過，只有一位印度草藥醫生告訴我父親：「他沒有生病，別浪費你的時間了。」當然，他們還是拉著我到處去找醫生，許多人也會給我藥，我告訴父親：「你為什麼要擔心呢？我好得很。」但沒有人相信我的話，他們說：「你不要多嘴，只要把藥吃了，又不會對你有害？」所以，我當時吃了各式各樣的藥。

當時只有一位印度草藥醫生可以稱得上有洞見，他的名字叫頗沙德（Prasad），那位老人家現已經不在人世了，他真是罕見的智者。他看著我說：「他沒有生病。」然後，他流下眼淚，一面說：「我一直在尋找這個境界，他是幸運的，這一世我已經錯過了這個境界，不要帶他去看任何人，他快到家了。」他雖然在哭，但他滴下的是快樂的眼淚。

他是個求道者，已經尋遍全國各地，他的一生就是追索與探尋，所以他稍微有些概念。他成了我的守護者，使我不必去看那麼多醫生，他對我父親說：「他就交給我，我會照顧他。」所以他沒有給我吃任何藥，如果我父親堅持的話，他就給我糖果，跟我說：「這是糖果，為了讓他們安心，你就吃這個，這些糖果不會有害，也不會有幫助，任何的幫助事實上都是不可能的。」

＊＊＊＊＊＊＊

當你初次進入「無念」（no-mind）的世界時，一切看起來都是瘋狂的，因為你身處於靈魂的暗夜、靈魂瘋狂的夜。宗教都深知這個事實，所以主張在你進入無念的世界前要找一位師父，因為他會在那裡協助你。當你陷入四分五裂之際，他會在那裡鼓舞你，給你希望，對你詮釋那個新的世界。那即是一位師父的意義：詮釋那不可能被詮釋的，指出那不可言喻的，顯示出那不可表達的。他將在那裡，他會設計一些方法、法門讓你繼續走下去，否則，你可能會逃之夭夭。

記住，逃避不是辦法，如果你逃跑的話，你可能會變得很狂暴，蘇菲叫這種人為馬斯塔（masta；譯注：神聖的狂者），在印度，這種人被稱為瘋狂的帕若瑪罕薩（paramahansa；譯注：飛進未知、與宇宙合而為一的偉大天鵝）。你走不回去，因為回去已經沒有退路了，而你也無法往前，因為前方一片漆黑，你陷入進退維谷之中，那正是為什麼佛陀說：那些找到師父的人是幸運兒。

我自己是在沒有師父的情形下探索，我找了又找，但遍尋不著一位師父。能找到師父是很稀有的事情，因為那意謂著找到一個已經變成不存在的存在，他是直接進入神聖的那道門，而且那道門是敞開的，你可以通過他而進入神聖當中，這是相當不容易的。

錫克教徒（Sikhs）稱他們的聖殿為古魯達瓦拉（gurudwara），意思是「師父的門」，那確實就是師父的意義：「門」。耶穌說過許多次：「我是門，我是道路，我是真理，請跟隨我來，通過我。除非你能通過我，否則你到達不了。」

是的，有時候人是在沒有師父的情況下探索，如果沒有師父的話，他必須獨自一個人，只不過，這樣的旅程充滿了危險。

有一年的時間，我處在一種無法說明的情況下，根本無從知道我到底發生了什麼事。那一年裡，甚至要活下去都很難，光是要活下去都很不容易，因為我失去了食慾。我可以幾天都沒有吃東西，卻一點都不覺得餓，幾天都不喝水，也不覺得口渴，我必須逼自己吃東西，強迫自己喝水。身體幾乎快不存在了，我必須弄痛我自己，才能感覺我還在身體裡；我必須用頭去撞牆，才知道我的頭還在不在，唯有當我有痛的感覺時，我才會稍微待在身體裡。

每天早上與晚上，我會出去跑五哩到八哩的路，人們都以為我瘋了，沒事為什麼跑這麼遠的路？一天十六哩！只是為了感覺我自己，感覺我依然存在，不致失去與自己的連繫。只是等待，直到我的眼睛能夠看見正在發生的新世界。

我必須與自己保持靠近。那段時間我沒有與任何人交談，因為所有事情都顯得支離破碎，連想要湊出一個句子對我來說都很難，話說到一半我就忘了我要說的是什麼。出門走到半路，我會忘了我要去哪裡，於是不得不再折回去。讀一本書的時候，都已經讀五十頁了，我才頓時驚覺：「我在讀什麼啊？我根本都不記得了。」那就是當時的處境。

精神病醫師的辦公室忽然間闖進一個人。「醫生！」他很緊張地說，「你一定要幫幫我，我很確定我快瘋了。我什麼事都記不起來，一年前甚至是昨天發生的事，我都記不得了，我一定是快瘋了！」

「這個嘛，」醫生琢磨了一下，接著他開口問道：「你什麼時候開始注意到這個問題的？」這個人一臉茫然的神情望著醫生，「什麼問題？」

這就是我的狀況！甚至要講完一句話都很困難。我將自己緊關在房裡，表明我不會跟任何人說話，因為一開口說話無異表示我瘋了。這樣的情形持續了一年，我只是躺在地上看天花板，然後從一數到一百，再從一百數回到一，光是要維持我的算數能力就是項艱巨的工作，我一再一再地忘記；花了一年的時間我才又恢復專注力與看事情的能力。

事情就是這樣發生的，那是個奇蹟，一段極為難熬的過程。沒有人支持我，沒有人告訴我我正往哪裡去，以及我發生了什麼事。而其實，所有人都不抱贊同，我的老師們、朋友們、我的支持者，他們全都不以為然，只是他們什麼也無法做，只能訴諸譴責，只能問我我在做什麼。

我什麼事都沒有做！這時事情已經超乎了做與不做，它正在發生著。我曾經在不知不覺中做了某些事，我敲了門，而現在門已經打開了。我靜心了許多年，只是靜靜地坐著，沒有做什麼，逐漸地我進入了一個空間，在那裡我存在，卻沒有做任何事。我只是在那裡的一個存在（presence），我是一個觀照者。

你甚至都不是觀照者，因為你沒有在觀照，你只是活著。文字無法充分表達我所指的，因為話一被說出來時，聽起來就會像是一種作為。

不，我沒有做任何事，我不過躺著、坐著、走路，而底下，並沒有人在做這些事。我失去了所有的雄心壯志，不再渴望成為誰，不再想達成任何事情，我整個人被丟回到自己，那裡是一片空寂，而空寂會使人發狂。然而，空寂是進入神唯一的大門，這是指，只有那些準備好發瘋的人會到達這扇門，其他人則不可能。

******

你問我：當你成道的時候，發生了什麼事？

我笑了，我真的打從心底覺得好好笑，因為我看出試著想成道的無稽，這整件事根本就是可笑的，我們生來就是成道的，力圖去實現某件既成的事實是最荒謬的事。倘若你已經擁有它了，你無法去成就它，唯一能被成就的，是你並不擁有的、是你本性中沒有具備的東西。然而，悟道是你的本性。

我為了開悟掙扎了好幾世，有許多世的時間，那是我唯一的標的。我已經為它做了一切可能的事，只為了能夠成道。但是我一再失敗，一定的，因為成道不是我能成就、達到的；它是人天生的樣子，你要如何達到？它無法成為你追逐的目標。

頭腦總是野心勃勃，不管是對金錢、權勢還是名聲，然後有一天，當它受夠了所有這些外在的活動，它的企圖開始轉向成道、解脫、涅盤、神。可是，企圖心依舊未滅，只是目標轉變了，一開始是外在的對象，現在是內在的對象，但你的態度、你看待的眼光是一樣的，你還是在同一軌道上的那個人，你所做的還是那些事。

「在我成道的那一天」所指的意思是，從那一天起，我明白沒有什麼是要成就的，沒有要去哪裡，沒有要做什麼。我們本來就是神聖的，而且我們現在的樣子已經是完美的，不需要改善，一點都不需要希求改進。神從來就沒有創造過一個不完美的人，即使讓你遇到一個不完美的人，你也會看到他的不完美也是完美的。神從來不會創造出不完美的東西。

睦州禪師曾對弟子們闡述這則真理，他說一切都是完美的。有一個駝背的老人站了起身，他說：「那我呢？我是一個駝背的人，你要怎麼說？」睦州說：「我這輩子沒見過有誰的駝背是這麼完美的。」

當我說「在我成道的那一天」，我所使用的語言是錯誤的，但是我沒有其他的語言可用，語言是我們創造的，所以有諸如「成就」、「造就」、「目標」、「改善」、「進步」這樣的字眼。語言並非由開悟者所創造，事實上，即便是他們想也無法創造出語言，因為成道在寂靜之中發生。該如何將寧靜無聲訴諸文字？不管怎麼做，文字勢必會破壞了寧靜。

老子說：「道可道，非常道。」真理是不可言傳的，但，語言又非用不可，我們沒有別的法子，只好在明知與經驗不符的情況下使用語言，所以我說：「在我成道的那一天。」其實那既不是一項成就，也不是我的。

那天，我為了我的愚蠢而放聲大笑，我為我努力要獲得成道的荒謬而笑；那天，我笑我自己，也笑所有的人類，因為每個人都試著要去成就，每個人都努力要達成某個東西，每個人都想提升些什麼。

就我來說，開悟發生在一個全然放鬆的狀態中，開悟永遠只發生在那樣的狀態下。我嘗試了所有的法子，然後，我看到再怎麼努力都徒勞無益，於是我放掉整個想法，我將它拋諸腦後。有七天的時間，我只是盡可能地過著正常的生活。

和我住在一起的家人們個個都為此而驚愕，這是第一次他們見到我過著常態的生活，以前我的生活紀律可是嚴謹到了家。

我與家人一起生活了兩年，他們都知道我凌晨三點就會起床，然後出去散步或慢跑個四、五哩路，接下來我會在河邊洗個澡，每天都如出一轍，就算發燒或生病也不例外。

他們也知道我會打坐好幾個鐘頭，到那天之前，我一直都沒有吃什麼東西，平常我也不喝茶、咖啡，對什麼該吃、什麼不該吃，我有一套嚴格的戒律。當我放下所有的東西，讓自己放鬆了七天，在第一天的時候，我不但睡到九點才起床，還喝茶，家人們都很不解，他們說：「你怎麼了？你摔倒了嗎？」他們一直認為我是很了不起的瑜伽行者。

那段日子裡，我身上只包著一塊布的那幅畫面依舊清晰可見，白天我用那塊布遮蓋身體，夜裡我將它當成毯子蓋，然後睡在一張竹墊子上，那就是我的所有家當，除此之外，我沒有其他所有物。他們見到我睡到九點都覺得很奇怪，他們說：「一定是哪裡出了問題，你是不是病得很嚴重？」

我說：「沒有，我沒有生什麼重病。我已經病了好幾年，現在我完全健康了。現在，只有當我不想睡的時候我才會起床，只有當我想睡的時候我才會去睡，我不要做時鐘的奴隸。身體隨時想吃我就吃，想喝我就喝。」我說：「已經夠了。」在那七天裡，我將我的那一套想法忘得一乾二淨，永遠地遺忘。

第七天，它發生了，我根本不知道是從何發生的。我笑出來，我家的園丁聽到我的笑聲，他知道我有一點瘋癲，可是他從沒聽過我那樣笑法，他趕緊跑過來詢問我：「怎麼了？」

我說：「用不著擔心，你知道我是瘋狂的人，而我現在已經完完全全地瘋了！我是在笑我自己，請別覺得被我冒犯，你只管回去睡覺就對了。」

第五章

開悟狂喜體驗

我已經在我身上下工夫好幾世的時間，我卯足了勁奮鬥，然而什麼事都沒發生。如今我了解為何什麼都沒發生，就是努力本身阻礙了我，就是那把梯子讓我爬不上去，就是我的渴求妨礙了我的追尋。

並不是說一個人可以不必追尋就達成，追尋是需要的，不過，追尋到一個點就必須放下。你需要船才可以通過河流，但是你會面臨一個時刻，這時你必須下船，將船留在身後，完全不去管它。努力是需要的，沒有努力什麼都不可能，但是，光只有努力也是行不通的。

就在一九五三年的三月二十一日的前七天，我停下對自身的工作。你會在某個片刻間看出辛苦掙扎是白費力氣，你已經盡全力做了所有能做的，可是什麼結果也沒有；你已經做到身為人類的極限，還能再怎麼樣？就在那無助到極點之中，你放下一切的探索。在我停止探索，不再追尋什麼、不再期望會發生什麼之時，它就開始發生了。一股新的能量從無處升起，能量並不是從某個地方出現的，它沒有出處，卻又在每一處；它在樹梢間、在石頭、天空、太陽和空氣裡——它無所不在。從前我是那樣辛苦地找了又找，以為它遙不可及——結果居然近在咫尺！我的雙眼總注意著遠方的地平線，所以反而看不見近處的景致。

當努力停下來的那一天，我也停下來了——因為，沒有努力你無法存在，沒有欲望你無法存在，沒有拚命你無法存在。自我、自己的現象並不是一件物品，而是一個過程；它不是端坐於你內在的實體，你必須時時刻刻去創造出它來。正如騎腳踏車，如果你不斷地踩踏板，車子就會一直走，但當你一停下來，車子就停了，或許因為衝力它還會再走一下下，但是當踏板停止的時候，事實上，腳踏車就開始停下來，它沒有能量，沒有動力再去到哪裡，它一定會倒下來。

自我之所以存在是因為我們不斷被欲望所驅使，因為我們無盡地想努力去獲得什麼，因為我們總是一再跳到我們的前方去，那正是頭腦的狀況：跳到你的前面，跳進未來，跳入明天去。跳進不存在的世界裡產生了自我，它就像海市蜃樓一樣，來自不存在的世界，它裡面除了欲望沒有別的，除了飢渴沒有別的。

自我並不在當下，它在未來。假使你活在未來，那麼，自我看起來會是極具真實性的，但是如果你活在當下，自我只是海市蜃樓，它會開始揮發消散。

當我終止尋找的那一天……說「我」終止尋找是不正確的說法，比較好的說法是「找尋」停止的那一天，讓我再說一次：比較好的說法是那一天「找尋」止息了，因為要是我去停止的話，那麼「我」又在那裡了，這時候輪到「停止」成了我所努力、欲求的事情，欲望總以非常隱微的方式繼續存在。

你無法停止欲望，你只能了解它，你的了解正是它的平息。記著，沒有人能夠停止欲望，而唯有當欲望停止，實相才會發生。

這真令人為難，該怎麼做？欲望在那裡，諸佛總是說要停止欲望，但他們又說欲望不是你要它停止就能停止的，所以該怎麼做？你讓人們左也不是，右也不是，他們確實有欲望，你卻說必須停止欲望，好吧，可是你又說欲望是無法被停止的，那麼人們該怎麼做？

欲望需要被了解，你可以看懂它，看出它的無用；對於欲望，你的眼光需要從一個直接的角度切入。

欲望停下的那一天，我覺得好絕望，好無助。我不再希冀什麼，因為沒有未來，而且也沒有什麼可以期望的，所有指望過的都已落空，希望並沒有將我帶到任何地方去，我只是在繞圈子。「希望」在你面前釣你胃口，為你創造新的幻想，不斷呼喚著你：「加油，再跑快一點，你會到達的。」但是，不管你跑得多快，你永遠也到不了。猶如你看到的地平線，那條線會出現，但它不存在，當你朝它走去，它會跑掉。你跑得愈快，它溜得愈快，你慢慢跑，它也會慢下來，不過有一件事是確定的：你和地平線之間的距離一直都沒變過，連一吋都不曾少過。

你不可能縮短你和你希望之間的距離，希望是地平線，而你試圖以投射的欲望在你和地平線之間建立起一座橋樑。欲望是橋樑，一座夢幻橋樑；地平線不存在，所以你無法搭起橋樑連接它，你只能夢想橋樑——不存在的東西你無法與之連結。

欲望停擺的那一天，我深入去看，發覺一切我都在做白工的時候，我感到無助與絕望，但是就在那個片刻，某件事卻開始萌芽，那是我努力了好幾輩子，希求發生但沒有發生的同一件事。你的絕望是唯一的希望，而你的無欲是唯一的滿足，就在你無助到了極點之時，整個存在忽然開始幫助你。

存在一直靜待著，當它看到你自己在工作時，它不會干涉你，而只是等待。它可以無盡地等下去，因為存在沒有在趕忙些什麼，它是永恆。一旦你不再靠一己之力時，也就是當你放下，當你消失的時候，存在就會衝向你、進駐你。第一次，事情開始發生了。

我有七天的時間我活在一種絕望與無助的狀態裡，然而，同時又有某個東西開始滋長。我的「絕望」，不是你以為的絕望，我的意思只是「我內在不再懷有希望」，希望寂滅了，但不是說我很絕望、沮喪。我很快樂，事實上，我十分平靜、祥和、凝聚、集中。那是一種新的「絕望」，沒有希望，何來絕望？兩者一併消失了。

這樣的絕望是絕對與全然的，希望消失後，它的另一半絕望也會隨之消失。沒有希望的活著是一種嶄新的經驗，它不是負向的狀態，我不得不使用語言，但它不是負向的狀態，它絕對正向。那不是空蕩蕩的狀態，我可以感覺到一種存在；某個東西在我身上滿滿都是、到處奔竄。

而當我說無助時，我不是指字典上的意義，我的意思是我是「無我」（selfless）的，那就是我所謂無助的意思。我已經認出我不存在的事實，所以我無法倚賴我自己、站在自己的土地上，況且底下也沒有土地，我處在深淵裡……一個無底深淵，但是我無所畏懼，因為沒有什麼需要去保護的。我沒有恐懼，因為沒有人在那裡恐懼。

＊＊＊＊＊

那七天極具轉化性，我經歷了徹底的蛻變，在最後一天，一股全新能量、一道心的光與新的喜悅強烈到我幾乎招架不住，宛如我就快爆炸了，宛如我即將在喜悅的極致中發狂。新一代的年輕人對這種情形有正確的敘述方式：欣喜若狂、魂銷骨鎖。

要將所發生的事情合理化是不可能的，那是個沒有道理可釐清的世界，難分難解，難以歸類，也無法訴諸文字上的詮釋。所有的經書在這時候顯得索然無味，所有曾經用來描述這個經驗的文字看起來都非常呆板、貧乏，這個經驗是如此活生生，狂喜有如陣陣浪潮般席捲而來。

一整天都很奇特、很絕妙，那是個瓦解潰散的經歷。過去正遠走消逝，彷彿它從未曾屬於我，而是我從別處讀到的；彷彿是我做夢夢到的，也彷彿是我聽到其他人的故事。過去漸漸脫落，我從我的個人歷史裡被連根拔起，失去了我的自傳，變成一個「不存在」（nonbeing），佛陀稱那是阿那塔（anatta；沒有自己、不存在），界線正一點一滴瓦解，差異的分野正在消散。

頭腦正在融解當中，與我的距離猶如千里之遙，想抓住它都難。它愈跑愈遠，而我也沒有想要留住它，我只是對所有事情都覺得淡然，沒有問題的，我並不渴望與過去保持連繫。到了晚上，我很難再忍受下去，我覺得很痛，就好像一個女人臨盆前的陣痛；正如孩子即將出世時，女人要承受巨大的疼痛一樣——我感覺到出生所帶來的劇痛。

那時候，我大概都在晚上十二點或一點去睡覺，但是那一天，我很難保持清醒，我的眼皮很沉重，連睜開眼睛都很吃力，某件事情即將發生了。很難去說那是什麼，也許，那會是我的死亡，不過我不怕，我已經準備好了，那七天的生活好美好美，我覺得我可以死了，不再需求些什麼；我無比幸福、無比滿足，所以要是死亡來臨了，我也會歡迎它。

不過，某件事情將要發生了，某種像是死亡，某種非常強烈的，不是死亡就是新生，不是被釘上十字架就是復活；某件意義重大的事情就快發生了。我很難將眼睛睜開，正陷入一種昏眩之中。

我大概在八點鐘的時候上床睡覺，但那不像是睡覺，現在我可以明白派坦加利

（Patanjali，瑜伽科學的祖師）說睡眠與三摩地很類似是什麼意思，只不過有一處不同：在三摩地當中你完全清醒，而你也在睡覺，換句話說睡眠與清醒同時發生，渾身上下都是放鬆的，每一個細胞全然地鬆弛、在放鬆之中運作，而你內在有一盞覺知的明燈在燃燒著……火光清澈，沒有絲毫煙霧。你維持警覺但是放鬆，鬆散卻完全清醒。身體處於最深的睡眠裡，而你的意識處在最頂峰；意識的高峰與身體的低谷遇在一起。

我去睡覺，那睡眠非常不同：身體睡著了，我卻清醒著。好奇怪的感覺，猶如我被撕成兩個部分，那兩個部分屬於不同次元；又像是原本南轅北轍的兩極聚在一起，我成了兩極……正極與負極交會，睡眠與覺知交會，死亡與生命交會。在這一刻，你可以說造物者與創造物相遇了。

好詭異，頭一次整個人的核心被震撼到，根基被搖動。在那次經歷之後，你再也不會一樣了，生命注進了一種新的視野、新的品質。

大約在十二點時我忽然睜開眼睛，不是我要它們張開的，是睡眠被某個東西打破了。我覺得房間裡有一種強大的存在包圍著我，那間房間很小，我感覺到被一股悸動、一股強大的振動所圍繞，幾乎像一陣光的颶風，一陣喜悅、幸福的暴風雨來襲，而我沉沒於其間。

那是如此真實，使得其他的一切都變得不真實，房間的牆壁變成不真實的，房子變成不真實的，我的身體變成不真實的。每樣東西都不再真實，因為實相第一次出現了。

那正是為什麼當佛陀與商羯羅（Shankara）說這世界是「馬雅」（Maya）、海市蜃樓時，我們會很難理解。因為我們只認識這個世界，所以沒有其他的世界可供比較，這是我們唯一知道的真實，這些人在說些什麼？這是馬雅、幻象？這才是唯一的實相。除非你發覺到真正的真實，否則你無法了解他們的話語，他們所說的話成了理論性的假設，你以為也許這些人提出一門哲學叫「這世界是不真實的」。

當西方的哲人柏克萊（Berkeley）說這世界不是真的，他正和一位朋友在散步，他的朋友是那種很講究邏輯的人，這個懷疑論者從路上撿起一顆石頭砸向柏克萊的腳，柏克萊痛得唉叫了一聲，他的腳流血了。這位懷疑論者說：「這個世界是不真實的嗎？你不是說這世界不真實，那你為什麼叫？這顆石頭是不真實的不是嗎？為什麼你會叫？既然是不真實的，你怎麼會抱著腳，露出痛苦的表情？」

這種人領會不了佛陀說的這世界是幻象。他並非指你可以穿過牆壁，這不是他所說的；他並不是說你可以將石頭當成麵包吃下去也沒關係。

他是說，有一個實相，一旦當你知道了這個實相，那麼「這個」所謂的真實就會頓然失色，變成不真實的。只有當你的眼界中有了更高的實相，你才會有所對比。

在夢中，夢是真實的。你每個晚上都做夢，每天早上你都說那是不真實的，然後晚上你又做夢的時候，那個夢又變成真實的。在夢中要記住那是一個夢是極度困難的，但是到了早上卻變得再容易不過了，你還是同一個人，為什麼會這樣？在夢中那是唯一的真實，哪裡有得比較？怎麼說它是不真實的？要跟什麼比較？那是唯一的真實，每一件事情就跟其他事情一般的不真實，所以無從比較起。到了早上當你睜開雙眼，另一個真實在那裡，這下你可以說那些夢都不真實，與這一個真實比起來，夢境變成是不真實的。

＊＊＊＊＊

有一種覺醒，與那個覺醒相較之下，這整個真實變成不真實。

那一夜，我第一次領悟到「馬雅」的意義，倒不是我不知道這個字或沒注意過這個字，一如你對這個字的注意，以前我也知道這個字，但是當時我並不了解它。沒有親身經歷，你從何了解起？那一夜，另一個實相敞開了它的門，我接觸到另一個次元，驟然間，它就在那裡——另一個獨立的實相，真正的真實或隨你怎麼稱呼它，稱為神、真理、法（dhamma）、道都可以。它是無名的，但它就在那裡，如此透明，卻又如此堅實，你可以觸摸得到，它來勢洶洶，就快將我淹沒在房間裡，我根本還來不及吸收。

我內在升起的一股迫切感帶我衝出房間，去到天空底下，因為我在裡面幾乎要窒息了，我快受不了了！我會死！如果我在房裡多留一會兒，看那個情形我可能會被悶死。我衝出房門跑到街上，我極度渴望到天空底下，與星星、樹木、大地……大自然在一起。當我一出去，那股窒息感頓時無影無蹤，對這麼巨大的現象而言，那個房間實在是太窄小了，連天空都嫌不夠，它比天空還浩瀚，連天空都涵蓋不住它，不過我覺得自在多了。

我走去最近的一座花園，那次步行是一個全新的體驗，地心引力好像消失了，我走著，或是我跑著，或我根本是用飛的，很難回想到底我是怎麼去到那裡的，總之沒有地心引力，我覺得很輕盈，好像是能量帶著我，我被交給某一股能量了。

生平第一次我不是單獨的，生平第一次我不是一個個人，生平第一次水滴掉入海洋裡，現在，整片汪洋都是我的，我就是大海，沒有分別的界線。一股勢如破竹的力量升起，彷彿我可以隨心所欲做到任何事，而我不在那裡，只有力量在那裡。

我到達那座每天都會去的花園，花園在晚上是關起來的，那時夜已深，快半夜一點了，園丁正睡得酣熟。我得像個小偷一樣，攀上大門潛進去，可是花園裡有某個東西吸引我過去，那不是我能夠阻擋得住的，我只是漂浮著。

這正是我一再說的：「跟著流漂浮，不要逆流而行。」我很放鬆，我放開來，我不在那裡，是「它」在那裡，就說它是神吧，神在那裡。我喜歡叫「它」，因為「神」這個字眼太人格化了，而且被過度使用，以致於被許多人污染到變質了。基督教、印度教、回教、神職人員、政客，他們全將這個字的美給腐化了。所以且讓我稱它作「它」，它在那裡，而我只是被帶著走……乘著浪潮而行。

當我一進到花園，所有的東西開始發光發亮，到處都熠熠生輝，瀰漫著祝福與幸福。我首次看得見樹木，看見它們的綠意、生命、流動的汁液。整座花園都在沉睡，樹木在沉睡，但是我卻可以看見整座花園活了過來，即便是小小的葉片都有著令人屏息的美。

我看了看四周，有一棵毛斯里樹（maulshree）的光芒格外耀眼，我被它深深所吸引，是它將我拉過去的，我並沒有選擇它，是神選擇了它。我走向樹，坐在樹下，當我一坐下，所有的事情也開始沉澱下來，整個宇宙變成了祝福。

很難確知我處在那個狀態下有多久，當我回到家的時候是早上四點鐘，所以按照時鐘上的時間來算，我在那裡一定至少待了三個鐘頭，但那段期間是永恆的，與時間一點關係都沒有。那三個小時變成永恆的全部，無窮無盡的永恆。沒有時間，沒有時間的經過，那是純淨的真實——不受污染、無法觸及與衡量。

那一天所發生的事情還持續著，不是持續地發生，而是以暗流的方式繼續；不是發生之後一直維持下去，而是每一個片刻它一再、一再地發生。每一個片刻都是一個奇蹟。

從那個夜晚之後，我就從沒有在身體裡，而是盤旋在身體周圍。我變成無堅不摧，而同時份外脆弱；我變得非常強而有力，但我的力量不是拳王阿里（Muhammad Ali）的力量，我的力量不是岩石的力量，而是一朵玫瑰花的力量——它的力量就在它的脆弱、敏感、細膩之中。

岩石會在那裡，而玫瑰花隨時會凋謝，但是玫瑰花比岩石來得有力量，因為它更生動、更有朝氣。或說晨光中，在小草葉上閃耀的露珠，是如此美麗、如此珍貴，可是任何時候它都可能滴落；它的優雅舉世無雙，然而一陣微風吹拂過，小露珠就滑落，永遠回不來了。

諸佛所擁有的力量是不屬於這個人世間的，他們的力量全都是愛……如同一朵玫瑰或小水滴，他們的力量很纖弱、很容易受傷。他們的力量是生命的力量，而非死亡的力量，他們的力量不是用來殺戮，而是用來創造。他們的力量不是暴力與侵略，他們的力量是慈悲。

但我再也沒有回到身體裡面過，我徘徊在身體附近，正因如此我才覺得這是個奇蹟，每一個片刻我都很驚訝自己居然還在這裡，事情理當不是如此的，我隨時早該走的，但我卻還在這裡。每天早上我睜開眼睛，我說：「怎麼著？我還是在這裡嗎？」因為那似乎是不可能的事情。這個奇蹟一直都在。

******

前幾天，有人問我一個問題：「奧修，你對髮油和洗髮精的味道變得愈來愈難承受、纖細與敏感，好像除非我們全都變成禿頭，否則就見不到你了。」說到這裡我要順帶提一下，禿頭沒有什麼不對，禿頭可是很好看的！就像黑皮膚很好看一樣，禿頭也很好看。不過沒錯，你們對這件事必須小心處理。

我很脆弱、細緻與敏感，那是我的力量。如果你往一朵花丟一顆石頭過去，石頭會沒事，但花就被摧折了。可是，你依然不能說石頭比花強壯，花之所以會死是因為花是活的，石頭之所以無恙是因為它是死的。花會死是因為它沒有破壞的力量，所以直接消失，對石頭讓步；石頭擁有破壞的力量，因為它是死的。

請記得，從那一天起我就不曾真正在身體裡，只有一條纖細的線牽繫著我和身體。我則一再地感到驚訝，一定是整體要我在這裡的，因為我不再是以自己的力量在這個地方，我不是靠自己在這裡的，必然是整體要將我留在這裡，允許我在這個軀殼裡再多逗留一下子，也許是整體要透過我與你們分享某些事情。

從那天起，這個世界就不是真實的，因為另一個世界顯現出來了。當我說這個世界是不真實的，我不是指這些樹不存在，這些樹絕對是真的，但是你看這些樹的眼光是不真實的。這些樹本身不是不真實，它們存在神當中、存在絕對的真實裡，可是你看待它們的方式，使你永遠視而不見，你所看到的是別的幻象。

你在你的周圍製造出自己的夢，除非你醒過來，不然你會繼續做夢。這世界是不真實的原因在於，這是你夢中的世界；一旦夢境解除，你直接面對一直在那裡的世界，這時候真實的世界才會顯現出來。

神與世界並不是兩回事，如果你的眼界沒有被夢的迷霧所覆蓋，如果你沒有沉睡不醒，你會看出神即是世界。如果你的雙眼清澈，如果你有一份明白，你會知道神無所不在。

那麼在某個地方神是綠樹，在某個地方神是閃爍的星星，在某個地方神是一隻布穀鳥，在某個地方神是一朵鮮花，某個地方是一個孩子，某個地方是一條小溪——唯有神存在。在你開始看見的時候，你將在每一處看見神。

然而，任何你現在所看到的都不是真理，只是被投射出來的謊言，幻象就是這個意思。一旦你看見了，縱使只有一秒鐘的時間，如果你能夠看見，如果你允許你自己去看見，你將會發現無盡的祝福布滿了每一個角落，在雲彩間、在陽光裡、在大地上。

這是一個美好的世界，不過我不是在談你的世界，我是在說我的世界。你的世界很醜陋，你的世界是「你的」世界，那是由一個人所創造出來的，你的世界是一個投射出來的世界。你利用真實的世界作為一片螢幕，讓你將自己的想法投射在上面。

當我說這世界是真實、美麗無比的，它散發著永恆的光采，它是光明、喜悅與祝福，我指的是我的世界，或者是你的世界——如果你放掉你的夢。

那一夜，我變成空無，也變成飽滿；我成了不存在，也成了存在。那一夜，我死去又重生，然而，重生的那個人與死去的那個人並無瓜葛，他們之間並沒有相連。表面上看起來是連續的現象，但其實並不相關。死去的那個人永遠地離開了，什麼都沒有留下來。

我知道過許多種死亡，但和這個死亡比起來，那些是不足為道、片面的死亡。有時候身體死了，有時候頭腦的一部分死了，有時候自我的一部分死了，但是就這個人而言，他還是存在；只不過歷經多次的更新、修飾，這裡和那裡變更一下，但他依舊繼續活著。

那一夜的死亡是徹徹底底的，那是與死亡以及神同步的約會。

＊＊＊＊＊＊

開悟是極為個人的過程，正因如此，產生了許多問題。首先，並沒有固定的階段或必須的過程，每個人的經歷都不一樣，因為每個人累世以來攜帶著不同類型的制約。

所以，這不是開悟的問題，這是制約的問題，制約會形成你的方式，而每個人的情形各有不同，沒有任何兩個人的道路會是一模一樣的。那就是我一再強調的：沒有高速公路，只有人行道，而且人行道也不是已經闢好在那裡，你只要走在上面就可以了。不是這樣的，當你走的時候，你已經同時在形成這條路。

據說，開悟之路就如同一隻鳥飛過天空，身後不留一絲足跡，沒有人能夠追隨那隻鳥飛行過的痕跡。每一隻鳥必須開創出自己的足跡，而隨著牠不斷往前飛，足跡也不斷消逝。成道也是類似的情形，所以才不可能有領導者與追隨者的存在，也就是為什麼我說像耶穌、摩西、穆罕默德、克里希那這些人其實並不了解成道，因為他們說：「你只要信仰我，跟隨我。」

如果他們了解，就不可能說出那樣的話；任何成道的人都知道他沒有留下腳印，所以，去對人們說「跟隨我」實在是很荒謬。發生在我身上的，其他人不必然會經歷到。一個人保持常態而忽然成道也是有可能的。

假設有五十個人在同一個房間裡，如果大家全都去睡覺，每個人會做他自己的夢，我們不會做共同的夢，那是不可能的事，要創造出一個共同的夢是不可能的。你的夢是你的，我的夢是我的，我們會在不一樣的地方，置身不一樣的夢境裡。當我醒過來的時候，我可能在我夢境裡的某個階段醒了過來，你也許在你夢境的某個階段醒過來，這個過程怎麼可能是一樣的？

成道不過是醒過來罷了，對成道的人來說，我們生命的一切盡是夢，或許是美夢、或許是惡夢，但同樣都是夢。你隨時都可以醒過來，那從來都是你的潛能。有時，你可能花了很大的力氣才醒過來，你發覺那是挺困難的事。你或許做了一個夢，夢到你想大叫卻叫不出來，你想起床卻起不來，全身都好像癱瘓一般。

早上你醒來之後，你只會拿那整件事大笑一場，但是當它正在發生的時候，那一點都不好笑，因為事情可是很嚴重的，你整個身體幾乎麻痺，手不能動，口不能說，也睜不開眼睛，你知道這下你完了！但是到了早上，你根本不會太在意，甚至連想都不會再想一下那件事。你知道那不過是一場夢，沒有什麼意義。你是清醒的，剛才是美夢還是惡夢並不重要。

這正近似成道的情形，所有的方法只是為了創造一個打破你做夢的環境。你有多執著於你的夢會因人而異，你睡得多麼熟也是因人而異，但所有的方法都是為了搖醒你，你在何時醒過來並不重要。

我的「崩潰」與「突破」並不適用於任何人，只是發生在我身上的情形恰好是那樣而已，為什麼是那樣有幾個理由。我單獨一個人在自己身上下工夫，沒有朋友、沒有路上的夥伴、沒有社區，一個人修行一定會遇上許多困難與險阻，因為有許多時候，你只能稱它們叫做靈魂的暗夜，眼前一團漆黑、危險重重，就像你即將喘最後一口氣一般，這不叫死亡，叫什麼？那個經驗是一場精神崩潰。

面對著死亡，卻沒有人支持你，給你鼓勵……沒有人告訴你不必擔心，這一切都會過去，或者告訴你「這只是一場惡夢，天就快亮了；夜愈黑，表示黎明的腳步就愈近，用不著擔心。」沒有一個你信任的人在身旁，而他也信任你的，那就是讓人精神崩潰的原因。不過，事實上沒有人會受到傷害，在當時看起來很危險，但是當夜晚結束，太陽升起的時候，崩潰隨即轉為突破。

＊＊＊＊＊＊

每個個體的成道情形並不盡相同，成道後也是如此，每個人所展現的開悟將會不一樣。

不過，這產生一個大問題。首先，例如我想自立一個宗教，於是我設下一項基本條規：凡是成道的人會先經歷精神崩潰，再來才會有突破。這即是宗教造成的結果，將個人的經驗加諸在所有的人類身上，完全沒有考慮到每個人的獨立特質。

其次，成道之後又有相同的問題，馬哈維亞一直保持赤身裸體，所以二十五個世紀以來，那些追隨他追隨到了家的人也一直赤身裸體，不穿衣服變成是絕對必要的事。耆那教徒認為佛陀不是成道者，因為──他有穿衣服！原本是個人的事，現在卻演變成宇宙性的標準，那同樣是錯誤的。

發生在馬哈維亞身上的是他個人的開花方式，他真的是有史以來最美的人類之一，他當初如果有穿衣服的話，那就太遺憾了，他的身體非常值得一看。

他是一位國王的兒子，他的父王對印度摔角藝術有著很濃厚的興趣，於是栽培馬哈維亞去做摔角手，希望他能成為全國冠軍，而他確實有這個條件，因為他生得一副鋼筋鐵骨。在他成長的過程裡，一天二十四個小時都只為了一個目的而努力：成為全國的摔角冠軍。他被交給優秀的摔角手來培訓，有專人為他按摩，專業的醫師照顧他的健康。他的身體理所當然做了萬全的準備，他具備了比例適當的體格，身體每一吋地方都被照顧得無微不至。

然後，他棄俗了。他沒有成為摔角手，而是成了修行者，在他證悟之後，他丟掉了衣服。之前他只有一塊布用來蓋住身體，在他成道後，下山的途中遇到了一個乞丐向他乞討，馬哈維亞看了看自己，他只有一件披巾，於是他將披巾撕成兩半，將其中一半給了乞丐，他自己留下另一半，那一半已經不夠用來覆蓋身體了。

當他走入山谷之後，他的那一半披巾卡在玫瑰花叢的荊棘裡，他回頭一看時，不禁笑著說：「真是過分！我從來沒有拒絕過別人任何事，所以你將這一半也拿去吧！反正它對我也沒有用處。看來我幫那個乞丐留這一半是不必要的，他拿著那一半能做什麼？如果它沒辦法蓋住我的身體，也就不可能蓋得住他的身體。你可以拿走它了，說不定那個乞丐會經過這條路，就會連這一半也拿去。」那就是他之所以不穿衣服的來龍去脈。

然而，他享受極了清晨的陽光與涼爽的空氣，他所在的地方是全印度最炎熱的比哈省（Bihar），但他覺得清爽無比，於是想：「為什麼需要衣服呢？」他不曾向人索求過任何東西。別人向他要什麼他都會給與，但他從未對人開口要些什麼。他一直保持赤裸，但這不是每個成道的人都必須經過的階段，佛陀沒有裸體過，老子沒有裸體過，卡比兒（Kabir）也沒有裸體過。

******

宗教向來都有這個明顯的問題，他們為了瑣碎的理由不接受其他的成道者，因為那些成道者不符合他們的想法。成道者必須符合某些觀念，那觀念是來自他們宗教的創始者，而沒有人能夠符合，所以其他人都被指為非成道者。

成道是一首極為個人的歌，你永遠沒聽過，因為它是全新、獨一無二的，從來都不會重複，所以，千萬不要去比較成道者，否則你勢必會對其中一人或兩人不公平。不要心存既定的想法，只要記得彈性的特質即可。我說的是彈性的特質，不是固定的資格。

舉例來說，每個成道者都散發出深深的寧靜，那寧靜幾乎是觸及得到的；在他的面前，只要你是敞開、接受的，你也會跟著沉靜下來。他有一種深沉的滿足，無論什麼事情發生，都不會改變他的滿足。

他沒有什麼問題還要問的，問題全都消融了，不是他知道所有的答案，而是問題消失了。在那個全然寂靜、無念的狀態下，你問他任何問題都難不倒他，他的回答既深且廣，而且無須準備，他也不知道自己會說些什麼，有時他也對自己即時所說出的話感到意外。但這並不代表他裡面有既成的答案，他沒有絲毫的解答，也沒有絲毫的問題，只有一份了了分明，就像一盞明燈，那使得他能夠破解任何問題，在瞬間他即可洞悉問題所牽涉到的範圍，與所有可能性的回答。

所以你可能發現有時你問的是某件事情，但成道者的回答卻是另一件事，那種情形是因為你沒有意識到你自己的問題所隱含的東西，他不只回答了你的話，他將「你」給回答出來，他回答產生問題的那個頭腦。所以，常常問題與答案聽起來風馬牛不相及，不過它們肯定是有交集的。

只要再深入問題去挖掘，你將發現到問題的意義。當問題被回答之後，你才首次明白了你問題的意思，這種事很常見，因為你並沒有意識到那個方向，你沒有意識到你的頭腦、你的無意識，所以才會說出那些話。

成道者沒有引經據典而來的答案，他只是在那裡，像一面鏡子般回應，他的回應是強烈而全然的。這些是流動的特質，而非資格的限制。請不要去看瑣碎的事情，例如他吃什麼、穿什麼、住哪裡，那些都不重要。只要去看他的愛、他的慈悲和他的信任。縱然你利用了他的信任而占到便宜，那也改變不了他的信任。就算你誤用了他的慈悲，欺騙他的愛，他也不會受到影響，那是你的問題，而他的信任、慈悲與愛依然不減。

他唯一的關注是如何喚醒人們，無論他做什麼，在每一個動作背後都只有一個目的：如何讓更多、更多的人醒覺，因為透過醒覺，一個人將會領悟生命中最終極的狂喜。

第六章　蓄勢待發

從我很小的時候，我就很愛說故事，不管是真人真事還是虛構的故事。當時我根本沒有注意到，說故事的結果使我變得能言善道，這在成道之後對我裨益良多。

許多人成道，但卻不是所有人都成為師父，理由很簡單，他們不善言表，所以無法傳達他們所感受到的，無法和別人溝通他們所經驗到的。對我而言這是個無意間的偶然，我認為少數那些成為師父的人一定純屬巧合，因為並沒有培訓師父的課程，至少我能確定我自己是這樣的。

在開悟發生之後，有七天的時間我都沒辦法開口說話，那深沉而豐富的寧靜，使得我沒有想過要說任何事情。但是過了七天之後，我逐漸適應了寧靜，適應了至上的幸福與狂喜，接下來很自然地一股強烈的渴望升起，想與我所愛的人分享。

我開始與我所關心的人們、朋友說話。我已經與這些人說了好幾年的話，什麼話題都談，說話是我唯一享受的活動，於是，去談成道也不是太難的事，雖然我花了好些年的時間在精鍊我所使用的語言，並且使我的寧靜與喜悅融入文字當中。

1953-1956年：大學時代

學者們很擅長於以他們的批評、解釋，和所謂的「學習」破壞一切美的事物，他們將每件事都變得無比沉重；在他們身上，即便是再詩意的事情也美感盡失。我自己從來沒有在大學裡上過任何詩的課程，雖然系主任常叫我去，他問我：「既然你會去上其他課程，為什麼你不來上詩作課？」

我說：「因為我要讓自己對富有生命力的詩保有興趣；我熱愛詩，這就是原因。我很清楚學院的教授們一點詩意都沒有，他們的生命中從來不知道任何詩意的事情。我太清楚他們了，學校裡教詩的老師每天早上都和我去散步，我不曾見到他認真看過一棵樹、傾聽小鳥的歌聲，或觀賞壯麗的日出。」

那所大學的日出與日落是極為壯觀的，學校位在一座山丘上面，周圍錯落著幾處小丘，我走遍印度，從沒見過更美的日出與日落。基於某些未知、玄祕的原因，沙加大學（Sagar University）的所在位置十分特出，那裡的雲在日出與日落時所呈現出來的繽紛色彩，就連雙眼失明的人也能注意到某種很美的事情正在發生。

然而，我沒見過那位在學校裡教詩的老師看過日出，甚至不曾停下腳步來看一下。每次當他見到我在看日落、日出、鳥兒或樹的時候，他就會問我：「你為什麼坐在這裡？你來是為了散步的，做你的運動！」

我告訴他：「對我來說這不是一項運動，是你在做運動，而我，我是在談戀愛。」

遇到下雨天他就不出來散步，每次下雨天的時候，我就去敲他的門，告訴他：「來吧！」「可是正在下雨啊！」他說。

我說：「那才正是散步最棒的時機，路上都沒有人，況且，在下雨的時候不帶傘出去散步，很詩意呢！」

他認為我神經不正常。可是，一個從來沒有在雨中散步、從來沒有去過樹下的人，他不可能懂得詩。我對系主任說：「這個人一點詩意都沒有，他摧毀了詩。他太學術化了，詩又是如此無關乎學術的現象，這兩者沒有任何交集。」

學校破壞了人們對詩的興趣與熱愛，打破了你對於生命本該是如何的想法，讓生命愈來愈像是日用品。他們教導你如何贏得更多，可是不教你怎樣更深入生命，怎樣更全然生活，而這些才是你有所瞥見的機會，這些是進入「最終的」小小門窗。你被告知金錢的價值，而不是一朵玫瑰花的價值；你被告知當上總理或總統的價值，而不是當詩人、畫家、歌唱家、舞蹈家的價值，那些是人們認為瘋狂的人才會做的事。

在拿到學士學位之後，我因為沙加大學的羅依（S.S.Roy）教授離開了傑波普（Jabalpur），他一再寫信、打電話給我，跟我說：「在你拿到學士學位之後，你來這所學校讀研究所。」

傑波普大學與沙加大學相距僅一百哩而已。不過沙加大學在許多方面都稱得上獨特，相較於貝爾那斯大學（Benares University）或阿里格大學（Aligarh University）那種有一萬、一萬兩千名學生的學校，沙加大學只能算是一所小學校；前者是如牛津或劍橋聞名遐邇的大學校，而沙加大學只有一千名學生，與近三百位教授，所以平均一位教授教三個學生，這十分罕見，也許你在世界上其他地方都找不到有哪所大學是一位教授教三個學生的。

沙加大學的創辦人是高爾博士（Dr. Harisingh Gaur），沙加是他的出生地，他是聞名全球的法學權威，他所熟識的都是舉世知名的教授。雖然他賺了大筆的金錢，卻從沒有捐過一毛錢給任何乞丐或慈善機構，大家都知道他是全印度最一毛不拔的鐵公雞。後來，他將自己花了一生心血所賺到的錢都捐出來興辦這所學校，那可是好幾百萬美金的數字。

他告訴我：「這就是為什麼我是個小氣鬼，不然我無法辦這所學校。我的出身貧窮，要是我把錢拿去做慈善事業，我捐錢給這間醫院、給某個乞丐或給哪個孤兒，這所學校就不可能存在了。」他一生只想著一件事，那就是他的出生地應該要有一座全世界最優秀的大學，而他確實成立了一所一流的大學。當他還在世之時，他從世界各地聘請來教授，他付他們兩、三倍的薪水，滿足教授們所要求的條件，然而他們卻沒有太多工作，因為學生的人數只有一千人。他開了所有的系所，那種做法只有像牛津大學那種學校才負擔得起；數十個系所，沒有學生，職員倒是很充足：系主任、助理教授、教授、講師。他都說：「不必擔心，先建立學校，將學校興辦到最好，學生自然會來，他們一定會來。」

於是，教授與教務長四處網羅最傑出的學生，而這位羅依教授看上了我，他是哲學系的系主任。

我以前每年都會去沙加大學參加大學盃的辯論賽，我連贏了四屆的獎盃，而身為裁判的他也聽了我四年的辯論。第四年他邀請我去他家，他告訴我：「聽著，我等你等了一年，因為我知道一年之後，你一定會出席下一屆的辯論賽。」

「你提出論述的方式很奇特，有時候很弔詭，使我不禁想……是什麼讓你從這個角度看事情的？我自己也想過幾個問題，但沒有從那個面向想過。然後我恍然大悟，或許是你不斷捨掉一般人會想的方向，而只選擇別人沒想到過的方向。」

「你贏了四屆比賽，原因就在你的論述獨一無二，沒有人應對得了，對方連想都沒有想過，於是都被震攝住了。你的對手被你修理得很慘，令人為之同情，但我們也沒辦法？一百分裡我一直都給你九十九分，我想給你不只一百分，但是連給九十九分也都……大家都已知道我對某個學生有偏好，他們說給你九十九分太多了，因為沒有人的評分超過五十分。」

「我請你來我家吃晚餐，是想邀請你離開傑波普大學之後來念沙加大學。這是你大學的第四年，畢業之後你就結束學業了，我希望你來這裡讀研究所。我不能失去你這個學生，如果你不來的話，那我就要到傑波普大學去教書。」

他是位享有盛名的權威人士，如果他要去的話，傑波普大學會很樂意讓他當系主任。我說：「不用了，不必那麼麻煩。我可以來這裡，我喜愛這個地方。」這或許是世界上位置最佳的一所學校，它位在山丘上，附近有一座很廣闊的湖泊，四周古樹參天，風光十分恬靜，光是在那裡就是足夠的教育了。

高爾博士想必是個酷愛書本的人，他將自己所有的藏書都捐出來，而且還儘量從世界各地蒐羅許多的書籍。憑藉他一個人的努力……這是很少見的現象，他徒手打造了一所牛津。牛津已經存在那麼久了，無數人參與了它的工作，這個人所創造出來的堪稱為一件藝術品，他用他一個人的金錢創造出這所學校，這無異於將自己置於險境。

我知道自己喜愛這個地方，於是我說：「你不需要擔心，我會來。不過你只看過我在辯論賽裡的樣子，你對我認識不深，說不定你會發現我是個麻煩人物，我要你在下決定前先好好了解過我。」

羅依教授說：「我不想知道你的每一件事，我所知道的那一點已經足夠，光是見到你，你的眼睛、你說話的方式，以及你面對現實的樣子已經夠了。別想以麻煩嚇退我，你想做什麼都行。」

******

我上課的第一天，羅依教授在解釋「絕對」（the Absolute）的概念，他是研究布德里（Bradley，譯注：英籍哲學家，主張世界是幻象）與商羯羅的權威，這兩者都相信「絕對」，「絕對」是他們稱呼上帝的方式。

我問了他一個問題，那件事拉近了我與他的距離，令他對我以真心相見。我只不過是問他：「請問你的『絕對』完美嗎？它已經臻於完結，或是還在增長？假如它依然在增長，那麼它就不是絕對的、完美的，由於如此它才能成長；如果更多的枝葉、更多的花朵是可能的，表示它是活的。假如它完成了，徹頭徹尾地完成了——那正是『絕對』的意義，那麼，成長就是不可能的，因為它是死的。」

所以我問他：「請解釋清楚，因為『絕對』對布德里與商羯羅而言代表的是神，那是他們給神的哲學名字。你的神是活的還是死的？你必須回答這個問題。」

他真的是一個誠實的人，他說：「請給我時間想一想。」他擁有劍橋的博士學位，博士研究是布德里，另一個博士學位是在貝爾那斯大學，博士研究的是商羯羅，他被公認為是研究這兩位哲學家的權威，因為他致力於證明西方的布德里與東方的商羯羅有著一致的結論。

他說：「請給我時間思考。」

我說：「你一直都在寫關於布德里、商羯羅與絕對的文章，我讀過你的書，還有你沒有出版過的論文。你在這裡教一輩子的書了，難道都沒有人問過你這麼簡單的問題嗎？」

他回答：「沒有，不只如此，甚至連我也沒有想過這件事：如果某件事是完美的，那它一定也是死的，而任何活的東西必定是不完美的。我從來沒有過這樣的想法，所以請給我時間。」

我說：「你要想多久都可以，我每天都會來問你同樣的問題。」有五、六天的時間，天天的情形都一樣，我一走進教室，他就很不安，因為我會站起來說：「我的問題。」

他說：「請原諒我，我無法決定。兩方面都令我很為難，因為我不能說神是不完美的，我不能說神是死的，然而，你又讓我心服口服。」

他將我的東西從青年旅社搬到他家，他說：「不可以再這樣，你不能住在青年旅社，你必須搬來與我以及我的家人住在一起。我有許多要向你學習的，因為這麼簡單的問題是我想也沒想到過的，你已經銷毀了我所有的學位。」

在他轉任到另一所大學去之前，我和他住在一起將近六個月的時間，他要我和他一道過去，但是副校長反對，他說：「羅依教授，你可以離開，教授總是來來去去，但我們也許再也找不到如此優質的學生，所以我不會授與他證明，我不允許他離開這間學校，而且我也會寫信給你的新學校，要他們不准收我的學生！」

但是他對我的愛有增無減，那是很稀有的。幾乎每個月他都會從他的學校來看我，將近有兩百哩之遙的路途，他每個月至少會來一趟，只是為了看看我，只是為了和我坐坐，他說：「現在我的薪水更高，那裡的一切都更為舒適，但我想念你。課堂上似乎很枯燥，沒有人像你一樣，會提出那種沒辦法回答的問題。」

我向他說：「這是我倆之間的共識，一個無法被回答的問題才叫做問題，如果它能被回答得出來，這哪能稱作問題？」

＊＊＊＊＊＊

我以前常穿一種印度式的木製涼鞋，數個世紀以來，將近有一萬年、甚至更長的時間，桑雅士們都穿這種涼鞋。一雙木製的涼鞋……它不使用任何種類的皮革，因為皮革一定是來自被宰殺的動物，只是為了製鞋，而且上好的皮革都是從年幼的動物皮而來的，所以桑雅士從來都不用皮革，而採用木製的涼鞋。不過，當人穿著這種木屐走動時會發出很大的聲響，大老遠就聽得出來有人正要走過來。走在水泥路上，或是學校的走廊上……全校的人都聽得到，他們都知道我的來去；不需要見到我，光聽到我的木屐聲就夠了。

第一天在大學裡聽哲學課時，我初次邂逅了薩克森那（Saxena）博士。我所喜愛並敬佩的教授並不多，這兩位是我最愛的教授：薩克森那博士與羅依博士，只因為他們從來沒有將我當成學生對待。

就在我頭一天踩著木屐走進薩克森那博士的課堂上，他一臉狐疑地望著我的木屐，問我：「為什麼你要穿木屐？木屐會發出吵人的聲音。」

我回答他：「就為了保持我的意識清醒。」

他說：「意識？你也用其他方法保持你意識的清醒嗎？」

我說：「一天二十四小時裡，我都盡可能在每件事情上努力保持清醒：走路、坐著、進食甚至是睡眠。你也許信或不信，但我最近剛剛開始在睡眠的時候也維持清醒。」

於是他說：「這節課就上到這裡，下課！你直接跟我到辦公室。」全班同學以為我第一天上課就給自己惹來麻煩，他帶我進辦公室之後，自架子上拿出他多年以前所撰寫的博士論文，那篇論文所探討的是意識。他說：「拿著它，這篇論文已經以英文發表過了，在印度有許多人向我要求翻譯成印地語的許可，那些優秀的學者，他們的英語與印地語的能力都很好。但我沒讓任何人做這件事，因為重點不在語言上的了解，我在找尋一個懂得意識的人，而我可以從你的眼神、你的臉龐，還有你回答問題的方式看出……你必須翻譯這本書。」

我說：「這可不容易，因為我的英文程度不高，印地語懂得也不多。印地語是我的母語，但是我的程度就和所有人對母語的認知程度一樣。我相信『母語』的定義，你知道每一種語言被稱為母語的由來？因為母親是說話者，父親只聆聽，孩子就是這樣學的，我自己就是這樣學的。」

「我父親是個沉默寡言的人，所以我母親說話，他聽她說的話，而我學我母親說話。那只是母語而已，我懂得並不多。我從來就沒修過印地語的課程，而英文我只知道一點，那一點只夠應付你們所謂的考試，至於翻譯一本博士論文的書……你委託給一個學生？」

他說：「不必多慮，我知道你可以勝任的。」

我說：「假如你信任我的話，我會全力以赴。不過，有一件事我必須告訴你，如果我發現裡面有錯誤的地方，我會在底下加上編輯註解，做出正確的更正；如果我發現有疏漏之處，我就會在註解上指出來，並補上漏掉的東西。」

他說：「我同意，我知道裡面有不少遺漏，但讓我跌破眼鏡的是，你連書都還沒有看，甚至連翻都還沒翻開，怎麼知道裡頭會有疏漏？」

我說：「因為我看到你，就像你一看到我就知道我是翻譯這本書的正確人選一樣，我可以清楚得看出你並不是寫這本書的正確人選。」

他愛極了我所說的話，所以他告訴每個人這件事！全校的人都知道我和他之間的這番對話。我利用接下來的兩個月暑假翻譯這本書，並且加上編輯註解，當我將成品拿給他看時，他流下了喜悅的淚水。

他說：「我就知道這裡有什麼東西漏掉了，但是我想不出來，因為我沒有親身實踐過。我只是嘗試從所有東方的經典當中蒐羅關於意識的資訊，我蒐集到不少資料，然後再從裡面去蕪存菁，前後花了我七年的時間完成我的論文。」他完成了一件浩大的學術工程，不過——只是學術上的成就。我說：「你可以稱得上學識淵博沒錯，但這不是一個修行人會做的事。我已經加上所有的注釋，說明了這本書只可能是由一位學者所寫的，而非修行人。」

他看了所有的內容，然後告訴我：「如果是由你審閱我的論文，恐怕我就拿不到我的博士學位了！你一一挑出了我所有質疑過的地方，然而那些傻瓜卻連一絲懷疑都沒有，大家對我的論文都讚譽有加。」

他在美國教了許多年的書，他的著作真可謂學術成就的卓越表率，不過，沒有人批評過他，沒有人指出那些事情。所以，我問他：「現在，你要如何處理翻譯本？」

他說：「我不能出版，雖然我終於找到一位翻譯，但你與其說是翻譯，倒不如說是主考官！我會將翻譯本留下來，但我無法將它付梓。你的註解與編輯評論會讓我的聲譽毀於一旦，但我同意你所做的。事實上……」他接著說道：「如果我有這個權力的話，我會因為你的編輯注釋而授與你博士學位，因為你所指出的地方，只有一個修行人才能看出來，沒有靜心的人不可能找得到。」

所以從一開始，我整個生命所關懷的一直有兩件事：永遠不讓任何沒有智慧的事情加諸在我身上，不計一切後果與各種愚蠢奮戰，以及保持理性、邏輯，這一部分我運用在與人的接觸上。另一方面則是完全私人的：愈來愈警覺，如此我才不完全只是一名知識份子。

******

我想起其中一位副校長，他是位馳名全球的歷史學家，曾在牛津大學教書長達二十年之久，當他從牛津退休之後，他回到印度。由於他的盛名，他被遴選為我就讀的那所大學的副校長（譯注：在英制的學校中，校長僅是名譽職，副校長才是實際上的最高負責人）。他是個品格很好的人，學問博古通今，深受學術界的推崇，而且著作等身。

他就任副校長的那一天，正恭逢佛陀的誕辰。佛陀的生日比任何人的生日都來得更重要，因為他的生日也是他的成道日，同時也是他離開身體的日子。他在同一天出生，同一天成道，同一天過世。

全校師生都齊聚一堂聆聽他講佛陀，他是個了不起的歷史學家，曾經寫過關於佛陀的書，演講時他極具感性、熱淚盈眶地說：「我總覺得，如果我是出生在佛陀的那個時代的話，我絕對不會離開他的身邊。」

按照我的習慣，我站起身說：「請你收回你剛才那句話。」

他說：「為什麼？」

我說：「因為那些話不真實，你已經活在拉馬那・馬哈希（Raman Maharshi；譯注：二十世紀印度教神祕主義者，其教誨的核心為「我是誰」的自我詰問）的時代，他也是同一種人，他是相同的成道者，而我知道你甚至沒有去參見過他，所以，你這是在騙誰呢？你也不會去見佛陀的，把你的眼淚擦掉吧，那是虛情假意的眼淚。你只是一名學者，對於成道或像佛陀這樣的人你一無所知。」

聽眾席裡頓時鴉雀無聲。我的教授們擔心我會因此被退學，他們時時刻刻都在為我提心吊膽。他們愛我，希望我能留在那裡，可是我將場面弄得那麼尷尬……沒有人知道該怎麼做，該如何紓解僵局，那幾秒鐘感覺上就像是好幾個小時，副校長當場楞在講台上……。不過，他必然是有過人的品質，他擦掉眼淚，尋求大家寬恕，他知道也許他錯了。他還邀請我去他家進一步詳談。

他當著全校師生的面說：「你說得正確，我不會去見佛陀，我自己知道，當我說這些話時我是沒有覺知的，我只是受到情緒激動影響。是的，當拉馬那・馬哈希還在世的時候，我沒有去見過他，而且好幾次我人都在他附近而已。我以前在馬德拉斯大學（Madras University）教書，那裡距離他在阿魯那恰（Arunachal）的住處只有幾個小時的車程，許多朋友都告訴我：『你應該去見見這個人。』而我老是拖延，直到他過世為止。」

全校師生不敢相信他們所聽到的，我的教授們也無法相信，但他的謙卑觸動了在場的每個人，大家對他的尊敬有增無減，而我們變成了朋友。他的年紀一大把了，將近六十八歲，而我只有二十四歲，但我們成了朋友。他從來就沒讓我感覺過他是了不起的學者、他是副校長，或他的年紀可以當我爺爺。

相反地，他還告訴我：「我不知道那天怎麼了，通常我不是能拉下身段的人。在牛津當了二十年的教授，在世界各處的許多大學當過客座教授，這使我變得很自我，但是你一下子就摧毀了我的自我，我一輩子都對你感激不盡。如果你沒有站出來的話，我還真的相信我會這麼做，但是現在……假如你找得到這樣的人，我願意坐在他腳下聆聽他的話語。」

我說：「那麼就坐下來聽吧。」

他說：「什麼?!」

我說：「只要看著我，不要管我的年紀，坐下來聆聽我。」你不會相信的，這位老人家居然就坐下來，乖乖聽我對他說話。能擁有這般勇氣與開放心胸的人著實不多。

自那天之後，他常會到我下榻的旅館探望我，大家都不懂，怎麼會這樣？我將他置於那樣尷尬的場面！他常帶我去他家，我們坐在一起時，他會要求我：「你隨意說什麼都行，我想要聽。我的一生都在說話，所以忘了去聆聽，而且我常在說些我自己也不懂的事情。」他傾聽的神情就像是一位門徒在聆聽師父說話的樣子。

教授們完全不能理解，他們說：「你給那位老人家施了什麼魔法？還是他老糊塗了？到底怎麼回事？為了見他一面，我們得事先預約，和許多人排隊一起等候，等到輪到我們了，才能親自見到他一面。而他卻自己去見你，不只如此，他還聽你說話，這是怎麼回事？」

我說：「你們也可能發生同樣的事，只是你們沒他那麼睿智、敏銳與了解。他真的是一位很稀罕的老人家。」

1957-1966年：教學時期

我十分享受我的學生時代，無論是人們對我不以為然、支持我、漠不關心或是喜愛我，那全都是很棒的經歷，全都對我成為人師有幫助，因為那使我在呈現我的觀點時，可以同時看到學生的觀點。

我的課堂成了辯論課，每個人都可以提出論點。偶爾，有人不免擔心課程會變成什麼樣子，因為每一件事都可以引起無數爭論，我說：「沒什麼好煩惱的，你只需鍛鍊你的聰明才智。課程事小，你一個晚上就可以讀完了，假如你的腦筋很清晰敏銳，甚至不必讀課本你就能夠回答問題。要是你心智不夠機靈、聰慧，就算給你課本，你也找不到答案的；在那五百頁厚的書裡面，答案一定在其中的某一段裡。」

所以我帶的班級很不一樣，每件事都必須經過討論，從各個角度深入檢視；唯有當你心服口服時才接受別人的論點，否則不需要認輸。我們的討論經常延續到隔天。

我很驚訝地發現到，當你討論某件事，一旦你找出了邏輯的模式、所有的結構，你就不需要記憶；你的發現會一直停留在你身上，不可能忘掉。

我自然很受到學生的愛戴，因為沒有其他人會給他們這麼大的自由與尊重，也沒有其他人會給他們這麼多愛，並且幫助他們發展智能。

每個老師所關心的是他們的薪水，我自己從來沒有去領過薪水。我只是授權給某個學生，告訴他：「每個月的第一天你可以去領我的薪水，然後拿來給我，如果你需要用錢的話，你也可以為自己留一點。」

一整年我都在學校裡，但總是別人去幫我領薪水，發薪水的那個人有一次跑來看我，只為了告訴我：「你從來都沒出現過，我一直希望偶爾你會來，我就可以看到你的本尊，但是我覺得你有可能永遠不會來辦公室，所以我必須來你家看看你的廬山真面目，因為有些教授在每個月第一天的一大早就排隊等著領他們的薪水，但你卻從來沒有去領過。任何一個學生都可能帶著你的簽名書出現在我辦公室，但我不知道你是否有拿到薪水。」

我說：「不需要操心，我一直都有拿到薪水。」當你信任某個人，對方很難去欺騙你。

在我當老師的那些年，沒有一個我授權去領薪水的學生曾拿過我半毛錢，儘管我告訴他們：「你可以決定，假如你想留下全部的錢，你可以這麼做，或你想要部分的錢，你也可以拿去。我不是借你錢，所以沒有還錢的必要，因為我不想去記誰向我借了多少錢。錢直接就是你的，沒有關係。」可是沒有一個學生拿過我的薪水。

每個老師只對薪水、升官有興趣，我不曾見過哪一位老師真的關心學生以及他們的未來，特別是他們的靈性成長。

有鑑於此，我開了一所小規模的靜心學院，我的一位友人提供他美麗的小木屋及花園，還為我蓋了一座大理石靜心堂，裡面至少可以容納五十個人一起做靜心。許多學生與教授、連副校長都來了解何謂靜心。

******

在印度，回教徒有特定的穿著，印度教徒有特定的穿著，旁加比人有特定的穿著，孟加拉人有特定穿著，南印度人也有特定穿著。例如，在印度南部，你可以只在腰上圍一條長布，不僅如此，他們還將布摺短至膝蓋，甚至在大學裡，有些教授會以這副打扮上課。

我很愛這種腰布，因為它很單純，是最簡單的穿著：不需要裁縫、樣式，只是一塊布就很容易變成一片腰布。不過我不住南印度，我住在印度中部，在那裡只有遊民、遊手好閒、與社會脫節的人才會用腰布，那象徵這個人一點都不在意社會，也無所謂你怎麼看待他。

當我開始身著一條腰布去上課時，學生、教授們放著課不上，紛紛從教室裡跑出來，我正經過走廊，大家都站在那裡看著我，我則與大家揮揮手——好一個打招呼的陣仗！

副校長走出來：「怎麼了？課只上到一半，教授就走出教室，又沒有一點聲音……。」

他看到我，我對他招手，他連向我回禮的膽子都沒有。

我說：「好歹你也要對我打聲招呼，這些人出來看我的腰布。」我想他們喜歡我的腰布，因為平日教授們都穿著華麗、昂貴的衣服來上課。副校長那個人對他的衣著特別注重，這是人人都知道的，如果你走進他家，你會驚訝到處都是他的衣服，他家就只有他、他的僕人，和他的衣服。

我說：「連你出現都沒有人會走出教室看你，但是一條不起眼的腰布，還是最窮的人才會穿的腰布，卻將他們帶出教室！從今天開始我每天都穿這樣來學校。」

他說：「開開玩笑無妨，穿一天沒關係，但是不要太過火。」

我說：「當我做一件事時，我絕對是做到底。」

他說：「你是說，你當真每天都要穿這樣來學校？」

我說：「那是我現在想做的事，誰要是阻擋我這麼做的話，我甚至可以不穿就來學校。你可以相信我所說的話，如果有人以任何方式阻止我，如果你想說這不適合一位教授等等，我無所謂……只要你保持低調，我會繼續穿腰布。要是你開始做什麼事情反對我，那麼我就拿掉腰布，什麼都不穿……到時你會看到真正精采的畫面。」

那個場面實在很令人捧腹，因為學生們聽到這一席話後開始鼓掌，使他覺得很丟臉，於是他只好回去自己的辦公室。他沒有針對腰布說過什麼話，我問過他許多次：「你認為我的腰布怎麼樣？你是不是要採取什麼行動反對？」

他說：「別來煩我，做你想做的事；我不想說什麼，因為對你說話是很危險的，沒有人知道你會怎麼看待那些話，我當時並沒有說：『不要穿戴腰布，』我說的是：『照你以前的打扮就好。』」

我說：「那些已經過去了，過去了的已經結束，我這個人從不往回看。現在我要的穿著是腰布。」一開始我是穿袍子配繫腰布，後來有一天我捨棄了袍，只在腰間繫一條方巾，然後又是一場軒然大波，但他什麼也沒說，每個人都跑出來看，不過他沒有，也許他怕看到我連那條方巾都不用！他沒有走出他的辦公室，我敲他的門，他問我：「你脫光光嗎？」

我說：「還沒有，你可以出來看。」

為了看我穿著衣服還是沒穿，他打開門，並且說：「看來你現在變裝了，連袍子也不穿了嗎？」我說：「袍子我也改變了，你有什麼話要說的嗎？」

他說：「我一個字也不想說，我甚至不跟人談到你。新聞記者打電話來問：『為什麼大學裡允許人們只纏著一條腰布？一旦有人開了先例，學生和其他教授會開始纏腰布來上課。』」

「我跟他們說：『無論什麼事情發生，即使每個人開始繫腰布來上課我也不管。我不會阻止他，因為他威脅我如果我以任何方式干涉他的話，他將會一絲不掛的來學校。他說在印度，裸體是被接受的靈性方式，馬哈維亞是裸體的，二十四位耆那教的宗師也是裸體，成千上萬的僧者依然是裸體。假如一位宗師可以裸體，為什麼一個教授不可以裸體？裸露在印度不可能是傷風敗俗的事。』」

於是他說：「我告訴人們：『要是他真想製造混亂的話……他在學校裡也有不少跟隨者，有許多學生隨時願意去做他所說的事情，所以最好不要去惹他。』」

在我的一生裡，我發現只要你稍微願意讓你的名節犧牲一下，你就可以輕鬆地暢行無阻。社會在與你玩一個遊戲，它將名聲放在你腦海裡一個過於重要的位置，因為它不要你做相反的事，要是你做了，你就會喪失你的名聲。當你說得出一句：「我不在乎名聲。」社會就完全無力阻撓你的意志。

******

當我走進教室上課時，我看見女生坐在一個角落，約占四、五排，我的前面則沒有坐半個人，男生坐在另一個角落，我開口了：「請問我是要給誰上課？前面的桌子和椅子嗎？這是什麼胡來的狀況？誰要你們這樣坐的？給我混坐在一起，而且坐到我的面前來。」這就是我當上大學老師之後所做的第一件事。

他們遲遲不肯動作，從沒聽說過哪一個老師要他們混在一起坐的。我說：「你們立刻混在一起坐，要不然我會向副校長報告，這裡有一件絕對不自然、不符合人性心理的事情正在發生。」

慢慢地，他們還在躊躇……我說：「不要猶豫！換你的位子就對了，在我的課堂上不准分開坐。如果你想去碰女生，或女生想要拉你的襯衫的話，我不會介意，只要是自然的事我都可以接受。我不要你一動也不動的縮在那裡，這種事不會出現在我的課堂上。享受大家的共處，我知道你們一直在傳紙條、丟石頭，不需要這麼辛苦，只要坐在她身旁，把信交給女生，或做任何你想做的，因為事實上，你們的第二性徵已經成熟了，是該做些什麼了，而你們卻在學哲學，真是瘋了！請問這是學哲學的時機嗎？這是出去做愛的時候，哲學是給什麼事都不能做的老人家念的，等你老了，那時你可以來學哲學。」

他們全都嚇得要命，但慢慢就放鬆下來了，其他班級的人卻開始嫉妒他們。其他教授向副校長報告：「這個人很危險，他允許男生女生去做我們禁止他們做的事情，他不阻止男生與女生的交往，反而助長他們這麼做！他說：『如果你不懂如何寫情書，你來找我，我會教你。哲學是次要的，它的分量不多，我們可以在六個月之內上完兩年的課，剩下一年半的時間，只管享受、跳舞、唱歌，沒什麼好擔心的。』」

副校長最後不得不把我找去，他說：「我聽說這些事了，你怎麼說？」

我說：「你一定也當過大學生吧？」

他說：「沒錯，我當過大學生，否則我怎麼能當副校長？」

我接下去：「就回到過去一下，想想那時候，當女生坐得遠遠的，而你也坐得遠遠的，當時你的腦筋裡都在想什麼？」

他說：「你這個傢伙很奇怪，我請你來是要問你事情的。」

我說：「那我們等一下就會談到，現在先回答我的問題。坦白一點，不然明天我會在全校師生面前公開挑戰你，我們可以討論這件事，然後讓他們去投票。」

他於是說：「別激動，也許你沒有錯，我是記得。我現在老了，希望你不要將這件事告訴任何人，我當時在想的是女生，沒有在聽教授上課，沒有人在聽課。女生在丟紙條，我們互相丟來丟去。」

「這麼說，」我接下去，「我可以離開了嗎？」

他回答：「當然，做任何你想做的，我不想和你公然對上，我知道你一定會贏。你說得沒錯，但我只是一個可憐人，必須要顧及我的職位，倘若我去做這樣的事，我這副校長鐵定會被革職。」

我說：「我對你的副校長職位沒有興趣，你就繼續當你的副校長。然而請記得：別再把我叫來。你會接到許多抱怨，但我現在就可以清楚告訴你，每一次我都會是對的。」

他說：「我了解了。」

接著，那些不是修我的課的學生開始問我：「我們可不可以也來上你的課？」

我說：「哲學從來就沒有這麼生動有趣過，來吧！每個人都歡迎。我從來不點名，每個月當點名單要收回去的時候，我就隨機填下：缺席、出席、缺席、出席。我只要記得讓每個人的出席率高於百分之七十五，這樣大家都可以參加考試。我不介意，你來不來上課。」

於是我的課堂堂都大爆滿，學生們坐到窗戶上，他們其實應該是要坐在其他教室裡的。

然後又有人抱怨了，副校長說：「不要向我抱怨那個人的事，學生不去上你的課是你的問題，我能怎麼辦？學生要是比較喜歡上他的課，他能如何？雖然他們不是哲學系的學生，但如果他們不想上你的歷史、經濟學、政治學的話，我又能如何？他已經對我把話撂下了：『永遠不要再找我去你的辦公室，否則你得面臨當眾出糗的場面。』」

然而，他接到各個系上的人抱怨不斷，最後他不得不來找我。他知道最好不要叫我去，所以他必須自己來找我。

哲學系的學生並不多，因為哲學不是熱門科系，但是教室裡卻擠滿了人，連讓他走進教室的空間都沒有。我看見他站在學生身後的門口處，我跟學生說：「讓路給副校長進來，這樣他也可以享受到在這裡發生的一切。」

他進來之後，無法相信自己眼睛看到的畫面，男生、女生全都坐在一起，興高采烈地聽我講課，沒有人製造任何干擾，因為我已經從根源的地方杜絕了干擾。現在男生坐在他女朋友的旁邊，不必再丟石頭、傳紙條，不需要這麼做了。

他說：「真是難以相信，這麼多人的課堂上，竟然如此安靜、規矩。」

我說：「一定是如此的，因為在這裡並沒有壓抑。我跟學生說當他們想離開的時候，他們不需要我的准許就可以直接走人，當他們要來上課時就來，也不必問過我。他們在不在這裡不干我的事情，我會教我的書，如果你想坐在這裡，那就坐下來，不然的話就離開。但是沒有人離開。」

副校長說：「每個班級都應該是這樣，不過我不像你那般強壯，我無法去向教育部說課堂上應該這樣才對。」

＊＊＊＊＊＊

我被派去參加一個研討會，許多校長、副校長聚在一起開會，他們為了校園裡缺乏紀律，還有新世代年輕人對老師不尊重的態度而憂心。

我聽了他們的觀點，我告訴他們：「我看到的是我們失去了某個基礎的東西。老師本來就會受到尊敬，所以老師不能去要求他人的尊敬。如果他有這種要求，表示他並不是一個老師，他選錯行業了，老師不是適合他的工作。老師的定義就是他自然會受到敬重，而並不是你必須去敬重他。如果你必須尊敬他的話，那會是怎樣的一種尊敬？光是去看看『必須尊敬』，所有的美感就喪失了，因為那樣的尊敬不是活的。如果『尊敬』是必須被做的事情，那顯示並沒有尊敬的存在。當它在那裡的時候，沒有人會自覺到，它只是流動著。當一個老師在那裡時，自然就流露著尊重。」

所以我問研討會上的人：「現在，不去要求學生尊重老師，而是請你捫心自問，因為你一定是做了錯誤的選擇，你根本不是老師。」

老師的誕生就如同詩人，那是一件藝術品。不是每個人都能當老師，但因為教育的普及，需要許許多多的老師。只要想想，假設一個社會認為每個人都應該學習詩，詩必須由詩人來教授，那麼我們就會需要無數的詩人。當然，這樣就會有詩人訓練學校的產生，這些詩人是假的，他們會要求：「請為我們喝采吧！因為我們是詩人，為什麼你們不尊重我們？」這即是發生在老師身上的事。

從前的年代，老師的人數很少。人們長途跋涉去找一位老師，他們對老師懷著無限的崇敬，那是因為老師的品質，而不是來自學生或門徒的紀律，它是自然發生的現象。

第七章
周遊印度

多年來我在印度各處遊走，換來的卻是被丟擲石頭、鞋子、刀。你們對印度的火車與候車室、對印度人生活的方式一無所知，他們的衛生條件很差、很骯髒，可是大家都很習於這種情形。我那些年所吃的苦頭，也許比得上耶穌在十字架上所承受的，被釘在十字架所受的苦只有幾個小時，被暗殺甚至更快；然而，做一名在印度各處旅行的師父，可不是輕鬆容易的。

這世界的局勢已有重大的變革，不過在三百年前，世界還非常廣大，縱使佛陀想接近所有的人類也是不可能辦到的，那個時代連傳播的工具都沒有，人們散居在眾多的世界裡，幾乎像是活在孤島上，那樣的生活是單純的。

身為猶太人，耶穌必須面對祂的猶太人民，而非世界；要祂騎在一匹驢子上周遊全球是不可能的。那時如果祂能遠到巴勒斯坦南部的猶大（Judea），就已經非常了不起了。人們的教育水平很有限，他們甚至沒有意識到彼此的存在。

佛陀、中國的老子、雅典的蘇格拉底，他們全都是同一時代的人，但是卻完全不知道對方的存在。

在傳播與交通上的科學革命發生之前，存在著許多自給自足的世界，當時的人們沒有想過別人，甚至不知道有別人的存在。隨著人們彼此之間日漸熟悉，世界有愈來愈小之勢。當年的佛陀、耶穌、摩西、孔子，他們的頭腦與心態很難脫離地方色彩。

我們很幸運，現今這個世界是如此小，使你無法局限在一小處。不管你是什麼樣的人，你不能徒具某個地方觀，你必須有宇宙觀。你必須想到孔子，也必須知道克里希那、蘇格拉底和羅素，除非你將世界視為一個單一的整體，而且這個整體是由許多不同才華特質的人共同致力組成的，否則你將無法與一個現代人交談。那道鴻溝太大了，二十五個世紀、二十個世紀……幾乎無法消弭的代溝。

唯一可以彌補得了鴻溝的方法是，一個已經悟道的人不該停在他一己所知上，他不該滿足於只去傳遞他已經知道的而已，他得盡全力去認識所有的語言。

工程是很浩大，但從不同的面向去探索人類是很令人振奮的一件事。假如你的內在有著一道領悟的光，你可以不費吹灰之力就創造出一個綜合的局面。這個綜合的局面裡不只有每個宗教的神祕家，那只占一部分，還必須包括了所有的藝術家以及他們的遠見與創見，換言之，所有對世界有貢獻、讓全體人類更富裕的人，這群有創造力的人必須被囊括進來。從前都沒有人想過藝術家的貢獻也是具有宗教性的。

尤其重要的是科學上的進步，在過去，要以綜合的觀點將科學與心靈、宗教放在一起是不可能的，最基本的是當時並沒有科學，而且科學已有過無數的變動。生命中，沒有什麼是重複的。

我的看法是一個三角形：科學、宗教、藝術，這三者是如此不同的向度，它們所說的是不一樣的語言，彼此相互矛盾；從表面上看它們沒有任何共通處，在你深入探討之後，你才能看出它們原來是可以融為一體的。

我致力投入的，是一件幾乎不可能的事情。

大學時代裡，我的教授們都弄不懂我。我是哲學系的學生，而我卻在上科學方面的課，例如物理、化學與生物學。那些教授都覺得很奇怪，紛紛問我：「你上大學是來念哲學的，為什麼你還要浪費時間在化學上面？」

我說：「我與化學一點關係都沒有，我只不過是想看看化學做了些什麼、物理又做了些什麼。我不需要詳入細節，只要知道它們重要的貢獻。」

我很少出現在班上，大部分時間我泡在圖書館裡。我的教授們常常說：「你整天都在圖書館裡做些什麼？圖書館員常抱怨你都是第一個進去圖書館，到了關門的時候，他們幾乎得用抬的將你請出去。你一整天都在那裡，還不只待在哲學類的圖書區，你也在不相干的圖書領域打晃。」

我告訴他們：「這不是三言兩語就能解釋清楚的，總之，將來我要做的就是將內涵真理的每樣事，結合成一個整體，創造一種兼容並蓄的生活方式，那種生活方式不是建立在爭論、矛盾之上，而是建立在深度洞悉對人類知識與智慧有貢獻的核心事物上。」

他們認為我會瘋掉，我所選擇的那項任務可以把任何人給逼瘋，因為它太廣太大了。但是他們沒有注意到我是不可能發瘋的，我早將頭腦留在身後，我只是一名觀照者。

頭腦是一部非常脆弱與細膩的電腦，人類已經研發出很精密的電腦了，但尚沒有一部可以與人類的大腦媲美。僅僅一具人類的頭腦，就足以裝下全世界的圖書館；而光是一座圖書館，例如大英博物館裡的圖書館，假如你將裡面所有的書一本一本排起來，它們可以綿延地球三圈。那還只是一座圖書館，莫斯科有同樣的圖書館，也許規模更大，哈佛也有同樣的圖書館，但是光一具人類的頭腦就可以容納並記憶所有書裡面所寫的東西。一顆大腦中有數十億的細胞，每一個細胞可以裝下數百萬筆資料，若非一個人可以站在頭腦的外面，那他當然會發瘋。如果你還沒有達到靜心的境界，發瘋是意料中的事。他們的話沒有錯，只是他們沒有意識到我在靜心上所付出的努力。

所以，我讀了來自世界各地不計其數的怪書，可是我只是個觀照的人，因為就我而言，我已經到家了，那些東西裡並沒有什麼是我要學的，閱讀是為了一個不同的目的，目的就是讓我的訊息能夠無遠弗屆地傳播，超越地域的限制，而我很高興我已經完全成功地辦到這一點了。

因為人們對我的愛，他們喚我為「大師中的大師」，那是來自他們的愛；就我而言，我只是不屈不撓、堅持要保持獨立的一介平凡人。我拒絕所有的制約，從未隸屬任何宗教、政黨、組織、國家、種族。我用盡了各種方法，只為了做我自己，而沒有任何依附。那樣的努力帶給我完整性、個體性與真實性，我經驗到一種滿足的無上喜樂。

不過，那是時代的需要，在我之後，任何想要成為師父的人得牢牢記住，他必須經歷我所經歷過的一切，否則，他無法稱做師父。他只會是區域性的領導者，例如一位印度教老師、基督教使者、回教祭司，然而就其本身而論，他不是人類的師父。在我之後，要成為一位師父就真的很不簡單了。

******

覺醒的人對人性有著深切的了解，透過對他自身的認識，他明白了全體人類的不幸。他替人們感到遺憾，他是悲天憫人的；他對人不會以牙還牙，因為他根本就不覺得被冒犯。其次，他只會替你難過，而不會對你有敵意。

有一次，我在巴羅達（Baroda）對一大群人演講的時候，有一個坐在前排的人深受我的話所影響，他一時情緒失控、失去理智，拿起腳下的一隻鞋子往我丟。在那個當兒，我想起學生時代所玩過的排球，所以我在半空中接住那隻鞋子，接著要他把另一隻也丟給我，他卻是一臉茫然！我說：「把另一隻鞋子也丟過來，不然我拿一隻鞋子要做什麼？如果你要對我有所表示的話……」他楞了一下，我說：「還等什麼？索性也把另一隻丟過來就對了，像這樣，你和我沒有人可以用得上鞋子。我不會把鞋子還給你的，因為我不能以牙還牙！所以請你給出另外一隻鞋。」

他深深被我所撼動——竟然有這種事！首先，他不敢相信自己所做的事，他是一個著名的梵文學者，也是個好人，照道理他不會有那種舉止，但是事實已經發生——人們無意識到這般地步。倘若我按照他無意識的期待來行動的話，那一切就沒有問題了。可是，我出其不意向他要另一隻鞋子，讓他措手不及，他楞住了，我對坐在他旁邊的某個人說：「你脫下他的鞋子，我不會放他一馬的，我要兩隻鞋子。其實，我正想買幾雙鞋，看樣子這個人很大方！」那雙鞋還真是新穎！

那個人晚上來找我，他跌坐在我的腳邊，請求我的寬恕。我說：「根本別放在心上，沒關係的……我並沒有生氣，所以何來的原諒你呢？為了原諒，一個人要先動怒。我享受著那件事的發生，事實上，那件事發生得太妙了，讓許多睡著的人因此忽然醒了過來呢！回來的路上我還在想，我應該要安插幾個我的人在裡面，這樣偶爾他們可以丟鞋子，叫醒那些睡著的人。至少可以讓他們清醒一下子，因為有事情發生了！我很謝謝你。」

他寫了好幾年的信給我，上面說：「請原諒我，除非你原諒我，否則我會一直寫信給你。」但是我跟他說：「我得先生你的氣才行，原諒你意味著我承認了我的憤怒，我該怎麼原諒你？是你要原諒我，因為我沒有辦法生你的氣，沒辦法原諒你，所以請你原諒我！」我不知道他是否可以饒恕我，不過他已經將我忘了，現在我沒有再收到他的信了。

******

我希望我可以不必以任何方式與「宗教」這個字眼發生關連，因為，沒有一個宗教的歷史不是腐敗、醜陋的，這顯示出人的墮落、沒有人性，及所有邪惡的一面。不只一個宗教如此，全世界的宗教都重複上演同樣的故事：人們假借神之名行剝削之實。當我被與宗教牽上關係時還是覺得不自在，但是麻煩在於：人生在世，有時你不得不選擇你所討厭的事情。

年輕的時候，學校裡的人都知道我是個無神論的反宗教者，我反抗所有的道德系統。那是我當時的立場，現在還是我的立場，我沒有過絲毫的改變。但，身為無神論者與反宗教、反道德的結果，造成了與人溝通的問題：我幾乎難以與人們搭起關係的橋樑。在我和人們的對話當中，那些諸如無神論者、反宗教、反道德的話語，就像一座刀槍不入的銅牆鐵壁。其實對我來說那不是問題，我會一直是這樣子；然而我看得出來，照這個方式要將我的經驗散播開來、與人們分享是不可能的。

當人們一聽到我是無神論者、反宗教、反道德，就對我完全緊閉心門，好像我不信仰神、不信仰什麼天堂、地獄，光這樣就足以構成他們對我退避三舍的理由。連受過高等教育的人也不例外，因為我在大學裡教書，我身邊有上百位教授、研究學者，皆是聰明絕頂的高知識份子，他們全都不敢和我對上話，因為他們沒有膽量去護衛自己所信仰的。

我常在街頭上、大學裡、路邊檳榔店就與人辯論起來——任何我能逮到人的地方。我會打擊宗教，並努力將人們種種愚蠢的想法掃蕩殆盡，但結果我卻變得像一座孤島，根本沒有人想跟我說話，因為即使只是和我打個招呼都很危險，他們心裡想：「不知道打完招呼後會變成怎麼樣？」最後我不得不更動我的策略。

我開始意識到一件奇怪的事，那些對追尋真理有興趣的人們會參與宗教。由於他們認為我反宗教，所以我無法和他們有交流，但他們是真正想要求知的人。原本可以與我一同進入未知旅行的那群人，可惜又已經加入某些宗教、教派、哲學，所以當他們視我為反宗教者、無神論主義者的時候，我們之間就形成一道阻礙。那些是我必須找出來的一群人。

也有人不參與宗教，但那些人並非求道者，他們的興趣在於生命中的瑣事：賺更多的錢、成為一名更偉大的領袖——政治人物、總理、總統。他們所喜歡的事情非常世俗，這些人對我來說沒有用，他們也不會對我提供給他們的東西有興趣，一個想要成為國家元首的人不會想要追尋真理，當著總理職位與真理的面前，他準是選擇總理，對真理他說：「不急，我們可以去追尋，反正無盡的時間用不完，但是當總理的機會也許會、也許不會再來。這樣的機會不常發生，而且只偶爾發生在少數人身上。真理是每個人的天性，所以我們可能在任何時候找到。先讓我們去做短暫的事情，這個美夢或許不會再出現了；實相哪裡都不會去，但這個夢是稍縱即逝的。」

他們的愛好在於夢幻與想像的事，像這樣的人不是我要找的對象，想與他們溝通也是不可能的，因為我們所關注的重心正好南轅北轍。我竭力試過了，但這些人對宗教與真理感到乏味，所有重要的事情他們都興趣缺缺。

有興趣的人是那些基督徒、印度教徒、回教徒、耆那教徒、佛教徒，他們已經懷有某些意識型態、已經信仰了某些宗教，於是很明顯的，我看出來我必須玩宗教的遊戲，除此之外別無他法，只有這樣我才能找到真正的求道者。

我不喜歡「宗教」這個字，向來我就討厭這個字，但是我不得不談宗教。而其實，在宗教的外衣底下，我所說的與人們認知中的宗教並不一樣。眼前的做法不過是我的權宜之計，我使用他們的用語：神、宗教、解脫、莫克夏（moksha），而且賦予它們我的意義，以這個方式我可以開始找到人們，而人們也開始來找我。

我花了好幾年的時間才扭轉了人們對我的印象。不過，人們也只是聽到那些話，他們並不懂得其中的涵義；人們只知道你說了些什麼，但對於你所傳達的訊息、那些沒有用言語道出的，他們並沒有收到。所以，我用他們的武器對付他們！我完全以自己的意義去評論宗教書籍。

其實用不著評論，我也能說同樣的事，那太容易了，因為我當時正直接的與他們交談；並不需將克里希那、馬哈維亞與耶穌拖下水，要他們說他們從沒說過的話。但是，正如我從前常說的，人類就是如此愚蠢，他們甚至還沒有能力聽進去這件事……就這樣，數以千計的人因為我在講克里希那而開始靠近我。

然而，我與克里希那有什麼關係？他曾為我做過什麼事？耶穌與我又能有什麼關連？假如我在祂還活著的時候遇到祂，我會對祂說：「你是個失去理性的狂熱份子，我不能說那些將你釘上十字架的人完全是錯的，因為他們拿你沒有別的辦法。」

所以說這是唯一的辦法，當我開始談耶穌，基督書院與基督教神學機構就開始邀請我去演講，而我總禁不住在心裡暗自竊笑，因為那群笨蛋還以為這是耶穌曾說的話。沒錯，我借用了耶穌的話，他們就天真的以為這是耶穌真正要說的訊息，告訴我：「我們的傳教士與牧師對耶穌的貢獻，還比不上你所做的。」你只需稍加了解文字的遊戲，就可以使文字化為任何意義。

不過我不能洩露出去，雖然明知我與耶穌並沒有關連，我說的話或許連耶穌都聽不懂。我借耶穌之名所說的話從前也說過，但那時就沒有基督教的社團、學院或神學機構會邀請我去演講。你知道那個情況嗎？當時我若想進去的話，他們必定會將門關起來，那即是當時的情形，我家鄉市中心的廟宇不讓我進去，他們為了將我擋在門外而找來警察。所以每次當有印度僧侶在裡頭講道的時候，外面就會有一位警察站崗，不讓我進去。

我說：「但是我想要聽那個人講道。」

那位警察說：「我們知道，而且大家都曉得要是你在那裡的話，他們就得換成是聽你講道。我們被召來這裡就是要防止你這麼做，除了你，每個人都可以進去。如果你可以不來的話，我們就用不著被叨擾，每天在這裡無謂地罰站兩、三個小時，光是為了你一個人。」

可是現在，同一間廟開始邀請我去，警察還是得出現在那裡——為了防止過多人進去！還在職的那位警察跟我說：「真有你的！以前我們站在這裡是為了不讓你進去，現在我們站在這裡是因為太多人進去會很危險，這座廟已經很老舊了。」

那裡有座露臺，裡面至少容納得下五千人，但是當我在那裡演講的時候，大約來了一萬五千名的聽眾，所以人們會爬到露臺上面坐，但那裡通常是沒有開放的。有一天情勢很嚴重，整座露臺彷彿搖搖欲墜，因為太多人坐在上面了，於是他們不得不管制進場人數。

麻煩又來了，那位警察說：「現在有新的問題！你在那裡演講兩個小時，但是人們開始提早兩個小時到，因為太晚來就進不去了。」他對我說：「你真是了不起！我以前還以為你是反對神的呢！」

我湊近他耳邊說：「我依然還是，別告訴任何人，因為沒有人會相信的。我會一直反對下去，在我離開人世之前，我會揭露、拆穿所有的事情。但是你不可以告訴任何人，因為沒有人會相信你所說的，而我也會矢口否認曾經對你說過什麼。」

我必須找到我的方法，我會談神（God），然後告訴人們神性（Godliness）是一個更好的字，那即是我處置神的方式。因為我講述神，那些真心求道的人們——那些被宗教人士的職權所剝削的人——開始對我有興趣，於是我從各個宗教裡找到了菁英。

沒有其他法子，因為我一直都打不進他們的圈子，而他們也沒有能力來找我，只消幾個字就足以使他們卻步。我不怪他們，只能反求諸己，設法找出一些接近他們的門路。我找到了，方法很簡單，我心想：「利用他們的文字、語言、聖書。拿別人的槍來用並不代表你不能裝上自己的子彈，乾脆用任何人的槍，反正子彈是我的就對了！因為真正發生威力的是子彈，不是槍，所以有何不可？」

這種做法真是輕而易舉，因為我能夠利用印度教的語言玩相同的遊戲，也可以如法炮製用回教、基督教的語言玩這個遊戲。

不只這些人來找我，耆那教、印度教、佛教的出家僧侶，基督教的傳教士、神職人員，形形色色的人開始湧向我，你不會相信的……你看不到我在笑，因為我內在已經笑得夠厲害了，所以不需要再笑出來。我告訴過你們無數的笑話，但我自己從來都不笑，因為我一輩子都在開玩笑！還有什麼更好笑的？而我輕輕鬆鬆就愚弄了那些神職人士與偉大的學者，他們開始來找我問問題，我只需注意在剛開始的時候要使用他們的語言，然後在話語之間、就在字裡行間，我不斷放入我真正想要放的東西。

＊＊＊＊＊

我從一位漁夫身上學到一項藝術。

我以前常在河岸上一坐就是好幾個鐘頭，那是村裡最美的地方，旭日東升與落日西沉的景色都美不勝收。甚至在炎炎夏日當中，岸邊有濃密的大樹垂在河面上，你可以直接坐在河水之上或水中，河水清涼無比，直沁心扉，教人忘了那是盛夏的時節。

我就是坐在那裡看著初升的朝陽，漁夫們也在那裡。他們將魚愛吃的小蟲切成小塊做成魚餌，然後掛在魚鉤上；魚會來吃小蟲，牠一吞下蟲子便被魚鉤給鉤住，漁夫就立刻將牠拉上岸。

當我看著漁夫的時候，心裡不禁在盤算：「我得想一些辦法抓住我的人，現在他們分散在不同的社群，沒有人屬於我。」我單獨一個人，沒有半個人膽敢與我有關連，或是甚至和我走在一起，因為人們會認為那個人也迷失了。

我找到了餌：利用他們的語言。起先人們很詫異，那些認識我多年的人都知道我素來是反對神的，他們對我的一反常態感到大惑不解，這樣的事一再發生。

有一回我受邀至傑波普的一個回教團體演講，從前我一位教回教的老師變成那個組織的社長，他並沒有注意到這個演講的人就是他當年所認識的學生，某人告訴他說他們聽我講過蘇菲，那次的演講內容精采無比：「我們從未那樣想過蘇菲，要是這個人能來這裡，將為我們增色不少。」

假如一個回教徒去講聖經，基督徒會覺得很有面子，他的自我因此而增強。或是，一位回教徒、印度教徒、佛教徒去談論耶穌，歌頌這個人、和祂的話語……特別是在印度境內的回教徒與印度教徒總在相互廝殺，如果一個非回教徒身分的人去談蘇菲……我的老師極為高興，他邀請我去演講。我各方尋找的就是這樣的邀請，因為我要找出我的人，而他們全都藏身在不同的地方。

當我的老師見到我，他說：「我只聽說過奇蹟，但這真的是一個奇蹟！你在談蘇菲、回教，談回教的基本哲學嗎？」

我說：「對你我不會說謊，因為你是我的老師。我只會講我的哲學；是的，我已經學會將『回教』這個字偶爾丟給人們，至少我會做到那個程度。」

他說：「老天！但是現在已經沒有回頭的機會，大家都在禮堂等著聽演講。你還是不改淘氣做怪的本性，你是在開玩笑嗎？由於這裡一位蘇菲權威的老師對你讚賞不已，大家都信任他的眼光，所以我們才邀請你來的。」

我說：「他說得一點都沒錯，而你也會有同感的。永遠記得，我只會說我想說的，在哪裡演說都不打緊。這實在很簡單，如果是一位佛教徒叫我去演講的話，我只需更改幾個字就行了，我以蘇菲作為開頭談禪宗，而不是談蘇菲，我說的是一樣的事情，只不過在某些地方蘇菲被更動了一下。我必須很警覺自己是在對誰說話就可以了。」

然後，我出去演講了，當然他一臉臭臭的坐在那裡，但是當他聽我演講的時候，他轉而露出相當愉快的神情，他過來擁抱我，他說：「你一定是在開玩笑。」

我說：「我向來都在開玩笑，別看得太嚴肅。」

「你是個蘇菲。」他說。

我說：「大家都這麼說！」

＊＊＊＊＊＊

我曾在阿姆雷斯塔（Amristar）一座金碧輝煌的錫克教神廟演講。在全國各地，我已經被問過上千次同樣的問題：「為什麼你要留鬍子？」這個問題經常出現，我很享受對不同的人做不同的回答。但是在那座錫克教廟裡，正當我在講錫克教創始人那納克（Nanak）與他的教誨時，有一位很老的沙達（sardar；譯注：錫克教徒對人的敬稱用語，同sardarji）上前來碰觸我的腳，並且說：「沙達吉，為什麼剪掉你的頭髮？」那倒是個新鮮的問題，他說的是：「你的鬍子完全沒問題，但為什麼你要剪頭髮？你是一個如此虔誠的人。」

做一名錫克教徒只需要五件事情，五件很簡單的事情，任何人都可以辨得到。那五件事被稱做「五K」，因為每個字都是以K為開頭。第一個K是kesh，意思是毛髮，katar是刀，kachchha是內衣褲，這一樣我始終沒能搞懂，這是唯一我想不出來的問題。這其中是要教人們什麼哲學？怪了，但我認為一定是有理由的。我問了錫克教的神職人員與高階祭司：「每一件事都沒問題，蓄留毛髮，擁有一把刀或劍，但是內衣褲……內衣褲會有什麼神學、通神論或哲學上的意義？」

他說：「沒有人問過這個問題，我們只是遵循這五個K就對了。」

那位老沙達以為我也是一個沙達，因為從來沒有一個不是沙達的人曾在那座廟裡演講過，這是史無前例的事，他當然不懂我這麼具有宗教品質的人怎麼會剪了我的頭髮，而我當時不過三十歲而已。

於是我告訴他：「這是有理由的，我還不覺得自己是一個百分之百的沙達，而我不想做出違心之論。所以我保持了四件事情，但是我一直都有剪頭髮，當我是一個完全的沙達時，我就會留頭髮。」

他說：「那是正確的，這件事值得深思，一個人不應該假裝他是一個真正的沙達。你是比我們更好的沙達！我們認為自己是完美的，因為我們具備了五K。」

就從這些人當中，我找到我要的人，這並不難，事實上易如反掌，我使用他們的慣用語，引用他們經書上的話，然後說我要傳達的訊息。那些聰明的人立刻就聽懂了，他們開始圍聚在我的身邊。

我開始自整個印度上下創造出我自己的一群人，現在我已經不需要去講錫克教、印度教與耆那教，不需要了，但是曾經有十年的時間我都在談它們。當我逐漸有我自己的信徒，我就不再去談其他人，也不再四處遊歷，因為已經不需要了。現在我有我的門徒，如果他們想來找我的話可以來。

所以，那時完全是一種必要，否則我沒有辦法吸引到我的人。每個人皆已被瓜分，那不是個開放的世界：某人是基督徒，某人是印度教徒，某人是回教徒，想找到一個什麼都不是的人簡直難如登天。我得從這些封閉的信徒圈中找出我的人，為了打入他們的圈子，我必須說他們的語言。慢慢、慢慢地，我捨棄了他們的語言，隨著我的訊息日益清晰，我按比例逐漸捨掉他們的語言。

在那些日子裡，我必須以宗教、神之名說話，那是必須的做法，我沒有別的選擇。並不是我沒有試過別的辦法，我試過了，但是我發現人們會對我拉下鐵門。

連我父親也不禁迷惘了，他比任何人都困惑，因為他認識我不是一朝一夕的事，他很清楚我向來反宗教、反神職人員。當我開始在宗教會議上演說時，他問我：「怎麼回事？難不成你變了？」

我說：「一點都沒變，我不過是轉換了我的策略，否則要在世界性的印度教會議當中發表演說是很難的，他們不會容許一個反道德的無神論者站在台上，但他們邀請我。我藉宗教之名所說出的每一句話都是反對宗教的。」

印度教的領導人負責主持會議，尼泊爾的國王為會議舉行開幕式。主持人覺得左右為難，因為我所說的話嚴重破壞了會議，但是我提出來的方式讓人們覺得眼睛為之一亮。他於是火大了，站起身企圖奪取麥克風，正當這個老人家要這麼做的時候，我說：「再等一分鐘，我就快結束了。」所以他停下來一分鐘，而我在一分鐘內就講完了。

在場至少有十萬人，我問他們：「你們想要如何做？他是主席，如果他想的話，他是可以阻止我，而我當然會停下來。但是你們是來這裡聽演講的，要是你們想聽我說話，那就舉起你們的手表明自己的意願。」

二十萬隻手……我望著那位老人家說：「現在請你坐下，你不再是主席了，二十萬隻手已經完全撤銷你的位子，你所代表的是誰？你曾經是主席，這些人讓你當上主席，現在這群人罷免你了。現在我想講多久，就講多久。」

若非如此的話，我就不可能找到我的人了。我從那次的集會當中找到數以百計的人，比哈省變成我許多門徒的來源。

我當時就是以相同的方法在全國各處遊走，一面參加宗教性會議，一面蒐集我的信徒。一旦那個城裡有了我自己的團體，我就不再管他們的會議，因為我的團體就會有自己的會議，只是這耗費了經年累月的時間。

＊＊＊＊＊＊

發生過這麼一件事，有一回我和一位耆那教僧人謙旦・穆尼（Chandan Muni）在一場會議裡演講，他在耆那教徒圈是備受尊崇的人物。由他先講，他講的是關於「自我」（self）、自我的了悟、自我的狂喜，我坐在他身旁觀察他，他說的那些話很空洞，沒有發自經驗上的支持；從他的眼中我即可以看出來，他並沒有那個深度。

在他之後換我演講，我開口的第一句話就是：「剛才謙旦・穆尼所講的一切只不過像隻鸚鵡般重述了經書上的話，他講得很好，他的記憶力很了不起，但他的經驗是零。」

這下麻煩可大了，因為那是個耆那教徒的會議，有幾個人已經站起身準備走人了。我說：「稍等一下！你至少要聽我說五分鐘，然後你再走。我對你而言是新面孔，你並不認識我。至少，花五分鐘稍微認識一下你所離開的是什麼樣的一個人，然後你就可以請便。」

五分鐘的演說就足夠了，五分鐘之後我問：「現在，想走的人請立刻離席。」沒有半個人走掉。我講了將近兩個小時，我不該講那麼久的，他們一開始只要求我講十分鐘的。這下，眼見人們都聽得聚精會神，沒有人走掉，主席感到害怕。連謙旦・穆尼都凝神專注地在聽，主席不敢阻擾我，因為他知道我不是能被阻擾得了的。我並沒有想停下來，我還準備將主席給轟出去，他大概心裡也有數，只好乖乖靜坐一旁。

聽過我兩小時演講之後，謙旦・穆尼在那天下午捎了一個口信給我說：「我想與你私下單獨碰面。我不能去你住的地方，因為耆那僧侶除了耆那教的廟之外哪裡都不能去，所以請原諒我，你必須來我這裡。」

我說：「沒問題，我可以去。」

我去了，那裡至少聚集了兩百個人，然而他要完全私人的空間，於是他將我帶進去裡面，關上房門，與我一起席地而坐。他說：「你說得對，我沒有足夠的勇氣在公開場合說出來，但我要說你是對的。我並沒有絲毫自我的經驗，沒有自我證悟的經驗，也不知道這樣的事存在與否。你說得一點都沒錯，我只是像隻鸚鵡般複誦經書上的話。」

「請幫幫我，我被困住了，動彈不得。我是一個社群的主席，卻連在他人面前問你問題都不行。他們以為我已經了解自己了，所以我為什麼要問問題？我應該自己知道答案的。」

淚水在他眼眶裡打轉。

我說：「我會盡全力幫你，我見過許多宗教領袖，但沒有人像你一樣有顆真誠的心。我一眼就看得出來，你無法扛這個包袱扛太久，你已經遇到一個危險人物，而且還是你自己邀請我的。」

兩年之內他就脫胎換骨了。他一直與我保持聯絡，透過信件、學習靜心、做靜心，兩年之後他退出耆那教的社群。他曾經享有崇高的名聲，那個耆那教社群又是那麼有錢……而他退出。

他來見我，當他來我家說：「我是謙旦・穆尼。」的時候，我沒法相信眼前這個人就是他，我說：「你變了好多！」

他說：「脫離牢籠與脫離借來的知識是天大的釋放，我又再度恢復年輕了。」他當時已有七十歲了。他說：「現在，我可以做任何你說的事。我將一切投下去冒險，曾經我很有錢，為了當耆那教僧侶，我拋棄了金錢；而現在我放棄了耆那教、放棄出家人的身分，只做個什麼都不是的人，這樣我就擁有全然的自由去體驗。」

如果我看見人們靜靜坐著，一字一句都認真、專注地聽著、沉吟著，我就可以說更高層的事，對他們解釋更複雜的事。

但是，假若沒有朋友坐在我前面的話，我永遠得從最基礎的ABC說起，那麼飛機永遠沒辦法起飛，只能像是一輛巴士在地上跑。你可以把飛機當成巴士用，但唯有當它速度加快時，它才能飛得起來，所以為了要加速，某些狀況是必須的。

在印度我曾對成千上百萬的人演講過，一場會議裡可以有五萬人，但接下來我必須停止。在全國各地旅行了十五年，從一個角落到另一個角落，對於那整件事，我真的倦了，因為每天我都得從頭開始，永遠都是ABC，ABC，ABC。很明顯地，照這樣下去，我永遠到不了XYZ，我必須停止旅行。

第八章 話語間的寧靜

有三十五年的時間，我沒有目的地持續說話，這麼高的說話量足以讓我當個總統或首相了，絲毫不成問題；藉著說這麼多話，我早就可以成就許多事情了，我到底從中得到什麼？首先，我到外面去不是為了獲得，我只是享受，這是我的畫作，我的歌詠，我的詩賦。就在我說話的時候，我感覺一股交流正在發生；那些時刻裡，當我看見你閃耀的眼神，當我知道你已經了解了……我的歡欣喜悅無以復加。

******

你並不知道，曾經有上千名成道者在地球上活過又死去，因為他們沒有特殊才能，讓一般人能看見他們。他們或許有某些獨特之處，例如寧靜的特質，但那並不會被注意到。

我在孟買的時候，認識了一位當地的成道者，他唯一的才華是從事沙雕。我沒見過這麼美的雕像，他整天在海灘上做沙雕，成群的人看到他的作品後莫不讚歎，那裡有佛陀、克里希那、馬哈維亞的雕像，但是你沒辦法說哪一座比較好；他不是用大理石，只是沙子而已。人們會丟紙鈔給他，他一點都不為所動；我看見其他人拿走錢，他也不在意。他整個人沉浸在那些雕像裡，然而它們並不會留下來，只要一陣海浪捲過來，佛陀就沒有了。

他成道之前是靠沙雕維生的，遊走在各個地方，到處去做沙雕。那些沙雕個個栩栩如生，讓人想不給他些什麼都難，他靠此賺了很多錢，就一個人來說已經夠多的錢。

現在他成道了，由於他只有一項做沙雕的天賦，當然他的沙雕會指向開悟這件事，但是他唯一能給出的只有這樣而已，存在會善用這一點。他的雕像更具靜心的品質，只是坐在他的沙雕旁邊，你即可感覺出他所做的雕像有適當的比例，它們的某種姿態、某種表情會引出你內在的某些東西。

我問他：「為什麼你都在做佛陀與馬哈維亞的雕像？你可以賺更多的錢，這個國家的主要宗教不是佛教，而且耆那教的人數也不多。你可以做羅摩或克里希那。」

但是他說：「羅摩或克里希那的雕像無法滿足我的目的，它們無法指向月亮，只有觀賞上的價值而已。以前我做過很多人的雕像，現在我只會做具有啟示作用的雕像，即便對無數人來說他們看不到其中的啟示，即使幾乎所有人都看不出來。」

等我去孟買定居的時候，他已經不在人世了，但在那之前，每當我去孟買的時候，我一定會去拜訪他。有陣子他在赭忽（Juhu）海灘工作，那是個幽靜的地方，人們只在傍晚他完成沙雕時去參觀，所以一整天都沒有人去吵他。

我告訴他：「你可以造雕像，為何你不用大理石做材料呢？它們可以永久保存下去。」

他說：「沒有什麼是永遠的，」他引述了佛陀的話，「而且這些雕像比任何大理石雕像還更能代表佛陀，大理石雕像有一種不變性，而這些沙雕是短暫的，只要一陣強風吹來就沒了，一陣海浪席捲來就沒了，一個孩子跑來踩過去也沒了。」

我說：「難道你不會難過嗎？你流汗工作了一整天，就在雕像快完成的時候，一件事忽然降臨，你一天的心血就這麼去了？」

他說：「不會，存在的一切都是瞬息萬變的，沒有必要挫折。我享受做沙雕，如果海浪享受將它恢復，那我們雙方都享受到了！我享受堆沙雕，海浪享受撫平沙雕，所以存在的快樂是雙倍的，我有什麼好挫折的呢？海浪對沙子所擁有的力量就如我一般，說不定它的力量更甚於我。」

當我與他交談的時候，他說：「你這人有一點古怪，通常沒有人與我說話，人們只會丟盧比給我，他們享受那些沙雕，但沒有人享受我，可是你來的時候，我心裡覺得快樂無比，因為有某個人能享受我，這個人不只注意到雕像，也關心雕像的內在意義，關心我為什麼做這些雕像。我不會做別的，這一生我都在做沙雕，那是我唯一知道的藝術，而現在我對存在臣服了，現在存在可以使用我。」

這樣的人不會被認出來，一個舞者或許是個佛，一個歌者或許是個佛，但是這些人不會為世人所知，理由很簡單，因為他們所做的事情無法成為一種教導，無法協助人們真正脫離沉睡。但是他們會全力以赴，無論自己能做的是什麼，他們都在付諸實行。

極少數成為師父的人，他們自累世裡獲得了某些能言善道的本領，他們對文字、語言、話語的聲調、文字的對稱與詩意有獨特的洞見。這是很不一樣的，無關乎語言學或文法，而比較是在尋常的語言中，找出不尋常的音律；自普通的散文中，創造出不凡的詩。他們知道如何玩味文字，以幫助你超越文字。

並不是他們選擇成為師父，也不是存在選擇他們當師父的，那只是一個機緣巧合：在成道之前，他們已經是出色的老師，而由於成道，他們遂成了師父。現在他們的「教書」可以進而成為「教誨」導，想當然爾，那是困難度最高的教導。

那些安安靜靜活著、悄然銷聲匿跡的人所走的路很平坦，沒有人知道他們。但是像我這種人就不會有輕鬆的日子，當我還是個老師時就不容易了，當我成為師父時怎麼可能容易？那絕對是件艱巨的工作。

******

每個人對我有點怪異的講話方式都有疑問，沒有演講者會像我一樣，技術上來說這是錯誤的，因為我要花掉幾乎兩倍的時間！但那些人講話的目的與我迥異，他們的演講是事先準備好的，只不過是將曾經演練過的內容重述一遍。第二點，他們的談話是為了施加某種意識型態給你。第三，對他們而言演講像是藝術，而他們力圖精益求精。

就我來說，我不是他們口中的演說家或雄辯家，那對我而言不是一門藝術或技巧，若就技巧而論，我天天都每況愈下！我們的目的是截然不同的，我不想為了操控你而要讓你對我有好印象，我說話的目的不在於取信於你，也不在於說服你改信基督教、印度教、回教，或要你成為有神論者、或無神論者，這些不是我所關注的。

真切來說，我的談話是我對靜心的一項設計，演講從沒這樣被使用過；我不是為了給你一則訊息，而是為了停止你頭腦的運作。

我不會為了演講而準備，連我自己都不知道下一句話會說什麼，所以我從沒講錯話；只有當你有所準備時，你才有可能犯錯。我從沒說漏一句話，因為只有當你去記任何事情才有可能遺忘。所以，我的演講是無拘無束的，也許沒有人曾有過像我有的自由度。

我不管自己是否講話前後一致，因為，是否一致不是我的目的。只有想要以他所說的話說服你、控制你的人，才會需要符合邏輯、理性、前後一致，如此他才能征服你的理智，因為他要藉由語言操縱你。

卡內基（Dale Carnegie）有一本非常暢銷的著作，那本書將演說以及影響力當成藝術在談，它的銷售量僅次於聖經。卡內基在美國專門舉辦課程訓練傳教士、教授與演說家，換作我去參加課程的話，我想我過不了所有的考試。第一，我沒有改變你的動機，我沒有絲毫的欲望要你對我另眼相看。再者，我不記得昨天說過些什麼，所以我不在乎自己的話是否前後一致——那可要費很大的心思。我經常在自我矛盾，因為我並不想與你理性的頭腦溝通。

我的意圖是如此獨一無二：我使用文字純粹是為了創造出安靜的空隙。話語不是那麼重要，所以我可以隨意說出矛盾的話，任何荒謬、無稽的話都行，因為我的用意在於產生空隙。語言是次要的，話語間的寧靜才是主要的，這不過是個可以帶給你一些些瞥見靜心的方法。一旦你知道你是可能經驗到靜心的，你已經在你本質的方向上旅行很長的一段路了。

世上絕大多數的人都不相信頭腦可能安靜下來，由於他們認為不可能，所以不願嘗試。我之所以講話的基本理由就是為了使人們淺嘗靜心，於是我不斷地說話，說什麼並不重要，重要的是我給你一些時機沉靜下來，這是剛開始時你靠自己不容易辦到的事。

我無法強迫你安靜，但我能夠設計一個方法讓你同步安靜下來。我正在說話，而就在一個句子的中間，當你正期待接下來的另一個字時，你發現不是文字而是一個寧靜的空檔接在後面。你的頭腦期望著聆聽，等待著某些話接下去，它不想要錯過，於是自然而然它靜了下來。要不然那可憐的頭腦能怎麼辦？如果你很清楚我什麼時候會停下來，如果你被事先告知在某幾處我會靜下來不說話，你會開始思考，於是你的頭腦又聒噪不休，因為你知道：「這就是他會停止講話的時候，現在我可以和自己閒聊一下。」可是，由於我絕對是突然停頓的……我自己也不知道為什麼在某些點上我會停下來。

世界上若有任何一個演說家像我一樣，他注定會被痛批一頓，因為演講者一再地停下來，表示他的準備不夠，他在家裡沒有做功課；他的記憶力不可靠，所以有時候他找不到使用的字眼。但我不想辯論些什麼，我不在乎人們的批評，我在乎的是你。

不只是在這裡，還有遙遠的地方……在世界其他角落透過錄影帶或錄音帶聆聽我說話的人，他們也會經驗到相同的寧靜。我的成功不在於說服你，我的成功在於帶給你一個真實的體驗，讓你對靜心有信心，不再認為它是虛妄的。你知道無念的境界不只是一種哲思，而是實相；你知道你有能力體驗靜心，事實上它不需要特別的資格。

你也許是罪人，也許是聖人，這都不重要。罪人如果能靜下來，他與聖人一樣，都能達到相同的意識。

******

存在並不如宗教一直教你的那般吝嗇，存在不像蘇聯的國安會（KGB）或美國聯邦調查局（FBI），專門去窺探你在做什麼，看你是和自己的老婆或和別人的老婆去看電影，存在對那些事沒興趣。是不是你的老婆，那是人製造出來的問題，存在裡並沒有像婚約這種事的存在。你是從別人的保險箱偷錢還是從自己的保險箱拿錢，存在不會也不能決定其中的不同。你從保險箱裡拿錢，那是一個事實，至於保險箱屬於誰，那一點都不是存在所關心的。

蕭伯納（George Bernard Shaw）有一次被問道：「一個人是不是可以過著很懶惰的生活，整天把手插在口袋裡，只管享受就好了？」蕭伯納說：「可以，只要口袋是別人的！」把手放在你的口袋裡，你可能會活不下去！而事實上，幾乎每個人都把他的手插在別人的口袋裡。那個人可能因為他自己的手在別人口袋裡，所以他不能阻止你，因為他一阻止你，他也會被阻止。於是他必須接受你，而假如他的手放在一個比自己更有錢的口袋裡，他就無所謂；你愛怎麼做都行，只要你不干擾他就好了。

存在本身是無關乎道德不道德的，對存在而言，沒有什麼是錯的，也沒有什麼是對的。只有一件事是對的：你的警覺與意識，那麼你就稱得上是幸福的人。

奇怪的是，沒有宗教曾定義當事情「正確」時是幸福的，或當「美德」呈現時是幸福的，他們不像我能精確地定義出來，他們的顧慮是：放眼世界，他們眼中的罪人看起來比聖人還快樂！聖人看上去一點都不快樂。要是他們說，對或錯的標準在於一個人幸不幸福的話，這會瓦解掉他們的理論結構，因為聖人會像是罪人，罪人會像是聖人。

不過，這是我的標準，因為我不在乎經書上說些什麼，我不理會先知，也不管過去，那些是他們的事，也是他們的問題。我自有眼睛會看，為何還需要倚賴別人的眼睛去看呢？我有自己的意識，為何還需要倚賴佛陀、菩提達摩或耶穌去覺察？他們依據他們的了解與洞見去活出他們的生命，我依據我自己的了解與洞見來活出我的生命。

我在此談話的用意是為了給你一個機會，使你看見自己與任何佛陀一樣都可以成為無念，那並不是被賦予少數人的特質，那不是一項才華。不是每個人都能當畫家，也不是每個人都做得成詩人，那些是天才人物，天才不是人人都能當的，天才是天生的。但是每個人都可以成道，共產主義唯一說對的只有這件事，怪的是，那也是共產主義唯一否認的事。

成道是唯一──唯一每個人有相等能力去經驗的一件事，而且它並不靠你的行為而定，並不靠你的祈禱、或是你是否相信神而定。它只倚賴著一件事情，因此你可以有一個小小的品嘗，使你對自己的能力頓時產生信心。我的演講正是為了給你信心，所以我可以說個故事，可以講個笑話，完全都無所謂！

所有的知識分子都抨擊我：「這算什麼演講？」他不懂我的用意，那不是場演講，而只是一個方法，目的是讓你產生自己可以獨力安靜下來的信心。當你愈信心十足，你就愈有能力。在我沒有演講的時候，你可以開始去找你自己的方法，例如，你去聽鳥兒的啼聲，牠們唱到一半倏地停下來，然後又忽然唱起來。去聽……牠們唱一唱又停下來，沒有人知道為什麼會這樣，但牠們給了你一個機會。一旦你品嘗箇中滋味後，甚至在喧鬧、熙攘的市集裡，你也找得到這樣的機會。

我的談話不是演講，不是在對你宣揚教義，而只是故意設計來讓你體會到寧靜的滋味，同時讓你產生信心，明白那不是一項才能，它不屬於任何特別的合格人選，也不屬於長期苦修的人，或是自認為有德性的人。寧靜屬於所有人，而且無須任何條件，你只要去覺察到這一點。這即是我對你說話的全部用意。

在你確認自己能夠靜下來之時，你的重心於是整個轉變，這無關乎紀律、祈禱或信仰神那些無稽的東西，而是關於感覺出你自己的可能性，一旦你明白了你的機會，並且對自己有信心，你的整個眼光會添上一層不同的色彩。

我的經驗是：如果你能安靜下來，如果你能超越頭腦，而你的意識可以增加時，那你做什麼並不重要，你的行動一點都不是重點，只有你的意識才算數。行為是支微末節的事情，但目前為止，所有的宗教都在清算你做了些什麼，而非你的意識狀態是什麼。他們訓練你如何正確地行止，以及哪些事要戒慎。但沒有人對你說過，除非你的意識升起，否則你不可能真正虔誠。

從前我就驚奇地發現到：當你靜下來，當你愈來愈有意識、警覺時，你的行為就開始改變，但反之卻不亦然。你可以改變你的行為，可是你不會因此而更有意識。當你更有意識了，你的行為就會轉變，那是再簡單不過的事，而且十分科學。你不會再做愚蠢的事，當你愈來愈清醒、覺知，你就再也做不出那些傻事。

這不是獎賞或懲罰的問題，只是你的意識、寧靜、平和，這些品質讓你對自己所做的每件事看得深遠。你無法傷害任何人，你無法再暴力、生氣、貪婪、野心勃勃，因為你的意識使你如此幸福……貪婪除了讓你焦慮之外，還有什麼？企圖心能將你帶去哪裡？不過是永無休止地奮力掙扎，為了攀上更高的那層階梯。

＊＊＊＊＊

隨著你的意識愈來愈穩固，你的生活形態會大幅變動，那些宗教認為是罪惡的事將從你的生活中消失，而他們稱之為美德的事將自動從你的內在、你的行動中源源不絕地湧出。但是宗教的做法正好顛倒過來——先改變行為；那就像你在一間黑漆漆的屋子裡被家具絆倒，但他們卻告訴你除非你不再被絆倒，否則你見不到燈光。而我說的是，先開燈你就不會再被絆倒，有燈光在，你怎麼還會撞到家具呢？每次你跌倒、每次你的頭撞到牆壁都疼得要命，那是行為本身所招致的處罰，錯誤的行為本身就是一個懲罰。沒有人會去記錄下你的行為，每一個良善的行為就是一個獎賞，然而，你要先將光帶入你的生命中。

靜心是讓自己充滿光明、喜悅、寧靜、幸福的努力，在靜心這個美好的世界中，你不可能做出任何錯誤的事情。

所以我徹底改變了這件事，宗教一向強調行為，我強調的是意識，而意識唯有在寧靜中才能增長，寧靜對意識而言是正確的土壤。當你紛擾不休時，你不可能很警覺、有意識；當你覺知、警醒的時候，你不可能還紛擾不休——這兩者不能同時並存。

結論是，我的講話、談話不應該與其他類型的演講被歸為同一類，那是專為靜心的設計，好使你重拾曾被奪走的信心。宗教不僅剝奪你的信心，還灌輸你罪名，將你往下拉，讓你過著抑鬱的日子。當你很有信心，你明白你可以經驗那不凡的事情，你就不再覺得自慚、愧疚，反而覺得蒙受恩寵，你將會感覺到：存在早已要你成為其中一座意識的高峰。

你將需要花一些時間來獲得信心，那就是為什麼將近有三十年的時間，我每天早上與晚上都演講。在那三十年期間，由於身體不適的緣故，我大概停過兩、三次，其他的時候我都一直在演講。但是，我不能為了要讓你維持在靜心的狀態而演講一整天，所以我要你負起責任。接受自己是能夠靜下來的，這對你單獨靜心時會有幫助，你將發覺你的能力……只有當你經驗到之後，你才會知道自己的能力，沒有別的方式。

多去留意，留意你靜下來的原因，別讓我一個人承擔全部的責任，不然你會為自己製造困難，當你單獨一人的時候該怎麼辦？它將會變成一種上癮，我不要你對我上癮，我不想成為你的毒品。

世上那些所謂的宗教導師與師父均想要自己的徒弟倚賴他們，我幾乎已經見過所有領域的老師，我看出那是他們的權力遊戲。而我沒有任何權力的詭計，我愛你，不管你是否與我在一起。我要你獨立自主，要你有信心自己可以觸及這些珍貴的片刻。

如果你與我在一起時辦到了，當我不在的時候你沒有理由辦不到，因為我並不是那個肇因。你必須明白正在發生的事：傾聽我，將你的頭腦放一邊。

傾聽海洋，或傾聽從雲間傳來的雷鳴，或傾聽大雨落下的聲音，只要把你的自我放在一邊，因為這時候自我是不需要的……大海不會攻擊你，雨水不會欺侮你，樹不會侵犯你，你不需要防衛什麼。讓自己成為容易受傷的，誠如生命一般脆弱，誠如存在一般脆弱，你將會逐漸進入這些寂靜的時刻，不用多久，你的整個生命就會永遠處於這些時刻裡。

第二部

明鏡的反照

問：你是誰？

答：你認為我是誰，我就是誰，因為，那是依你而定的。倘若你以全然的「空」（emptiness）看我，我會是不一樣的。倘若你帶著諸多想法看我，那些想法將為我披上色彩；倘若你帶著偏見來找我，那我又是另一個樣子。我只是一面鏡子，反照出你的模樣。有句話說，如果一隻猴子去照鏡子，牠不會發現一名使徒從鏡子裡看著牠，只有一隻猴子會從鏡子裡看著牠。

所以，這視你看我的方式而定，我已經完全消失了，所以我不可能加諸任何我是誰的印象在你身上，我什麼形象都沒有，唯有「空」，唯有一面鏡子。這時候，你擁有完整的自由。

如果你真的想知道我是誰，你得成為如我一般的「空」，如此，兩面鏡子相互映照，唯有空寂會被反映出來；兩面明鏡面對著彼此，無盡的空寂會被映照出來。然而，如果你懷有某些想法，那麼你會在我身上看見你自己的想法。

第九章　性師父

問：曾有人寫過你的事，說你是鼓吹「免費的性」的師父，報導還指出你的交心團體裡曾發生男女濫交的事情，這是真的還是假的？你是否在控制人們的心智？

答：請問你認為性是應該付費的嗎？難道它不該是免費的？難不成你還要為它付錢嗎？對我來說，性是單純、美好、自然而然的現象。如果有兩個人享受彼此的能量，沒有人有權力干涉。說「免費的性」暗示著你希望性也成為日用品，日用品是要花錢去買的；你不是花錢向妓女買一個晚上，就是向太太買一輩子，反正性得花錢買就對了。

是的，我主張性是免費的。我相信每個人天生都擁有權力去分享性、陶醉在性裡面，性會為你帶來許多樂趣，沒有什麼好嚴肅的。那些說我在倡導「免費的性」的人真的很悲哀，他們是性壓抑的一群人。

——摘自與〈早安美國報〉（Good Morning America）記者肯恩．卡希瓦哈拉（Ken Kashiwahara）的專訪

我寫過一本書——事實上不是我寫下的，是那本書蒐集了我演講的內容——書名是《從性到超意識》（*From Sex to Superconsciousness*），從那之後，我有上百本書出版上市，但是，好像沒有人讀那些書，他們全都只讀《從性到超意識》，這樣的事只發生在印度。他們批評這本書，對其中的內容很不以為然；人們寫文章、出書抨擊它，所有聖人都不贊同我的書。沒有人提及我其他的書，沒有人看我其他的書，彷彿我只出過那一本書似的。

人們為了一個古老的傷口所苦，性已經變成是一道傷，這道傷需要被治療。

在我來看，性高潮能給你第一個對靜心的瞥見，因為頭腦停止了，時間靜止了，就那短短的片刻裡，沒有時間，沒有頭腦，只是一片純然的寂靜與狂喜。我這麼說，是因為我對這個主題抱持著科學的態度，我認為人類除此之外沒有別的方式去發現到：如果沒有頭腦、沒有時間的話，你就會進入一種狂喜的狀態。除了性，人類的心智沒有其他的機會了解，原來有超越頭腦、超越時間的方法。性肯定能帶給你對靜心的首度瞥見，但是，我在世界各地都受到口誅筆伐，只因我告訴人們真相。

沒有人曾經持其他的看法挺身出來解釋靜心是如何被發現的，你不可能光走在路上就能發現它，它並不是躺在那裡等你走過去撿起來。請問，你是在哪裡發現靜心的？

各地都有人談論我、譴責我，只因為我談的是從性進入超意識，卻沒有人提出他們批評我的理由。我的書被翻譯成三十四種語言，發行的版本有數十種，各個宗教的僧侶都讀過了！無論是印度教、耆那教、基督教或佛教，那些僧侶是那本書的最佳讀者。幾個月前，在普那有一場耆那教會議，我的祕書通知我說：「有件奇怪的事，耆那教的和尚們來到這裡，他們只找《從性到超意識》這本書，然後把書藏在衣服裡面，一聲不響地走出去，所以不會有人注意到他們離開了。」

《從性到超意識》不是關於性，而是在談超意識，但是，人類唯一可能找到超越思維進入永恆寧靜的門徑，就是性高潮；即使性高潮只維持一下下而已，那是永恆的一刻——一切都停止了，你忘卻了所有的煩惱，所有的緊張。

＊＊＊＊＊＊

我常告訴你，從性到超意識是有可能的，而你聽了很高興，因為你只聽到「從性」，沒聽到「到超意識」。

那些反對我的人就是這樣，而那些支持我的人也是這樣，他們全都沒有兩樣！人們幾乎是大同小異的，朋友與敵人並沒有太大差別。我一直被敵人誤解，這是合情合理的，但我也被支持我的人誤解，這一點叫人不懂；敵人還情有可原，但支持者就很難說得過去了。

由於我說過性是愚蠢的，招致了許多不友善的問題。我的一位門徒寫信問我：「你居然敢說性是愚蠢的！」想必她覺得很受傷。我可以了解，當你過著某種形態的生活時，並不希望自己的生活方式被描述成是愚蠢的，沒有人喜歡被別人批評是愚蠢的。你不是被性所困擾，而是你的生活，如果那樣的生活方式是愚蠢的，而你過的正是那種生活，那你就是愚蠢的，你一定感到受傷。不過，儘管你會受傷，我還是必須說出來；為了讓你意識到生命中有些更高超、更美好的事，為了讓你知道生命中還有更狂喜、更高潮的事，這是唯一的辦法。

性只是一個開端，不是結尾。你將它視為開端並沒有任何不對，如果你執著於它，那你就開始走錯了。

在做愛之後，至少打坐一個小時，只要去觀察發生了什麼事，你就會懂我的意思，你會明白為什麼我說性是愚蠢的。你是一個主人還是奴隸？如果你是性的主人，那麼你就不笨；如果你是奴隸，你就是傻瓜。因為，一再重複地做這件事，等於強化了你的奴性，增長了你的奴性。

唯有透過靜心，你將能了解我一直對你說的。這不是爭辯就可以裁決的，只有經由你自身的靜心、了解與覺知才能決定。

我從沒教過人「免費的性」，我所教的是「性的神聖」。我向來就認為，性不該從愛的範疇降級到法律的範疇。當你愛一個女人的理由是因為她是你太太，而不純粹因為你愛她，這就是一種賣淫，一種合法的賣淫。我相信愛，如果兩個人相愛，他們可以因為愛而住在一起，當愛遠走的時候，他們就該從容地分手。

我從來沒有教過免費的性，那是白痴的印度桃色新聞記者將我的全部哲學縮減為兩個字。我出版了四百本書，只有一本是關於性的，其他的三百九十九本大家都不聞不問，只注意那一本關於性的書，而且那本書並不是關於性，而是關於如何蛻變性能量成為靈性能量，其內容事實上是反對性的！

他們告知人們錯誤的訊息，然後又大加討伐那些錯誤的訊息；他們從未公平地描繪過我，否則，我不認為印度人是這麼駑鈍的。一個孕育密宗哲學的國家，一個能蓋出像卡朱拉侯、可諾拉克（Konarak；譯注：位於印度東部，以崇拜太陽為神而聞名）世界級神廟的國家，這種國家的人民不可能笨到聽不懂我在說什麼。卡朱拉侯可以為我的話做最佳佐證，密宗的文獻可以證明我所說的，這裡是密宗唯一所在的國家，世上沒有其他地方的人曾經致力於將性能量轉化成靈性能量，而那也是我之前所做的事。不過，新聞記者對事實沒有興趣，他們專挑煽情、聳動的話題報導，那是他們的偏好。

第十章　宗教領導人

問：報紙上將你身邊所發展出的現象當成宗教、教派，是這樣的嗎？若不是的話，可否請你解釋一下？

答：這只是一種運動，既非教派也非宗教，只是一個針對靜心的運動，致力於創造內在的科學。它是意識的科學，就像科學為客觀世界所服務，這個運動是為主觀世界所醞釀的一種科學。

科學家研究的是每件事，而我們要研究的是科學家。不然，科學家就被遺漏了！他有能力知道每一件事，除了他自己之外。那真是奇恥大辱，愛因斯坦對物理懂得那麼多，全世界只有十二個人了解他所懂的東西，但他卻不懂他自己，這幅畫面豈不是很醜？

所以，我的工作是一種運動，這運動不是為了樹立宗教，而是創造一種宗教性（religiousness），我將宗教性視為一個品質，這個品質不是指某個組織的會員資格，而是一個人的內在經驗。

——摘自與義大利獨立全國聯播網（Private National Network）的訪談

你確實是被洗腦了，我使用的是乾洗機，我可是很跟得上時代的。而你當然是上癮的人，有誰不是呢？上癮不見得都是壞事，如果你沉溺於美麗的事物、詩、戲劇、雕塑、繪畫裡，沒有人會叫你戒掉。唯一要戒掉的是會導致你無意識的癮頭，酒精就是其中之一；不過在這裡，我所教的是意識，你要對它愈來愈上癮才是。

被洗腦有什麼不好？每天都要洗一洗大腦，保持乾乾淨淨的。你喜歡蟑螂嗎？當我給人們洗腦的時候，我找到不少蟑螂。蟑螂是非常特殊的生物，有一樣挺科學的發現：只要有人在的地方，你就找得到蟑螂；而只要有蟑螂的所在，就可以發現人的蹤影。牠們永遠形影不離，是與人類相處最長久的夥伴。

你的大腦給了你什麼？好好將它洗乾淨是完全正確的做法。然而，人們賦予「洗腦」一層錯誤的言外之意，那些人的看法是錯誤的。

基督徒很怕別人對他們洗腦，因為洗過之後他們就不會再是基督徒了；印度教徒也會害怕，因為那些人被洗腦之後就不會再是印度教徒了；回教徒也怕，共產主義信徒也怕，所有人都很畏懼洗腦。

我絕對支持洗腦。有句話說得好：「潔淨是接近神的。」現在沒有神，所以只剩下潔淨，所以潔淨就是神。

我不怕洗腦，因為我不會把蟑螂放進你的大腦裡，我要給你一個機會去體驗乾淨的頭腦，當你知道乾淨的頭腦是什麼之後，你就不會讓任何人丟垃圾與廢物到你的頭腦裡，那些亂丟垃圾的人是罪犯。

洗腦不是一種罪，是誰玷污了洗腦的？污染別人的頭腦才是一種罪，但看看這世界的情形，所有的宗教、所有的政治領袖都將你的頭腦當成馬桶用，是那些醜陋的傢伙在譴責洗腦，否則，洗腦是一件再好不過的工作了。

我是一個專門為人洗腦的人。

那些來找我的人應該帶著清晰的認知，知道他們去找的這個人一定會洗腦，一定會將他們腦袋裡各色各樣的蟑螂給一一剔除。

印度教、回教、基督教全都反對我，其實也不難了解，因為他們不斷放蟑螂出去，而我不斷洗人們的腦。這不過是一種最先進的宗教乾洗術。

我努力做的是拿開你腦中所有傳統的、正統的迷信與信念，好讓你進入一種無念的境界，那是終極的寧靜狀態，你甚至沒有一丁點思慮。在你意識之湖上，沒有絲毫的漣漪波動。

這一切都必須由你親自實踐，我沒有說：「只要跟隨我，我是拯救者，我將會拯救你。」那些全都是不真實的，沒有人救得了你，除了你自己。精神上的獨立是唯一有資格被稱做獨立的，其他的獨立，例如政治上、經濟上的獨立不過是平凡、膚淺的獨立。真正真實的獨立是你的內在成長不倚賴任何人。

那些來到我身邊的人愈來愈獨立，愈來愈成為他們自己，那就是他們愛我的原因。我不讓他們成為群眾的一份子，而是要他們當完全的個人。我不交給他們意識型態、紀律去施行，我只是在分享我的經驗。從我的經驗中，他們已經找到自己的紀律。

這是一家公司，不是由師父與門徒組成的公司，而是一家師父與潛在師父們共同組成的公司。

在大學裡，我常穿著一件長袍，圍著印度人的腰布，我的袍子沒有鈕扣，所以前襟都是敞開的。校長告訴我：「穿著沒有鈕扣的衣服來學校是不合規矩的。」我說：「那就改變規矩，因為我的胸膛需要新鮮的空氣。我根據我的需要來決定，而不是任何人的規矩。」

1951年 全印度辯論冠軍的照片

1955年

許多人問過我，為什麼我在一九五三年成道時沒有說出這件事，在將近二十年的時間裡，我沒有對任何人透露一點訊息。除非某人在猜疑，除非他對我說：「我覺得你發生了某些事。」那些年裡，問過我的人不到十個，即便是他們詢問，我也盡可能避免多談，除非我感覺他們真的想知道，而且唯有在答應我不說出去的條件下，我才會告訴他們。

1965年

1985年

1975年

如果你真的想知道我是誰，你得成為如我一般的「空」，如此，兩面鏡子相互映照，唯有空寂會被反映出來；兩面明鏡面對著彼此，無盡的空寂會被映照出來。但如果你懷有某些想法，那麼你會在我身上看見你自己的想法。

1981年 剛抵達俄勒岡州「泥濘大農場」。

1982年 參加慶典的訪客在進入靜心堂前，於檢查鞋子的棚子前大排長龍。

1982年 前往慶典途中

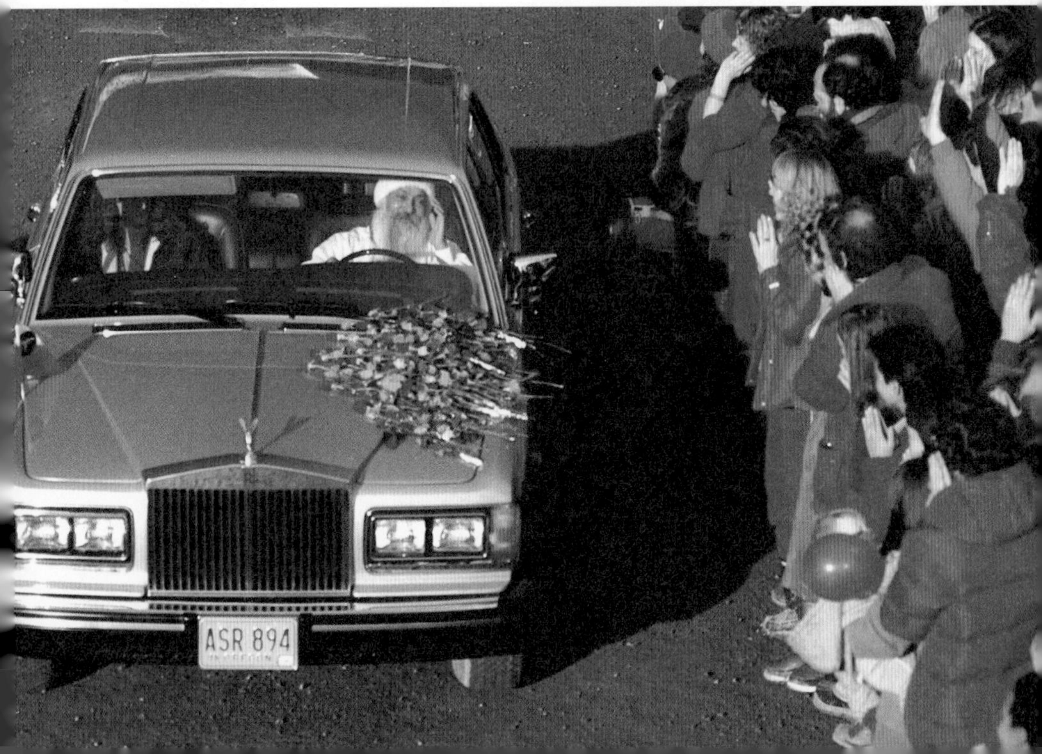

1983年 打造羅傑尼西普蘭之城

我要全世界知道我們有九十三輛勞斯萊斯，那是一座溝通的橋樑，於是我們可以另外再來談真理與開悟的事；沒有勞斯萊斯，就根本沒有溝通可言。我可是對我所打的算盤瞭若指掌。

1983年 在慶典期間的靜心堂

在美國，他們擔心我們會掌控了俄勒岡州的渥斯寇郡。我對小格局的事情沒有興趣，如果我對接管什麼有興趣的話，我早就會接管全世界！我對這樣的事不感興趣，但政治白痴是很特殊的一類白痴。

1984年 奧修穿著一件綴金的袍子

1983年

在成道之後，什麼事都沒有發生，
所有的發生止息了、消失了，一個人只是存在。
並不是說從此太陽就不再東升，夜不再滿布星星，
花朵不再綻放了。所有的一切繼續進行著。
但你內在沒有發生任何事，依然平穩、沉靜。
在成道之後，一個人已經沒有傳記了。

我是自由的，
比佛陀更來得自由，比馬哈維亞更來得自由。
佛陀沒有勇氣和女孩子跳舞。

1983年 快樂舞蹈的師父

少了我的手，我沒辦法說話。如果你將我的手綁起來，我一句話都說不出來，因為，並不是我的一部分在說話，是我的整個人都投入在裡面。我的眼睛、我的手、我的全身都涉入了。我的身體正在說著某些事情，正在支持我以語言說出來的事情。

1984年

1985年 愛開車的奧修

我是一個很棒的駕駛人，我不相信任何規則——我可能在路的右邊開車，也可能在路的左邊開車，所以我可憐的人們必須專為我開一條路，如此我可以任何速度任意開車，想開到哪就開到哪。

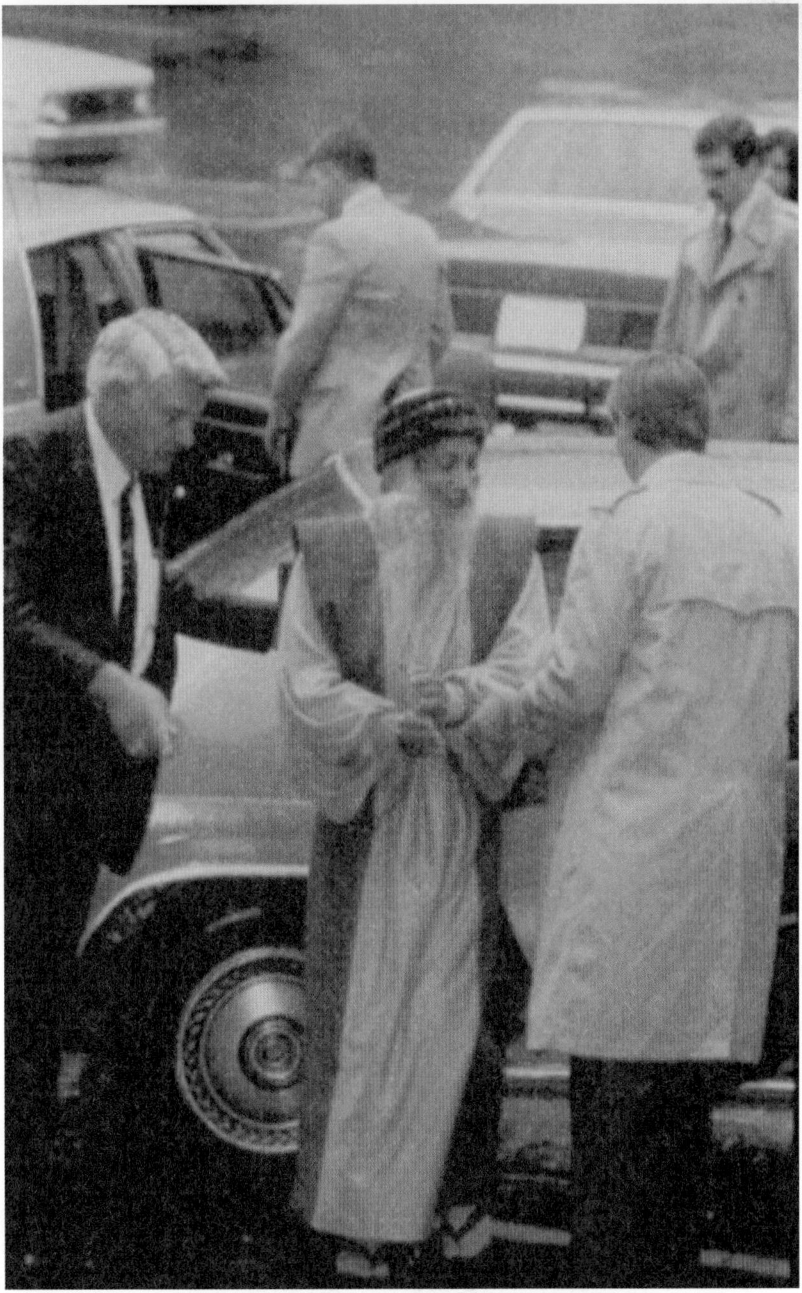

1985年 北卡羅萊納州夏洛地，奧修被戴上手鐐腳銬。

1985年 展開世界之旅

1986年 在希臘

數百萬的人錯過了靜心，因為靜心給人一種錯誤暗示，它看起來很嚴肅、晦暗，帶著教會裡的某些味道，好像修行是專門給死氣沉沉、半死不活的人做的事。一個真正靜心的人是充滿歡樂的；他並不嚴肅，他是放鬆的。

1989年 奧修巡視他的「新房間」，這是為了在他離開身體之後安置骨灰的地方。

唯有死亡帶不走的東西才是真實的，
其他的一切都是假的，都是夢。

1990年1月19日　奧修的身體被抬到靜心堂，接著被帶往火化場。

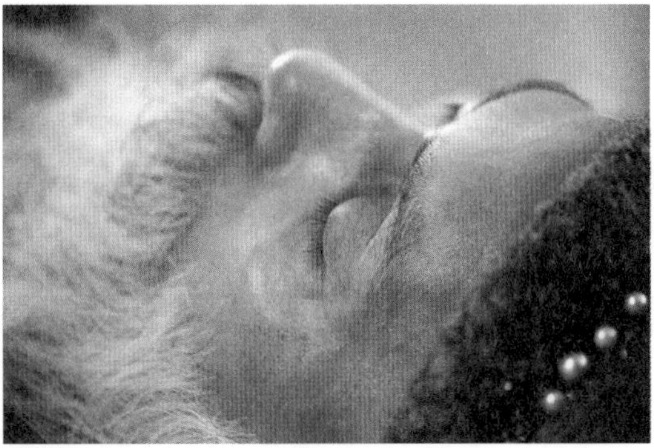

二十世紀最特立獨行的靈性師父

第十一章　善意的騙子

我必須在兩個層面上工作：其中一處是你所處的地方，你的所在；另一處是我的位置，也是我想要你來到的地方。

從山頂的地方，我來到你居住的谷底，若非如此你聽不進我的話，你不會相信有一片陽光普照的山頂；我必須把你牽進我手中，循循善誘讓你上路，路途中我還得說一些虛構的故事！但是那些故事讓你心無旁騖，使你不致在行走的過程中發生差池。你一路走下去，專心聽著我的故事。當你到達山頂的時候，你將會明白為什麼我要長篇大論講那些故事，你會感激我告訴你那些故事，否則，你沒辦法歷經長途跋涉最後到達頂峰。

請記住一件事：世上的師父總在說故事、寓言，為什麼會這樣？直接將真理說出來就好了，並不需要說那麼多故事給你聽；但是，長夜漫漫，你必須維持清醒，沒有故事的話你會睡著。

在黎明破曉之前，你一定要有事情可做，而師父們所說的故事最能激起你的好奇心。

真理無法被說出來，但你可以被引導到一個點上，從那裡你能夠看到真理。

我想起了一則故事：

有一位國王每天晚上都會進城裡視察民情，當然，他都會喬裝一下。城裡有一個人令他百思不解，那是一個年輕俊美的男子，他每天夜裡都站在街道旁邊的一棵樹下。最後，國王終於禁不住好奇心的驅使，他停下馬問這個年輕人：「你為什麼不睡覺？」

那個人說：「人們睡覺是因為他們沒有什麼東西需要守衛的，我有許多的寶藏，我必須保護它們。」

國王說：「這就怪了，我沒有看到這裡有寶藏。」

男子說：「那些寶藏在我裡面，你是看不見的。」

國王變成每天都要停下來看他一下，因為他是個很美的人，不管他說了什麼，都能令國王沉緬思索好一陣子。他逐漸喜愛上這個人，他開始覺得這個人真是一位聖者，因為覺知、愛、平和、寧靜、靜心、開悟是他所護衛的珍寶，所以他不能睡覺，他沒有睡覺的本錢。只有乞丐有本錢去睡覺……

這則故事是因好奇心而起，但是漸漸地國王開始敬重這個人，他幾乎將他視為精神上的引導者。有一天國王對他說：「我知道你不會隨我回皇宮，可是我日日夜夜，無時無刻不想到你，我希望你能來皇宮當我的客人。」

國王以為他會拒絕，因為他還存著聖人會棄俗的舊想法，沒想到年輕人說：「如果你那麼想我，為什麼你以前都沒有說？牽另一匹馬來，我會跟你一起回去。」

國王動搖了，他心中懷疑：「他算是哪一種聖人啊？怎麼這麼隨便就跟人走？」但是現在為時已晚，他已經開口邀請人家了。於是他讓他住皇宮裡最豪華的房間，那房間平日只給上等的貴賓住，例如其他國家的國王。國王還以為他會婉拒：「我是個聖人，我不能住得如此奢華。」但他沒有這麼說，他說的是：「非常好。」

國王整晚都輾轉難眠，他在想：「這個人好像騙了我，他不是聖人。」他三番兩次跑去站在窗外探看，只見聖人正睡得酣熟。他從前都沒有睡過，一直都站在樹下，但這時候他沒有在守衛，於是國王想：「我被誆了，這個人實際上是個騙子。」

第二天他與國王一同用餐，他津津有味地享用桌上的美味佳餚，一點都不客氣。國王給他價值不菲的新衣裳穿，他愛極了那些新衣服。而國王一面心裡在琢磨：「現在該如何甩掉這個傢伙？」才七天的時間，他就已經厭倦了，他想：「這個人根本就是在招搖撞騙，他唬弄了我。」

在第七天的時候，他對這個詭怪的傢伙說：「我有一個問題想請教。」

那詭怪的傢伙說：「我知道你要問什麼，七天前你就想問了，但是基於客套，你隱忍下來。我不會在這裡作回答，你可以提出問題，然後我們早上一起騎馬去遠遊，我會選一個適當的地點回答你的問題。」

國王聞言說：「好，我的問題是：現在，你與我之間有什麼不同？你活得就像一個國王，但你過去是聖人，如今你已經不再是聖人了。」

那個人說：「請備馬！」他們出門去了，國王提醒他很多次：「要等我們走多遠，你才肯回答？」

最後，他們到了王國的領土邊界線，國王說：「現在我們已經到了我的邊界，另一邊是別人的王國，這裡是回答的好地點。」

他說：「沒錯，我要走了。你可以兩匹馬都帶走，或者，如果你想要的話，你可以和我一道走。」

國王說：「你要去哪裡？」

他回答：「我的寶藏在我身上，無論行到何處，我的寶藏都在我身上。你來是不來？」

國王說：「我怎麼能與你一起走？我的王國、我的皇宮、我一生的心血都在我身後。」

這怪人笑了起來，「現在，你看出不同了嗎？我可以一絲不掛站在樹下，也可以像個國王般生活在皇宮裡，因為我的寶藏在我自己身上。不管是在樹下還是皇宮，對我都沒有差別。你可以回去了，我要進入另一個王國，你的王國到了這時候已經不值得我待在裡面。」

國王深深懊悔不已，他去碰聖人的腳，並且說：「請寬恕我，我對你的想法是錯的，你是一位真正的大聖人。請不要走，請別像這樣就離開我，否則，我這道傷口一輩子都不會癒合的。」

聖人說：「對我，這不是什麼難事，我可以和你一起回去。但是我要你很警覺，當我們一返抵你的皇宮，你的頭腦又會升起相同的問題；所以，比較好的做法是讓我走。」「我可以給你一些時間思考，我可以回去，對我來說都一樣；但對你來說，我最好還是離開這個王國，這樣起碼你視我為聖人。若我隨你回皇宮，你又會開始懷疑：『這人是個騙子。』所以，如果你堅持的話，我隨時都準備好走人；但如果這個問題對你造成沉重的負擔時，我可以七天之後再次離開。」

第十二章 自命的巴關

那些看我不順眼的評論家，特別愛說我是一個「自我指派」的巴關（bhagwan），而我總在想，難道他們知道有誰是被別人指派的嗎？羅摩、克里希那、佛陀、穆罕默德？如果羅摩是被別人任命為巴關的，當然那個指派者就是更高的權威；而要是你可以被指派，你也可以被罷免！

實在是愚蠢到了家，基本上，他們不了解巴關，巴關是一種經驗狀態，與委派、選舉、頭銜或地位都沒有關係。它是神性的經驗，一種整個存在都充滿了神性的體驗，除了神性以外沒有別的。

沒有神，但是在每一朵花、每一棵樹、每一塊石頭的裡面，唯一存在的就是神性。只有當你曾在你的內在看見這一點時，你才能在外面看見這一點，否則你不會懂這種語言的。

從某個角度上說，我是很特異的，因為你無法歸類我。有三種人：有神論者、無神論者、不可知論者，沒有第四種，但我就是屬於第四種——沒有名字的那一種。我曾經認真去看、去探索，我沒有找到神；沒錯，但我找到一個甚至更重要的東西：神性（godliness）。我不是無神論者，不是有神論者，不是不可知論者，所以，我的立場再明顯也不過了。所以，假如沒有神，為什麼我的人們喚我為「巴關」？

這個問題有一點複雜，你必須從語言學的角度探討一下巴關這個字。這個字很奇怪，在印度教的經典當中，巴關幾乎等同於神，我用「幾乎」是因為英語中只有一個字：神。而印度教的梵文有三個字都表示神，第一個是「巴關」，第二個字「伊斯娃」（iswar），第三個「帕蘭阿特瑪」（paramatma），印度教徒基於三項不同理由而使用這三個字。

帕蘭阿特瑪意指「至高無上的靈魂」（supreme soul），帕蘭（param）的意思是至高無上的，阿特瑪（atma）是靈魂。帕蘭阿特瑪意指至高無上的靈魂，所以那些真正懂的人會用帕蘭阿特瑪指神。

第二個字是「伊斯娃」，這是個饒富美感的字，伊斯娃的意思是最富有的（the richest），正如字面上的意義，一個擁有一切、成為一切的人是最富有的人。你或許身無長物，那並沒有關係，但是你擁有生命中最重要的一切。

第三個字是「巴關」，巴關這個字不容易懂，也很難以其他語言來解釋它。在印度教的典籍中……記住，在印度有兩種人在使用巴關，第一種是印度教徒、第二種是耆那教徒與佛教徒。其中耆那教徒與佛教徒不相信神，但他們還是使用這個字，佛教徒以巴關稱呼佛陀：

巴關・佛陀。耆那教也不信仰神，但他們以巴關・馬哈維亞稱呼馬哈維亞，所以他們的意思都不盡相同。

印度教是十分歸於大地的，說來你會驚訝，甚至震驚，印度教裡的巴關的字根是「bhag」，意思是陰道，你連想都沒想過吧！巴關的意思是「一個以宇宙的陰道行創造的人」，也就是「開創者」。印度教徒崇拜女性的陰道與男性陰莖的象徵「希瓦林加」（shivalinga）。如果你見過希瓦林加的話，凸起的大理石是男性陰莖的象徵，這根陰莖站在陰道裡，底下就是一塊大理石陰道，大理石陰莖即是由此凸起的。這個印度教徒所崇拜的象徵物在他們的文獻記載中似乎意義非凡，因為一切的創造必定是來自男性與女性的結合，陰與陽的結合。所以他們以巴關指開創者，但這個字的原始意義非常奇怪就是了。

佛教與耆那教不相信神、不相信任何人創造了世界，但他們也使用巴關這個字，這個字對他們而言有另一個來源意義。在耆那教與佛教的文獻中，「bhag」的意思是「幸運」，巴關的意思是「一個幸運、被祝福的人」，也就是這個人已經成就了他的命運，他已經成熟了。

所以，三十年前當我開始演講的時候，人們就開始用這個字……因為在印度，當你尊敬一個人的時候，你不會直呼他的名諱，那會被視為大不敬。所以當我開始演講，當人們開始對我有些感覺時，他們就叫我「阿恰亞」（acharya），阿恰亞的意思是師父，但阿恰亞不只是師父而已，它還指凡是這個人所說的都是他所經驗的，他的行為與思想絕對和諧一致。所以，將近有二十年的時間，人們稱我為阿恰亞。這是在我開始點化人們成為門徒以前的事。

多年來人們一直跟我說，他們希望經由我的點化成為門徒，而我告訴他們：「等一等，等我覺得時機對的時候。」那一天來臨了，當時我正在喜馬拉雅山的深處，一個名為庫魯•馬納里（Kulu-Manali）的地方舉行靜心營，那是世上最美的地方之一，它被稱為「諸神的山谷」，宛如世外桃源的一處人間仙境；當你一走近這個地方，你會覺得自己即將進入另一個世界。

在靜心營的最後一天，這個聲音出來了：「現在時機來臨了。」我宣布：「想要點化成為門徒的人，我已經準備好了。」有二十一個人立刻站出來，他們踏上了桑雅斯（sannyas；譯注：在自由、冒險中追求真理的存在狀態）的道路。於是對這幾個人而言，如何稱呼我就成了一個問題，大家以前叫我阿恰亞，現在這個稱呼已不夠貼切了；對他們來說，我的重要性、我與他們的親密度又更甚從前。他們現在非常地貼近我，所以他們決定要叫我巴關。

他們徵詢我的意見，我說：「非常好，因為對我而言，那是個很有意義的字：被祝福者。」對我來說，這個字不是指神，不是指開創者，而是指被祝福的人──一個已經回到家，一個已經找到自己、與自己相遇的人。於是除了祝福，還是祝福，祝福不斷灑落在他身上，日復一日，祝福源源不絕地傾灑。所以記住，巴關與神沒有關係，但與神性絕對有關連，因為那就是「到達」所指的意思：「回家」，回家使你成為被祝福者。

＊＊＊＊＊＊

「巴關」這個名稱是無與倫比的，你不可能比神還更有神性。還有，它並不表示任何的成就，只純粹揭露你的真如自性，倒不是你成為神，你就是神，而你直接體認出這個事實。

巴關不含帶天才的意味在其中，有人是傑出的詩人，有人是具備真知灼見的先知先覺者，有人是出色的畫家，有人是偉大的音樂家，有人是才華洋溢的舞蹈家，那些是天才。不可能每個人都是優秀的舞蹈家，你們不可能都當尼金斯基（Nijinsky）；不可能每個人都是天賦異秉的畫家，你們不可能都是梵谷；不可能每個人都是傑出的詩人，你們不可能都是泰戈爾或聶魯達（Pablo Neruda：譯注：一九七一年諾貝爾獎得主）。但是你們全都是巴關，這不是一項成就，而是你的天性、你的本質。你本來就是神。

當人們提議叫我巴關，我深愛這個名稱，我說：「可以，至少幾年內是行得通的，然後我們就可以放掉這個名字。」

我基於一個特別的立意選了這個名字，目前為止它為我達到了目的，因為以前那些為累積知識而來找我的人不再出現。在我稱自己為巴關的那一天，他們就不來了，那對他們而言太過分了，他們的自我難以忍受。某個人自稱為巴關？多麼傷他們的自我！他們不再來找我，以前來是為了得到知識，而如今我已經完完全全換了一個功能。我開始在一個不一樣的層面、不一樣的方向上工作，如今我給你的是存在（being），而非知識。我曾經是一個阿恰亞，他們是來學習的學生；如今我不再是一個老師，而你也不是以學生的身分在這裡。

若是你以學生的心態在這裡，遲早你必須離開，因為你會格格不入，覺得自己來錯了地方。唯有當你是門徒的時候，你才能與我貼合，因為這時候我所給與的比知識更多。如果你是為了知識而來，你早晚會發現自己得轉移陣地。

在此我所傳授的是存在，在此我要讓你覺醒，我不會給你知識，而是給你了解，那是截然不同的方向。稱我自己為巴關只是一個象徵，象徵現在我的工作已經進入一個不同的次元，這個做法很有用，所有不對盤的人自動消失，而一群不同品質的人們開始來到。

這件事進行得很好，它做了很好的篩選，只有那些準備好將知識放在一邊的人留下來，其他人全部都溜掉了，他們讓我的周圍能騰出一些空間，過去他們在我身邊擠得水洩不通，使得真正的求道者很難靠近我。如今擁擠的人群消失了，巴關這個字的作用就像原子彈爆發，我很高興我選擇了它。

現在，來找我的不再是好爭論的那種人，而是認真的靈魂冒險家，他們準備好要冒險——冒一切的險。

稱我自己為巴關是一個方法，等你成長並懂得我的用意，當此處的你已經產生一種不同品質的共鳴，我就不再叫自己巴關，那時候已經不再需要這麼做了。當這整個地方都在神性中悸動著，神性將會沐浴在那些來到這裡的人們身上、灌注他們的心中；你將會知道，並不需要以任何名字呼喚我。然而，剛開始是需要這麼做的，目前為止這個名字的效益很大。

******

關於這個名字的最後一件事：

我不是哲學家，永遠記得我是個詩人，我看待生活的角度是詩意、浪漫、充滿想像的。我希望你們全都成為神與女神，我希望你們顯露出你們真正的樣子。稱我自己為神是一項挑戰，一項微細的挑戰，只有兩種接受的方式，其中之一是你說：「這個人不是神，走吧！你還在這裡做什麼？如果這個人不是神，為什麼浪費你的時間呢？」你離開了。或是，你接受這個人為神，你與他同在，於是你自己的神性開始綻放。

終有一天，你也會成為一個神或女神，接受我是神，事實上表示你接受了你也可以是神的潛力，如此而已。在你的接受當中，你喚醒了內在沉睡已久的那一部分，之後你不可能再如往昔，有某件事必須要去做，某件事必須被蛻變，某件事必須加以了解……

如果你決定與我一道走，你將會愈來愈具觀照力。當你更能觀照，你就愈能了解我，也更加有能力了解這一切的發生所為何來，以及從我的靈魂裡所散發出來的是什麼。你逐漸將成為這場發生、這場舞蹈、這場歡唱中的一份子。

你將漸漸看到——主人來了，不是從外在來，而是從你最深處的核心底來，從那個深處緩緩升起。我曾往內看，發覺了祂在那裡；我的訊息很單純：我已經在我內在找到神。我努力又努力，只為了說服你往內看，唯一的重點是成為山丘上的觀照者——警醒、覺知觀照，你辦得到的。

順便告訴你們，稱我自己為「巴關」純粹是一項挑戰，我要挑戰基督徒、回教徒、印度徒；他們對我有諸多論斷、聲討，但沒有人敢站出來解釋為什麼。有人從遙遠的地方寄信與文章來問我：「憑什麼你自稱為巴關？」我笑他們，因為，又憑什麼羅摩叫他自己為巴關？他是被某個委員會所指定的嗎？一個由委員會所指派的巴關不會是貨真價實的巴關，因為委員會並不是由巴關們所組成的，他們憑什麼資格決定？

請問克里希那是被人們選為巴關的嗎？請問曾經舉行過選舉的儀式嗎？是誰指定這些人的？沒有一個印度教徒回答得出來。像克里希那這樣的人，他從不同人身邊奪走了一萬六千名女性，那些人當中有人是母親，有人已婚、有人未婚，他全照搶不誤，可是卻沒有印度人膽敢抗議說這樣的人格不配被稱為巴關。他們甚至稱馬神巴關，真是奇怪的人們！而他們問我為什麼自稱為巴關，我對這個字沒有一點敬意。事實上，我對它有諸多批評，這個字沒有他們以為的那麼美；雖然我已經以我的方式盡力轉化這個字的意義，但愚蠢的印度教徒並無法容許。我曾想過要賦予這個名稱一個新名字、一層新的意義，我說過它的意思是受祝福的人，一個有著被祝福的本質的人，不過那層意義是我個人的發明。「巴關」這個名詞很污穢，印度教徒甚至都沒有意識到這一點，還以為那是多麼特別的一個字。它的原始意義「bhag」指的是女人的性器官，「wan」是男性的性器官；「巴關」象徵男性通過存在的女性能量中產生創造。

我討厭這個字！我一直在等哪一個傻蛋印度教徒站出來，然而他們以為那是個很尊貴的名稱，所以我沒有權力自稱巴關，今天我要斷然地說：「沒錯，不過我有絕對的權力丟棄這個字。」沒有人可以阻止我，我不要再被稱為巴關，夠了就是夠了！這個笑話到此結束！

第十三章　富人的精神導師

我總是在錢到我手上之前就先花錢。只因我存著錢會進來的想法，我總是告訴我的人們：花錢！因為誰知道明天會怎麼樣？今天就花錢。我們沒有什麼錢，但我們的日子過得很充足，沒有缺些什麼，一切都很好。錢會一直進來，我已經過了三十五年沒有錢的生活，而錢總是會來。某個地方的某個人覺得想寄錢來，錢就來了，現在，我開始相信存在會照顧甚至像我這麼會花錢的人。

＊＊＊＊＊

你問：「難道你不是富人的精神導師？」我是的，因為，只有一個富有的人才能來找我，然而，我所謂的「富有的人」是指他的內在非常貧乏，不過他很有慧根；我是指他已經擁有世界可以供給他的一切，但他發現那是沒用的。

是的，一個富有的人可以成為具有宗教性的人，我不是說窮人不能具有宗教性，不過那是少數中的少數，例外中的例外，因為一個窮人總是在寄望，他尚不知道富裕為何物，不懂挫折是什麼，若是他沒有對財富挫折過，他如何超脫得了？有時候也有窮人來找我，但是他來是為了某個我無法提供的東西，他要的是成功。他的兒子找不到工作，他要求我：「奧修，請祝福他。」他的妻子生病了，或是他的生意賠錢，這些都是窮人的徵狀，他所求的是俗世裡的東西。

當一個富有的人來找我，他有錢、有員工、有房子、有健康，他擁有一個人可以擁有的一切，於是他忽然發現到，沒有一件事能令他滿足，於是他開始尋找神。

是的，有時窮人也有宗教性，但是他需要具備高超的智慧。有錢人若沒有宗教性的話，表示他是個呆子；而一個窮人如果有宗教性的話，表示他的智慧過人。窮人沒有宗教性是可以被原諒的，但如果有錢人沒有宗教性的話，他的罪是無可饒赦的。

我是有錢人的精神導師，絕對沒錯。

要不是為了你的錢，你也不會來找我，你出現在這裡是因為你對你的錢感到挫敗；你來找我是因為你對你的生活感到挫折，乞丐不會來找我是因為他還沒有挫折過。

宗教是奢侈品，我叫它「終極奢侈」，因為宗教的價值是最高級的。當一個人餓肚子的時候，他不會去想音樂；他管不了那麼多的，如果你在他面前彈起西塔琴，他非宰了你不可！他會對你說：「這是彈西塔琴的時機嗎？先給我食物吃吧！我正飢腸轆轆，都快餓死了！我聽不懂音樂。」當一個人就快死於飢餓，對他而言梵谷的畫、佛陀說法、偉大的「奧義書」或音樂能有什麼用處？沒有，他需要的是麵包。

當一個人在生理層面感到滿足，有足夠的食物吃，有一間像樣的房子住，他就會開始對音樂、詩、文學、繪畫、藝術產生興趣，因為現在有了一種新的飢渴。身體的需要滿足了，心理的需求接著升起。需求是有層級的：先是身體，它是基礎、是你存在的地基；沒有地基，就沒有第一層樓的存在。

當你身體的需求滿足之後，接下來心理需求升起，當你心理的需求也被滿足之後，然後你的靈性需求升起。在你已聽遍世界上所有的音樂，見識過一切美的事物，發覺一切不過是一場夢；在聽過所有偉大的詩篇後，發現詩只不過是讓人自我遺忘、自我陶醉的手段。你看遍所有的名畫與偉大的藝術，是非常精采、有趣……然後呢？依舊兩手空空，甚至比以前更空乏。音樂與詩歌是不夠的，接下來你想要靜心，你想要祈禱，你渴望知道神與真理。一股激昂的熱情占據了你，而你走上探索真理之路，因為現在你知道：除非你知道這個存在最奧祕的真理，否則你不會滿足的，你嘗試過了其他所有的事，而從沒有一件行得通。

宗教是最終的奢侈品，要不你就是很有錢，要不你就是要聰明絕頂才能享受得到這項奢侈品，以這兩種情形而論你都稱得上富有，不是金錢上就是智性上。我還沒有見過一個真正赤貧的人——缺乏智慧又缺乏金錢——曾經變成有宗教性的人。

卡比兒（Kabir）是有宗教性的，他不是個百萬富翁，但他非常睿智。佛陀是有宗教性的，因為他非常有錢。克里希那、羅摩與馬哈維亞因為很有錢而變成有宗教性的人。大度（Dadu；譯注：印度籍成道師父）、雷德斯（Raidas；譯注：出身鞋匠的神祕家，為卡比兒的弟子）、法瑞德（Farid；譯注：與那納克、卡比兒同時代的成道者）則是因為他們很有智慧，總之，需要其中一種富有就是了。

沒錯，你說得對：我是富有的人的精神導師。

第十四章 說笑話的人

問：誰比較能說善演？——這是形而上的說法，希望你喜歡。是你，還是雷根總統？

答：沒有人能擊敗我！我是整個人類史上最出色的表演家。

問：如果你說得沒錯的話，請問你享受哪一種表演？劇場還是馬戲團？

答：這是我的馬戲團，我的嘉年華會，而我完全樂在其中！

——摘自與澳洲「60分鐘」節目傑夫．馬克慕林（Jeff McMullen）的專訪

問：在一場記者會裡，你形容你的社區是一個馬戲團，而你則是全世界最傑出的表演者。請問，你是在嘲弄你自己與你的社區嗎？為什麼你這麼說？

答：你將過去帶到這裡來了，忘掉那些胡謅的話。我是個表演者？我的人們是一群馬戲團人員？我絕對不這麼認為。

問：現在你會如何形容？

答：這裡沒有馬戲團，這裡是唯一沒有馬戲團的地方。

問：你是一個嚴肅的老師嗎？

答：我是一個非常不嚴肅的老師！而且我已經不記得你提到的記者會那一回事！我只是回應你；為什麼要無謂地將已經死掉的人從墳墓裡給拖出來呢？讓他們好好安息吧。你活著，我也活著，我們可以有真實的面對面接觸。

我在你身上看到潛能，所以我才這麼說，我不會對另一個人說同樣的話。一連幾個星期我每天晚上都接受訪問，但我沒有對另一個記者說過這樣的話。我不把你當作記者，我認為你比較是一個求道者，我比較把你當成一個人類看待。我看見你的心與我一起在跳動，你的心和我在同一個頻道上，所以我才這麼說。不然的話，我可以直接回答你以前的事情，隨便什麼出現在我腦海裡的我都可以說，沒有問題。

我愛笑話，但是拿別人來開玩笑不是很好，所以，偶爾我會拿我自己、我的人們開玩笑。那純粹是玩笑話，但那些傻蛋記者以為那是什麼嚴肅的事。你認為一個表演者會坐在這個沙漠裡嗎？這是一座表演者的天堂嗎？要是我，我會選擇好萊塢！不過，我現在做的正好相反，我已經將我所有好萊塢的人拉來這裡。

在這個一百二十六平方英里的沙漠裡，我整天都坐在房裡，一天只出來兩次：早上出來對門徒演講，晚上與一名記者面談。你認為我是哪門子的表演者？表演者不是這樣當的。

況且，我沒有時間做表演，待我告訴你我每天的工作，你就知道我哪來的時間。我早上六點鐘起床，對了，是照顧我起居的味味克（Vivek）得叫我起床，不然我不會起床，誰在乎還起不起床？我醒來有半個世紀了，已經夠了！

不過，她會叫我起床，遞給我一杯茶。為了表示對她的敬意，我喝了茶，我的茶很簡單，只有水和茶葉，沒有糖和牛奶；要是天堂裡供應的是我那種茶，所有的聖人包準開始遷移到地獄去。接下來的一個半鐘頭，我會在浴室裡享受淋浴、泡澡；晚上再泡一次，我會在浴室裡待一個半鐘頭，從孩提時代起我就酷愛水。

洗完澡之後，我馬上得坐上車前往演講聽，我的人們正在那裡等著我。回到我的住所之後，十一點鐘是午餐時間，我吃了午餐之後又上床去睡覺。我生命裡絕大部分的時間都在睡覺，學生時代我常蹺課，老師們都准許我那麼做，否則我會在課堂上睡覺，我說：「沒有辦法……這兩個小時我必須睡覺。」

下午兩點鐘我起床，開車出去兜風一個小時。我很愛開車，而我肯定擁有最美的道路之一，因為那是我的門徒們特別為我鋪設的。那條路上沒有其他車輛，所以我不必管開在右邊還是左邊，整條路都是我的，在那裡一小時之後我又返回。

接著一個半鐘頭，我會在我的椅子上靜靜坐著，什麼事都沒做，只是讓草木自行生長，然後我的洗澡時間又到了。

洗完澡我吃晚餐，晚餐之後我來這裡接受媒體訪問。在大約接近九點、九點半的時候，我會回到房間，然後我的私人祕書會帶來從世界各地寄來的信件、剪報，任何祕書覺得我需要知道的……因為我不閱讀，我已經不再讀書籍、報紙、雜誌，什麼都不讀；祕書帶來的簡報是她要讀的，我只聽她讀。大概十一點的時候，我又要睡覺了。請看，我哪有時間做表演？沒錯，從服裝來看，你會以為我的衣服看起來像是作秀穿的；其實不，這是我的人們對我的愛，我為他們而穿。他們為我製作美麗的衣裳，並享受為我做衣裳，我無法拒絕他們。我要對誰秀這些衣裝？我從沒走出過這個地方。

你看到我的手錶嗎？我有好幾百支，我的人們確實是很聰明的一群，歷史上，沒有一位師父可以要求擁有如此聰明的一群人。這隻手錶是我的門徒們做的，它遠勝過伯爵錶，它是由真正的石頭做的，不是鑽石。

問：真的石頭？

答：真正的石頭，不是鑽石，所以不要心存這是假錶的想法。真的石頭就跟真的鑽石一樣真，沒有假不假的問題。我剛從電視上聽到一個笨記者說我都帶假手錶，我就不懂，這麼真實的石頭，你說它是假手錶？它的時間可走得準了，一年裡它只少走了一秒鐘，那是任何手錶能有的最佳表現，它就跟鑽石一般美。一支伯爵錶要花上五十萬美元，光因上面鑲有鑽石就認為它價值連城，這樣的想法未免愚淺。這隻手錶不花幾毛錢，但就算有人出價一千萬我也不賣，因為它是無價的；它是以無比的愛所打造出來的，所以它不是一支為了銷售用途而製造的錶——愛是無法被販售的。

話說回來，我要將手錶展示給誰看？我的人們知道我的服裝、我的手錶、我的人，我不和其他人在一起，也不去別的地方。就我來說，第三次世界大戰已經爆發，而這裡是唯一被拯救的地方，不需要再去別的地方。

我只是在開玩笑。我的人們一天辛勤地工作了十二、十四個小時，將這片沙漠轉化為綠洲。你認為這群人創建了一個馬戲團嗎？你在世界其他地方不會找到這般認真、努力工作的人。沒有人付他們薪水，因為我們不相信社區裡應該使用金錢，沒有必要。我們滿足我們的需求、食物、衣服與每樣東西，所以沒有人需要金錢，他所需要的東西都能得到。這些人如此賣力工作，所為何來？只為了娛樂某個人？這些是有創造力的人，他們愛我，現在他們要將我的見解落實為真相。

——摘自與「荷蘭海牙新聞聯盟」（Pers Unie）記者威廉．希爾（Willem Sheer）的訪談

我不得不說笑話，我怕由於你們全都是虔誠的宗教家，所以有嚴肅的傾向。我得搔搔你們的癢，這樣你才會有時候忘記你的宗教、你的哲學與理論、系統，好讓你下達大地；我必須一再將你帶回到地面上，否則你會愈來愈嚴肅，嚴肅是一種會致癌般的疾病。

現在，連研究醫學的科學家都說，歡笑是大自然給人們最深入的良藥。當你生病的時候，如果你能笑口常開的話，就會很快恢復健康；如果你不能笑，就算你很健康，遲早也會失去你的健康。

歡笑從你的內在來源將能量帶到表面，然後能量開始汩汩流動，它就像影子般跟隨著歡笑。你注意過嗎？當你真的笑聲滿懷時，在那短短的片刻中，你處在深沉的靜心狀態裡，思慮止息了。笑與思考無法同時進行，它們是正好相反的，你不是笑就是思考。若你真的在笑，思考會停下來，若你還在想東想西，你的笑只會是不冷不熱的，落在你的思緒之後。

當你真正笑的時候，頭腦忽然靜止了，禪宗的方法論只在如何進入無念，歡笑是其中一扇進入無念的美麗之門。

就我所知，跳舞和歡笑是最好、最自然也是最容易做到的途徑，倘使你真正融入舞蹈，思維就停了。你一直跳下去，不斷轉圈、轉圈，你成了一個漩渦，一切的界線、一切的分際都消失了，甚至你都不知道自己的身體從哪裡結束，而存在又是從哪一處開始的。你融入存在，存在也融入你，你們的邊界交疊在一起。如果你真的跳舞，不是想辦法跳，而是讓舞蹈掌管你，允許它占據你，當你被舞蹈所占據時，思想終將消解。

笑聲也一樣，如果你被笑聲給占據了，你無法思考。當你嘗過片刻的無念，那些驚鴻一瞥允諾你將有更多那般的片刻會來臨，只要你愈來愈具備無念的品質，當無念愈來愈深，思想終將止息。

歡笑可以作為進入無念境界的入門，以歡笑入門是很美的。

*****

我必須說笑話，因為我所說的事情是如此微細，如此深且廣，要是我直接對你說出來，包準你會聽到睡著，你將聽不進去，也聽不懂，你還是跟耳聾沒什麼兩樣。

我要告訴你的真理愈深奧，我選的笑話就愈低級；我愈想凸顯最高的真理，我就要去找最低級的笑話，那就是為什麼我說葷笑話……我不在乎。縱然是葷笑話也能有所幫助，事實上是幫助愈大，因為葷笑話能驚動你的根、你的膽子，那就對了！它幫助你一再地回到你的警覺。當我看到你的警覺性提高，我繼續對你揭露我想凸顯給你知道的，等到我看到你又不知不覺睡著時，我必須再說一個笑話。

如果你真的警醒地聆聽，我就不需要說笑話了，我可以直接說出真理。不過這是很不容易發生的，你會開始打哈欠……笑一笑總比打哈欠來得好。

第十五章
專開勞斯萊斯的師父

答：我希望全世界的人能夠過著豪華的生活，直到他們開始對奢華感到乏味。你應該問問我，我怎麼對我的勞斯萊斯感到厭煩的。

問：你是如何對勞斯萊斯感到厭煩的？

答：九十輛勞斯萊斯，任誰都會覺得厭煩！我的人還想辦法讓我有三百六十五輛，這絕對會讓我對勞斯萊斯厭倦，你能怎樣？這整個地球第一次能夠如此奢侈，讓你不再覺得有任何物質上的需求。當一切物質的需求都被滿足了，接下來你要怎麼做？除了靜心，你什麼都不會去做了，那是唯一一扇還是開著的門，只剩一扇門開著在邀請你。

每一個進入那道門的人都不曾帶著失望、挫折回來過；在整個人類史上，沒有一個已經到達自己中心的人曾覺得失望、無意義，沒有人生活過得很慘或去自殺的，從沒有一個例外發生過！那即是為何我說靜心是很科學的，科學的原理就是：

如果你找到一件沒有例外的事情，規則就此成立。靜心是一個科學的方法，因為歷史上沒有人說過它無法帶引你至終極的狂喜。

——摘自俄勒岡州的〈馬德拉斯先鋒報〉（Madras Poineer）與記者泰德·維若蒙特（Ted Viramonte）的訪問

1978年：普那／印度

就在幾天前，我請我的祕書拉許米（Laxmi）去買一部全國最貴的車，拉許米這個人有一項優點，她從不問為什麼，只照吩咐去做，接著這件事就發揮了效應。這是我的一個計策，為了找錢建新社區，拉許米去敲了許多家銀行的門；我們需要很多錢，大約要一百萬美金，但誰會借那麼多錢給我呢？在她買車的那天，銀行見到我們有錢，紛紛去辦公室找她，表示願意借她錢，他們說：「你要借多少都行。」現在她很難決定：「該向誰借錢？」每個人都追著她，要提供較好的條件給她。

我在印度已經馬不停蹄的工作了二十年，數千人歷經蛻變，上百萬人聽過我演說，還有更多人讀過我的書，但是〈印度時代〉（*Times of India*）——印度最老的報紙，也是最英式的報紙——從沒有報導過我或我的工作，但是拉許米買車的那一天，他們刊了好大篇幅的文章——上面報導的是車，不是我！

這下他們全都興致勃勃，買車的新聞很快地在全國散播開來，每一種語言的報紙上都有刊載。這算是哪一種人類？他們對我、對靜心、對在這裡靜心的數千人沒有興趣，完全沒有意識到這裡所進行的事，但他們對車子覺得很好奇。

他們來到這裡，許多人來到辦公室不是為了見我或看看社區，他們問：「請問我們可以看車子嗎？」拉許米說：「你可以來聽晨間的演講，也就能看到車子了。」可憐的傢伙，為了看車他們得來聽九十分鐘的演講，真是折磨人！這些是有錢、有教養的人們，你可以想出另一個比印度更唯物主義的國家嗎？

他們很擔心，報紙上不斷刊出關於車子的社論，他們問：「為什麼？為什麼你就不能過一種單純的生活？」我的生活絕對單純，好簡單，真的，我永遠對最好的東西感到心滿意足。我的生活絕對是簡單一句話就可以道盡：最好的東西。還可能更簡單嗎？一點都不複雜，我喜歡好的品質，我不在乎東西要花多少錢，我只在乎品質。我喜歡人們身上的品質，而不是人數的多寡。凡事我都講求品質，而非數量，我們可以買三十輛印度的國產車而不是這輛車，但那只是數量上看起來多罷了，就算是三十輛也沒有任何用處。

不過他們不懂，為什麼不懂？因為他們假裝自己很有宗教性，但其實骨子裡他們所朝思暮想的全都是物質。他們是虛偽的，為了滿足他們的偽善，整個印度的宗教世界必須為此受到連累。某個人想要做聖人，他就必須過著一貧如洗的生活，一種幾乎是自虐的生活，他愈虐待自己，就愈多人認為他有宗教性：「看他過著多麼虔誠的生活啊！」

虔敬的生活意謂著喜悅的生活，虔敬的生活意謂著靜心的生活，虔敬的生活意謂著將這世界當成神的禮物活在其間！但是他們的頭腦處於執迷狀態，所以不能了解。

車子的目的一旦達成了，它就會被送走。我甚至可以坐牛車來，那會更多采多姿，我還更享受坐在牛車上呢！

他們來這裡四處瀏覽，從頭到尾只注意一件事：「為什麼這個道場這麼美不勝收？」他們要的是髒兮兮、破落的地方，那才叫做道場。他們無法相信道場可以是乾乾淨淨、漂漂亮亮的，是有樹有花的宜人之地，他們沒法相信。並非他們不想要舒舒服服的環境，他們想得不得了，其實他們所表現出來的是嫉妒。印度人的頭腦已經變成不折不扣的物質主義。

靈性的頭腦不會去區分物質與精神，它是不二分的。整個存在是「一」，那就是靈性的頭腦。一個物質主義者，即使是愛上一個女人，他都會將她貶為一樣東西。一個靈性主義者即使碰觸一樣東西，都可以將它轉化成一個人。

聽了我的定義鐵定叫你吃驚，靈性的人甚至在開車的時候，那輛車會變成一個人，他會為車子感覺，傾聽車子所發出的聲音，對它無微不至；連東西都變成人活了起來，他與東西也能起共鳴。物質主義者即使是愛一個男人、一個女人，也會立即將他或她貶為一樣東西；

女人變成妻子，妻子是一樣東西，男人變成丈夫，丈夫是一樣東西，一種公共制度。所有的公共制度都是醜陋、刻板的。

1981-1985年：俄勒岡州／美國

美國人以為他們是全世界最有錢的人，但是，我用我的九十三輛勞斯萊斯製造了一個簡單的笑話，就瓦解了他們不可一世的驕傲；連他們的總統也感到嫉妒，各州的州長也覺得嫉妒，教會的聖職人員也覺得嫉妒。有一位住在渥思寇郡（Wasco county）的牧師，他將每星期天的耶穌完全拋到腦後，但他忘不了我的九十三輛勞斯萊斯，他一定會在佈道的時候有意無意地譴責我的勞斯萊斯。說來你也許詫異，當我從牢裡被保釋出來時，他寫了一封信給我，信上要求：「現在你要回你的國家了，可不可以至少捐一輛勞斯萊斯給我的教會？那將會是一項大善舉。」你看，頭腦就是這樣……

我將靜心交給成千上萬個人，但美國對靜心沒有興趣，許多人去到社區，美國人也沒有興趣知道。在每一次的慶典，有兩萬人從世界各地來參加，美國人不在乎，所有的新聞媒體從頭到尾只談那九十三輛勞斯萊斯。

我從前以為，也許這種事在貧窮的國家才可遇見……但是我打破了美國的自負！我才不需要九十三輛勞斯萊斯，那不過是一個實用性的笑話。

人們難過、嫉妒，他們認為勞斯萊斯與靈性是不相符的，我倒是不認為哪裡矛盾了，當我坐在勞斯萊斯裡面時，我是處於靜心的……事實上，坐在牛車上很不容易靜心，勞斯萊斯對靈性成長來說是上上之選。

第十六章
真正的師父

在一個爽朗恬靜的清晨，佛陀與服侍他的弟子阿難（Ananda）一同散步。時值秋天，樹木的葉子幾乎掉光，枯葉布滿了道路。清風拂略過樹梢，使得葉子窸窸窣窣作響；踩在那些枯葉上，佛陀心中很是歡喜……聽著那枯葉的音符。

他隨手拾起幾片葉子放在手上，阿難問他：「巴關，我一直想請示您一件事，但苦無與您獨處的機會，您總是被人們所圍繞。今天您一個人在這林子裡，所以我禁不住想請示您這個問題：您已經將一切都告訴我們了？還是您還保留了一些祕密呢？」

佛陀回答：「你看見我手上的葉子，還有滿林子的葉子嗎？」

阿難說：「是的，我看見了，但是我不懂……」

佛陀說：「你會懂的，我只說這麼多，這整林子的每片葉子我都還沒有說出來。」

我的情形不一樣，我已經說出了整座林子，只有一件事、只有一片葉子我保留著。

佛陀在圓寂之前曾宣布說，他在二十五個世紀之後會再回來，那時他的名字將會是「彌勒佛」(Maitreya),彌勒佛的意思是「朋友」。諸佛們是不會回來的,沒有任何一位成道的人曾經回來過,所以這只是一種陳述的方式……

他的話極為重要,與他回不回來沒有關連,而是指:師父與門徒之間舊有的關係,在二十五個世紀之後將不再是那回事了。那是他清澈的洞見,而不是在預言什麼,他不過是看清世事在流轉變化,一如過去曾有的改變,不斷繼續的變化,他知道師父與門徒的關係至少要花二十五個世紀才會過時,屆時一個開悟的師父只會是你的朋友。

我一直就不想成為任何人的師父,但是人們想要一個師父,他們想作徒弟,所以我才扮演這個角色。

師父們不會說出真理,縱使他們想也辦不到,那是不可能的事。這麼說來,師父的作用何在?他們都在做些什麼?雖然無法說出真理,但他們能喚起在你裡面沉睡的真理;他們激發它、挑戰它。

師父們可以用力搖撼你,可以叫你起床。他們無法給你神、真理、涅盤,因為你早就擁有了,你生來即帶著它,它是天生、本來就存在的,它是你的本性。所以,若是誰假裝要給你真理,他是在利用你的愚昧,利用你容易上當的性格,他很滑頭,也很無知,因為他什麼都不知道,連真理都不曾瞥見過一回,只是一個假師父。

真理無法被給與，它已然在你裡面，是可以被喚醒、被引導出來的。師父可以創造一個背景，讓你內在的真理不再沉睡，讓你內在的真理可以升起，你就覺醒了。

師父的功能遠比你所想的更龐博，若真理是可以被傳遞的，一切就好辦多了，但事實不是如此，所以才得設想出間接的途徑與方法。

新約裡記載了一則拉撒路（Lazarus）的美麗故事，基督徒完全錯過了這個故事的重點，耶穌真是不幸，祂找錯了同伴，甚至沒有一個基督教神學家曾發現拉撒路死亡與重生這則故事的意涵。

拉撒路過世了，他是瑪麗・馬格德蓮（Mary Magdalene）與瑪沙（Martha）的兄長，也是熱愛耶穌的奉獻者。耶穌人在遠地，等到祂接獲消息與催請，已經過了兩天，再等祂到達拉撒路住的地方，已經過了四天。但是瑪麗與瑪沙正等著耶穌，他們有著堅貞的信任。全村的人都在嘲笑他們倆，大家都認為他們是笨蛋，因為他們將屍體保存在一個洞穴裡日夜守候，而屍體已經開始腐爛發臭了。

村民說：「別傻了，耶穌是無能為力的，人死就死了，他不可能復生！」

耶穌抵達了，祂去到洞口，只站在外面叫喚著拉撒路，而沒有走進洞穴裡。眾人紛紛湊過去，心存看熱鬧的想法：「這個人看來是瘋了！」

有個人對祂說：「你在做什麼？這個人已經掛了！他已經死了四天了，而且要走進洞穴還真不是那麼容易，因為他的屍體已發出陣陣臭味。你是在叫誰啊？那是不可能的！」

然而，耶穌不為所動，一再地呼喊：「拉撒路，出來！」

圍觀的群眾對接下來的景象感到震驚不已：拉撒路走出洞穴，他走得搖搖晃晃，臉上顯得有些吃驚，好像才剛從昏迷當中醒過來，他也不敢相信所發生的事，不知道為什麼自己會在洞穴裡。

這事所說的正是師父的功能，拉撒路是不是真的死了並不重要，耶穌是否能夠令人起死回生也不重要，去鑽研這些愚笨的問題很荒謬，唯有學者才會這麼蠢。真正懂的人不會認為這有什麼歷史可言，它的意義更深遠，因為它不是事實，而是真理；它不是發生在時間當中，而是在更浩瀚無際的永恆裡。

你們全都是死的，就與拉撒路的情形一樣，你們全都活在那暗無天日的洞穴裡，發臭、腐爛……因為，死亡不是某一天才猛然發生的事，你每一天都在死亡，從出生那一天起，你就開始走向死亡。那是漫長的進程，要花上七十、八十、九十年的時間才能完成這個過程，在每一個片刻裡，你的某些東西就會死去，但你絲毫都沒有察覺到整個情形。你還以為自己是活著，還自以為知道生命是怎麼一回事。

師父的功能就是召喚你：「拉撒路，走出洞穴！走出你的墳墓！走出你的死亡！」師父不能給你真理，但他可以召喚出真理，可以激發你內在的某些東西。他能夠觸動你裡面的一個過程，點燃一道火光。你即是真理，只不過你四周累積了太多塵埃污垢；師父的功能是反向操作的：他讓你洗個澡、全身沖一沖，灰塵就脫落了。

那就是基督教的受洗意義，那就是施洗者約翰在約旦河所做的，可是人們從來都不曾真正了解過。現在的教堂也為人做洗禮，那是無意義的。施洗者約翰所做的是內在的洗禮，當他們準備好的時候，約翰就會象徵性地帶他們到約旦河，在約旦河裡所進行的受洗是象徵性的，意指師父能夠給你一場洗禮，脫去髒污，將好幾個世紀的塵埃帶走，一切頓時清朗，一切都潔淨無瑕，那份潔淨無瑕就是成道。

偉大的禪師大慧（Daie）說：「所有聖賢、師父苦口婆心教導的，不過是在解釋你那驀然地一聲高喊『啊，這個！』」

當你豁然開朗了，無與倫比的喜悅、快樂不禁湧上心頭，你整個人、你身心靈的每一根纖維跳起舞來，而你說：「啊，這個！哈利路亞！」從你存在響起的一聲歡喜的吶喊，那就是成道。突然間！星星從樑木上落下來，你成了存在永恆之舞的一份子。

奧登（Auden；譯注：1927-1973年，英國詩人）說：

盡情地舞吧，直到星星從樑木上墜落為止！

跳舞、跳舞、跳舞，直到你倒下為止！

是的，這會發生，但並非你「必須」去做，而是，就算你不想做，你也發現那是不可能的，你根本無力抗拒，不得不翩然起舞。「這個」的美，「現在」的美，存在的「在」所帶來的喜悅，還有存在與自己的靠近……是的，星星從屋樑掉了下來，它們近在咫尺，你可以伸手直接去觸摸，將它們握在手心裡。

大慧禪師是對的，他說：「所有聖賢、師父苦口婆心教導的，不過是在解釋你那驀然地一聲高喊『啊，這個！』」整顆心都在說：「啊哈！」以及隨之而來的寧靜、祥和、快樂，還有相會、融合的發生，與高潮般的經驗、狂喜……

＊＊＊＊＊

師父不教導真理，真理無法被教，它的傳遞是超越經典、文字的；它是能量的感染，以能量誘發你內在的能量，那是一種同步狀態。

師父的自我已經消失，他是純然的喜悅；弟子坐在師父的身邊，一點一滴分享他的喜悅、他的存在，自永恆、無窮無盡的泉源汲取、啜飲。有一天，忽然就發生了，沒有人能夠預料是哪一天，你內在的一個過程啟動了，你看見了你存在的真理，你與自己面對面。神不在別處，祂就在此時此地。

你必須以無盡的愛、信任與敞開的心靠近一個師父，他對自己是誰有意識，對你是誰也有意識。毛毛蟲或許對牠自己可能成為一隻蝴蝶並沒有意識，你是毛毛蟲，你是菩薩（bodhisattva）；所有的毛毛蟲都是菩薩，所有的菩薩都是毛毛蟲。菩薩意謂著一個人可以成為蝴蝶、可以成佛，就本質來說是一顆佛的種子。然而，毛毛蟲要如何才能覺知到牠可以變成一隻蝴蝶呢？唯一的辦法是與蝴蝶交流，眼見蝴蝶在風中、花朵間、陽光底下穿梭飛舞，看到牠們斑斕、絢麗的身軀在高處自在飛翔，或許毛毛蟲心中也會產生憧憬：「我也可以像牠們一樣嗎？」在那一刻，毛毛蟲開始醒覺過來，一段過程於焉展開。

師父與徒弟就像毛毛蟲與蝴蝶的關係，也像是毛毛蟲與蝴蝶的友誼。蝴蝶無法證明毛毛蟲可以變成蝴蝶，邏輯上並沒有方法，但是蝴蝶可以激勵毛毛蟲的渴望，那是可能的。

師父幫助你達到你自己的經驗，他不丟給你吠陀經、可蘭經、聖經，他將你丟給你自己，讓你覺察到你內在的泉源。他使你意識到你自己的真實活力、你的神性，將你從經書裡解放出來，將你從別人的詮釋中解放出來，將你自一切的信仰中解放出來。他讓你不再陷入推斷、臆測當中，使你從哲學、宗教、神學裡跳脫。簡而言之，他幫助你從文字的世界中解套，因為文字正是問題的癥結。

你對「愛」這個字如此執著，都忘了愛是一種經驗；你對「神」這個字如此著迷，都忘了神是一種經驗，而非文字。「神」這個字不是神，「火」這個字不是火，「愛」這個字也不是愛。

師父將你從文字堆裡釋放出來，把你自形形色色的哲學想像中解救出來，讓你嘗到沒有文字的寧靜。宗教與哲學的失敗，在於他們全都取代了實質的經驗，你要小心這件事！

師父是一個醫生，但他醫治的可不是普通的疾病，而是對付你存在性的衝突。

那即是為什麼我一直在兩條前線打仗，我必須與古老的傳統、宗教、規範對抗，因為他們從不允許你健康、完整；他們使你變成殘廢，你愈是殘缺，就會變成愈偉大的聖人，所以一方面我必須與使你分裂的所有類型思想或神學相抗衡。其次，我還必須對你內在本質的成長下工夫。

兩者都是同一個過程的一部分：如何才能使你成為完整的人，如何消滅一切阻擾你完整的垃圾，那是負向的工作。正向的工作是如何使你的靜心之火在寧靜、愛、喜樂、安詳中燃燒著，那是我的教導中正向的部分。

正向的工作不會有什麼問題，我可以環遊世界教人們靜心、平靜、愛、和平，沒有人會反對我。但那樣的話，沒有人會受到幫助，因為，誰要去銷毀那些垃圾？垃圾要先移除，不然它會擋路。

******

有智慧的人只想要你具備對事情的洞悉能力，如此你便可以擁有自己的光明，然而，你卻不要洞悉的能力，你要的是明確的指示。你不想看見你自己，你要的是被牽引；你不想承擔對自己的責任，而將所有的責任丟到師父、智者的肩頭上，這樣你才心安，現在是他要負責任，要是出了差錯，他要負責任。當然每一件事都會出錯，因為除非你負起自己的責任，否則事情永遠都對不了。

沒有人能夠讓你做對，除了你自己之外。

在你接受自己的責任之後，一個真正有宗教品質的人就誕生了，當你說：「不管我是什麼樣子，那是我的選擇，不是過去的選擇，而是現在，這是我此時此刻的選擇，如果我想更改，我有絕對的自由這麼做，沒有人能夠阻止我，沒有任何社會力量、州政府、歷史、經濟、無意識能夠阻擋得了我。假如我決意改變，我就可以改變。」

從你年紀還小的時候，你就被教導不要負責任，要倚賴；人們教你要對父親、母親、家庭、祖國，以及各種莫名其妙的對象負責，但沒有人教你要對你自己負責，沒有人告訴你，其實沒有人會為你負責……

我教你不要對任何人負責，不管是父親、母親、國家、宗教、政黨，不要對任何人負責，那不是你的事！

只要對你自己負責，做任何你想做的事情。要是你做錯了，懲罰隨之而來，要是你做對了，報酬也隨即而來。沒有別的法子，這樣你將會自行找出什麼是對，什麼是錯。你將會有一種新的敏感度，印度人稱它為第三眼，你將以新的視野、新的眼界去看事情，事情哪裡出了錯，你立刻就能夠看出來，因為過去你已經做過多次同樣的事，而結局總是受苦。你將知道什麼是對的，因為每次你做那件事時，存在賜與你無上的幸福。因與果是一起的，它們不會被時間和生命給分開。

這就是我所謂對你自己負責的意思，沒有神可以讓你傾倒你的責任，可是你總是在找某個人可以讓你傾倒，甚至往像我這樣可憐的人身上倒——一個總在告訴你不為任何事情、任何人負責的人，而你心裡還以為我只是說說而已，我不是在開玩笑。你一定在想：「他是我們的師父，他怎麼能說他沒有責任？」然而你不懂，將你的責任拋給我只會阻礙你的發展，你永遠也長不大。

成長的唯一之道就是接受一切的好、壞、快樂、悲傷，每件發生在你身上的事，你都有責任，那將會帶給你很大的自由。假若我為你負責，我就握有決定你行動的鑰匙，你是我的俘虜；換言之你是傀儡，我手上拉著牽動你的線，我要你跳舞，你就跳舞，我要你停，你就停。當然，傀儡無法為任何事負責任，在背後掌控傀儡的人永遠才是要負責的人。神是一個操縱傀儡的能手。

當我說沒有擺佈傀儡的人、沒有神、沒有聖人，當我說那全是胡扯的時候，我正在嘗試要給你全然的自由，我要你為你身上所發生的或沒有發生的每件事負起絕對的責任。就沉醉在這自由的喜悅當中，了解你對生命中的每一件事都有責任，為這份了解而高興，這會讓你成為我所說的「單獨的個體」，成為單獨的個體意謂著明白一切都值得知道，意謂著去經驗一切值得經驗的。成為單獨的個體就是解脫，就是成道。

******

桑雅斯運動既非我的，也不是你的；當我還不在這裡時，它即已存在，將來我不在這裡的時候，它依然會存在。桑雅斯運動是追尋真理者的運動，那些人一直都在這裡，當然，他們總是被無知的大眾所折磨——斬殺、謀殺、釘上十字架，或——被崇拜，記住，把一個人釘上十字架或膜拜他是同一件事，兩者都是擺脫那些人的辦法，膜拜比較文明，我們無異是說：「你是轉世的神，我們會膜拜你，但我們不會奉行你所說的話，怎麼可能呢？我們是平庸之流，而你是與眾不同的，你若不是神派來的先知或使者，就是神的獨子。你是神的投胎轉世，你可以創造奇蹟。」

我們之所以創造出各種奇蹟只是基於一個原因：在尋求真理的人與已經發現真理的人之間製造距離，我們事實上並不打算與他們一起走。

亙古以來，一直都有一列追尋真理的求道者……我叫那些人「桑雅士」，桑雅士的由來已久，與我並沒有關係。

許多人曾經投注其間，我也貢獻過我的分享，它日益豐盛，在我走之後，愈來愈多的人將陸續加入，使得桑雅士的行列更加多采多姿。過去的桑雅士是嚴肅的，我注入了幽默感；古代的桑雅士苦著一張臉，我注入了歌唱、舞蹈、歡笑……我使桑雅士更具人性。

過去的桑雅士有否定生命的傾向，我讓桑雅士肯定生命。一樣的桑雅士，一樣的探索，我讓他們更添色彩，讓他們更落實於世界，因為我所有的教誨即是：「活在世界中，但不屬於世界。」

不需要拋棄世界，唯有膽小鬼才這麼做。活在世界裡，去經驗它，它是一所學校；你不可能在喜馬拉雅山裡成長，只能在世界裡成長。

你所跨出的每一步都是試煉，你正在通過的每一步都是考驗，生命是一個機會。

我會離開，但桑雅斯運動不會就此消失，它並不屬於任何人。

正如科學並不屬於愛因斯坦一個人，為何對真理的探索就應該屬於誰呢？它屬於佛陀？克里希納穆提（J.Krishnamurti）？我或你嗎？

就如同科學不斷演進，每位科學精英不斷付出貢獻，恆河（Ganges）就愈變愈浩瀚、愈廣闊無際。內在也需要一種科學，客觀的世界有一種科學，內在世界需要一種科學，而我稱桑雅斯是內在世界的科學，它不斷成長茁壯，但由於它與人類的執著、愚昧、迷信抗衡，也就是所謂的宗教、教會、神職人員、教宗……這些人是內在探索的敵人，因為內在的探索不需要組織。

桑雅斯運動不是一個組織，那即是為何我稱它是一個運動，那是個人的事，我一個人開始，慢慢有人來加入，於是旅行隊伍愈來愈浩蕩，但它不是個組織，我不是誰的領導人，沒有人跟在我後面。我感激你允許我分享我的狂喜、我的愛、我的至樂，我對你由衷感謝。沒有人是我的追隨者，沒有人比我矮一截，沒有階級之分。這不是宗教，它的本質純粹只有宗教性。沒有花朵，只有花香，讓你無法抓住，只能去經驗；你可以被花的芬芳圍繞，但你無法將香氣握在手心。

宗教就像一朵沒有生命力的花，你可以在聖經、吉塔經上找到……當它們還活著的時候被放進聖經裡，而如今卻只是徒具身形。所有的聖書都是死屍、都是凋謝的花，除此之外沒有別的。

真理，活生生的真理必須由單獨的個人自行去發現，沒有人能將它給與你。是的，一個已經找到真理的人可以引發你的飢渴，讓你對真理產生強烈的渴望。我無法給你真理，但我可以給你對真理的渴求。

我不能給你真理，但我可以告訴你月亮的位置……請別緊抓著指著月亮的手指，這根手指會消失，月亮會一直在那裡，追尋會一直持續下去。

只要地球上還有一個人類在，桑雅士的花朵就會繼續綻放。

第三部

遺世之愛

我或許有一天會不在了，不過我掀起的某些漣漪會傳遞下去；你也許不在了，但你愛著某個人，那份愛產生的漣漪一直持續著，永不消失；漣漪自行產生共鳴……不斷地迴蕩。

你丟一顆小卵石到湖裡，湖面就會泛起漣漪，小卵石很快就沉到湖底了，但漣漪還繼續蕩漾著，往岸邊一波波而去——存在是沒有岸邊的。

我對你說話……在這個當下，你我之間有某個東西正默默交流著。我會離開，你也會離開，但正在交流的東西將會留下來；這些話語不斷迴響、再迴響，說話的人不在那裡，聽的人也不在那裡，但就在這個片刻裡，那兩者之間所發生的交流已經成了永恆的一部分。

存在沒有岸邊，所以這些漣漪將一直傳遞下去……

第十七章
展現內在的神性

我說話向來都前後不一，所以你無法歸納出教條；若是你想這麼做的話，包準你會瘋掉，我所留下的東西對研究型的人來說最棘手，因為他們絕對找不出我話中的道理，只會弄得快發瘋，活該！他們是該瘋掉！沒有人能從我身上製造正統的學說，不可能，你只會被我的話給燙傷，而無法發現其中有任何神學或教條。

你可以找到的是一種過生活的方式，而非讓你去大肆宣揚的教義；你能吸取到一種反叛的品質，但你無法組織出革命性的中心思想。我的話語不僅燃著火焰，我還到處放火藥，足足可以炸它個幾世紀；而且我放的火藥超出所需要的量，因為，我這個人從不碰運氣！幾乎每一句話都能造成任何人的困擾——如果這個人企圖在我身邊形成宗教的話。

是的，你可以擁有一個鬆散的社區，記住，是「鬆散」的：每個人都獨立自主，有自由按照自己的方式過生活，有自由以他的角度詮釋我，他想尋找什麼，就去尋找。他可以找到他想走的那條路，每個人都在為自己這麼做。

不需要去決定我的宗教是什麼，我讓它保持沒有定論，你可以為自己下一個定義，但那只針對你，而且你也得經常變換。隨著你愈來愈了解我，你不得不改變那個定義，不能像手裡抓著某樣死的東西；你必須改變定義，而同時它也會不斷地改變你。

基督教、印度教、佛教、耆那教、回教這些只是意識型態、教義與信條，他們不過是受信徒崇拜的對象。真實的宗教是沒有名字的，它不可能有名字。佛陀活出了宗教，耶穌活出了宗教，但是別忘了，耶穌不是基督徒，佛陀不是佛教徒，祂們連聽都沒聽說過這些宗教。真正有宗教品質的人只是很虔誠，而不會成為信奉教條的人。

全世界有三百種宗教，真是荒謬！如果真理只有一個，為什麼宗教有三百個？科學只有一個，但宗教有三百個？

假如科學所關心的客觀真理只有一個，那麼宗教也只有一個，因為宗教關注的是主觀的真理——真理的另一側。然而，那樣的宗教不會有名字，也不會有任何意識型態。

我所教的只有那種宗教，所以，如果有人要你簡而言之說出我的教誨，你一定說不出來，因為我不教導原理、意識型態、教條、學說，我教給你一種沒有宗教的宗教，我教給你這樣的體驗，我交給你對神聖敞開的法門，而絕口不提神聖，只告訴你：「這是一扇窗，打開它，你就會見到滿天星斗的夜。」

請看，滿天星斗的夜是無法定義的，當你透過打開的窗親眼見到，你自然就明白；眼見為憑，你也就成為你所看到的。人不該有別種的相信。

所以，我一切的努力屬於存在層面，一點都不是智性層面的；真正的宗教都是存在性的，它一向只發生在少數人身上，接著就消失在人世間。因為，知識份子忙不迭的就抓住它，開始製造出好聽的空論——乾淨俐落又很邏輯，就在他們的企圖下，宗教的美就被摧毀了；他們創造出哲學，宗教於是消失了。宗教權威人士、學者、神學家是宗教的敵人。

切記，你不是皈依一個特定的宗教，你只是開始進入宗教性，宗教性是遼闊無垠、無遠弗屆的，就像整片天空一般。

即使到達天空，都不會是極限所在，所以就無畏無懼地張開你的雙翅吧！這整個存在屬於我們，這是我們的神殿、我們的經典，若非如此，一定是人為的產物。存在是從哪裡誕生的並不重要，倒是要提防人造的宗教，如此你才可以獲知非人為的真理。你在樹木、山林、河川、星星那裡都可以得到，從你身上、周遭的人當中也可以得到，真理是無處不在的。

******

科學所尋找的是客觀世界的真理，宗教所尋找的是主觀世界的真理，事實上，它們是鳥兒的一雙翅膀，是同一個追尋的兩側；終極而言，並不需要有兩個稱呼，我建議「科學」是非常好的名字，因為那指的是「知道」（knowing）。科學有兩面，如同每枚硬幣有兩面，你可以稱物質層面的認知為客觀科學，而對你內在深處、你內部的本質、你意識上的認知可以稱作主觀科學，我們不需要「宗教」這個詞。

科學再好也不過了，同樣的探索，只是方向不同罷了。若我們能形成一個至高無上的科學，一種同步結合外在與內在的科學，那就太好了，屆時就無須這麼多的宗教，甚至連無神論者都不必存在；沒有有神論者，就不需要無神論者，無神論者只是反應下的產物而已。有相信神的人，就有不信神的人，當信仰者不見了，誰還需要不相信什麼？

不需要相信任何事，那是科學的基本原則，審視事實的科學性角度即是：不要相信，而是去詢問。當你一相信，你就不會有疑問。保持開放的心胸，既不相信，也不否認，只要保持警覺，探討、質疑每件事，直到你明白、沒有懷疑為止，那即是真理。

你無法懷疑真理，也無關乎相不相信它，真理是完全不同的現象，你感覺到無法抵擋的肯定感，根本無法質疑它。這就是「知道」，這份知道可以將一個人轉化為佛，蛻變為成道者。全體人類成長為的就是這份知道。

話說，使宗教產生量子躍（quantum leap）的功勞，應該歸功回早佛陀二十五個世紀的阿迪那沙（Adinatha，譯注：根據《梨俱吠陀經》上記載，他是第一位耆那教大師），他是第一個談宗教但不提到神的人，那是很大的革命性轉變，因為，全世界沒有人曾想像過沒有神的宗教可以存在。神一直都是很重要的一部分，在所有的宗教裡都是如此：基督教、猶太教、回教。

但是，將神視為核心使得人相形之下顯得微不足道；把神當成世界的創造者，人不過只是傀儡。

猶太教的語言希伯來語中，人被叫做「亞當」（Adam），亞當的意思是泥巴（mud）。阿拉伯語把人稱作「亞德密」（admi），與亞當是同一個字根，同樣指無價值的泥巴。英語總括說來已成了基督教的語言，人類（human）這個字來自「humus」，意思是泥巴。自然如此，假如神是創造者，祂必須從某個東西製造出人，祂以泥巴將人雕塑出來，再把生命注入給他。但如果這是真的，人的尊嚴也就蕩然無存了。

這整個想法很奇怪：神是人及其他一切的創造者，請問，在創造出人類及宇宙之前，神在永恆裡都在做什麼？根據基督教的說法，神在耶穌之前的四千零四年就造人了，那麼祂在永恆的這一路上都在做些什麼？似乎不太說得過去。神的創作一定是沒有原因的，否則表示有一個比神更高層的力量讓神執行創造，或者有可能是神忽然一時興起，但這聽起來也沒道理，因為祂一直都沒有任何欲望，而無欲是幸福的，所以很難想像永恆以來祂在無盡的狂喜之中會升起一股創造的欲望。

欲望就是欲望，不管你是要造一棟房子或是當總統，或創造世界。神不可能有欲望，於是剩下的唯一可能就是祂很怪異，所以不需要原因，不需要欲望，只是出於一時奇想。

然而，若這整個世界只是基於一個奇想造成的，那一切都沒有意義了，明天神會有另一個反覆的奇想出現，於是祂又將整個宇宙給顛覆了。我們只不過是神這個獨裁者手上玩弄的傀儡，祂擁有一切的力量，但沒有理智可言。

阿迪那沙必定是個深入修行的人，想必他發現到一個結論，那就是神的存在讓這個世界失去意義。如果我們想讓這世界有意義，神就必須被丟棄。阿迪那沙是極具膽識的，當人們還在教堂、廟裡膜拜神的時候，早我們五千年的阿迪那沙已經有了斬釘截鐵的科學性結論，他發現沒有什麼比人類更崇高，任何的進化將會發生在人的內在、人的意識當中。

阿迪那沙是耆那教二十四位大師中的第一位，這是第一個量子躍：神被驅逐出去。這不是佛陀的功勞，因為佛陀比阿迪那沙晚了二十五個世紀，但另一件事是佛陀的功勞，阿迪那沙趕走了神，但沒能將靜心放在恰當的位置，這就罷了，他卻創造出虐待身體的禁慾主義、嚴格的苦修，諸如斷食、赤裸身體、一天只進食一次，晚上不能喝水、吃東西，只能吃特定的食物。他發現了很美的哲理，但這個結論僅止於哲理，不適用於修行。

當你去掉神之後，你就不能再有儀式、膜拜、祈禱，於是必須有一些替代的事情，阿迪那沙就用苦修代替，因為人成了他的宗教中心之後，他必須淨化自己。思想上的淨化表示他必須將自己抽離出世界以及他的身體，這麼一來事情就完全變了調。他發現了一則很重要的結論，但仍不過是哲學上的概念。

阿迪那沙丟棄神，但留下了一個空白地帶，佛陀以靜心填補了這個空白；阿迪那沙創了一個無神的宗教，佛陀創了一個靜心的宗教。

靜心是佛陀的貢獻，重點不是折磨身體，而是要變得愈來愈寧靜、愈來愈放鬆、愈來愈平和。這是一個到達你意識中心的朝內旅程，你的意識中心正是整個存在的中心。

＊＊＊＊＊＊

二十五個世紀過去了，就如同阿迪那沙無神的宗教革命性概念，已經消失在苦修與自我折磨的沙漠之中，佛陀的靜心也消失在另一個沙漠裡——宗教組織。靜心是內在的，別人看不到，只有你知道你在哪裡，只有你知道你是否正在往前邁進。

宗教說單獨的個人不管有無靜心，都是不足以信任的，他們需要社區、師父、修道院，大家住在一起。那些意識層次較高的人可以看顧其他人、協助他們。宗教不該交由個人成為其重要的本質，個人應該組織起來，應該交給那些已經到達一個靜心高點的人掌管。

剛開始的情形是不錯的，當佛陀還在世時，許多人達成了自我認識與開悟，但佛陀與這些人死後，應該要助人靜心的組織卻落入神職人員之手，他們非但沒有幫助人們靜心，反而圍繞著佛陀的形象開始創造出儀軌，於是佛陀成了另一個神。

阿迪那沙丟掉神，佛陀從未接受神的存在，但這神職系統沒有神不行，所以，或許並沒有一個從事創造的神，但佛陀變成了神；其他人只需膜拜他、信仰他、奉行他的戒規、根據他的教旨生活，佛陀消失在組織與模仿當中。他們全都忘了一件基本的事情：靜心。

我一切的努力就是創造一個沒有宗教的宗教。我們已經見到以神為中心的宗教所發生的事，也見到阿迪那沙革命性的概念「無神宗教」的結果，還有佛陀的「無神組織」所產生的狀況。現在我想做的是，就像他們讓神消失的道理一樣，也讓宗教消失，只留下靜心，這樣一來，無論如何它都不會被遺忘——靜心是無可取代的。沒有神，也沒有宗教，而我指的宗教是組織化的教義、信條、儀式與神職系統。

我要宗教有史以來首次完全是個人的，因為所有的宗教，無論有神與否，都誤導了人類。唯一的肇因一直都出在組織，因為組織自有其方式反對靜心。組織事實上是一種政治性現象，而無關宗教，那是另一種權力的形式，另一種施行權力的意圖。

當今耶穌信仰體系裡的神職人員，每個人莫不希望有一天能當上督導、紅衣主教、教宗，這是新的階級體系、官僚政治，只因為這是靈性的事，沒有人會反對。你也許是督導、也許是教宗，你可以是任何人，沒有人能夠反對，因為你並不會妨礙到他人的生活，那些頭銜只是一種抽象的概念。

我所致力的是將神職體系完全摧毀殆盡，它曾經與神在一起，也曾經與沒有神的宗教在一起，如今，唯一的辦法是拋掉神與宗教兩者，如此神職體系才沒有存在的機會，人才能絕對自由，為自己的成長一肩挑起全部的責任。

我個人的感覺是，當一個人愈為自己的成長負責，就愈難拖延成長這件事，因為那意謂著要是你活得不好，要負責任的是你。假如你壓力很大，該負責的是你；假如你無法放鬆，該負責的是你。要是你受苦，你就是讓自己受苦的原因。不會有神，也沒有神職人員讓你諮詢如何祈禱，只剩下你，單獨地和你的痛苦在一起；然而沒有人喜歡痛苦。

教士所給你的只有鴉片，他們給你希望：「別擔心，這只是在試探你的信念、你的信賴。如果你能通過痛苦，以耐心靜靜地熬過去，另一個超越死亡的世界將立即被賞賜給你。」如果沒有了那些神職人員，你就不得不了解：無論你是什麼樣子，只有你得對自己付起責任，而不是別人。「我對自己的痛苦有責任」，這種感覺將開啟一扇門，接著，你開始認真去尋覓途徑與方法來脫離這個痛苦的處境。

這即是靜心，靜心就是痛苦、悲慘、鬱悶、不安的相反，靜心是內在本質安靜、很喜悅下的開花狀態，如此地寧靜與無時間性，令你無法想像還有什麼能比這更好的境界，再也沒有什麼能勝過一顆處於靜心狀態的心。

所以，你可以說這是第三次的量子躍：

阿迪那沙拋棄了神，因為他發覺神對人來說已經太沉重了，神不但沒有協助人的成長，反倒成為他的負擔。不過他忘了用某件東西來替代神，人在痛苦的時候需要某些支持，以前他可以對神禱告，現在，你將神與祈禱拿走了，而他正身陷苦海，他會怎麼做？在耆那教中並沒有靜心這回事。

佛陀以他的洞見看出了在拋棄神之後，必須彌補那個空隙，否則人會被那個空隙給吞噬了。他以靜心填補空隙，靜心是真實的、可以使人蛻變，但他沒有注意到，組織、神職體系不應該存在；神若是不在了，宗教也不該存在。或許他沒辦法注意到這一點，有些事除非發生了，否則你無法意識到。佛陀是可以被原諒的，他沒有想過，也沒有過去歷史可以參照，這樣的事是在他之後才出現的。

真正的問題是神職體系，神是神職人員的發明，除非你能揚棄神職體系，否則儘管你放掉神，他們依然會翻出新的儀式，創造出新的神。

******

我的努力是讓你單獨地與靜心留下來，在你與存在之間不需要調停者。當你沒有處於靜心的時刻，你與存在分離，那正是你受苦的原因；就像將一條魚從海裡丟到岸上，牠經歷到苦痛、淒慘的折磨，渴望、奮力掙扎地要再回到大海裡，因為那裡才是牠的歸屬，牠是海洋的一部分，牠不能與海洋分開。任何一丁點的痛苦，即顯示你沒有與存在處於交流之中，那條魚沒有悠游在大海裡。

靜心不過是撤回一切的阻礙——思慮、感情、情緒，那阻擋在你與存在之間的一道牆，當它們都脫落之後，你赫然發覺你與整體是和諧一致的。不僅如此，你真實發現到你就是整體。當一顆露珠從蓮花葉上滑落海洋之時，它不會發現自己是海洋的一部分——它就是海洋。那個發現就是終極目的，就是最終的了解，再也沒有什麼比它更超越的境界了。

阿迪那沙拋棄了神，但沒有拋棄組織，而由於沒有神，組織就創造出儀式、規則。佛陀眼見耆那教變得拘泥於形式，於是他拋棄神、放棄一切的儀式，而只單單強調靜心，但是他忘了創造者那教儀式的神職人士也會對靜心做出同樣的事，事實如此，他們將佛陀變成神。他們暢談靜心，但基本上佛教徒是佛陀的崇拜者，他們去廟裡，那裡沒有克里希那或耶穌的雕像，而是佛陀的雕像。神不在那裡，要執行儀軌就不容易了，於是他們做了一座雕像，就像所有宗教總在用的那一套，他們開始說：「信仰佛陀，信賴佛陀，你就會得救。」

這兩派改革都迷失了，我希望我所做的不會迷失，所以我盡力要摒除從前會阻礙改革前進的那些東西。我不要任何人橫阻在個人與存在之間，沒有祈禱、沒有教士，你一個人就足以面對太陽升起，並不需要某個人對你解釋那是多美的日出。

你在這裡，每一個個體都在這裡，整個存在都供你汲取，你所要做的只有靜下來聆聽存在。你不需要任何宗教，不需要任何神，不需要任何神職人員，不需要任何組織。

我對單獨的個人有絕對的信任，目前為止，還沒有人對個人能有如此的信賴。所有的東西都要移走，唯一留給你的是靜心的狀態，也就是完全寂靜的狀態。「靜心」這個字眼看起來有點沉重，還是單純、天真地稱它做寧靜比較好，存在即會對你展現無盡的美。

隨著靜心持續滋長，隨著你的成長，當你來到潛能極致的那一刻，你可以稱它是佛性、成道、神性；任你怎麼說都可以，它沒有名字，所以任何名字都可以是它的名字。

第十八章
二十一世紀的靜心

連續十年，我都教導直接放鬆，那對我很容易，所以我以為對每個人也是。但後來我逐漸意識到事實不是如此，我的想法錯了，事情行不通。當我對那些人說「放鬆」的時候，他們會表現出了解的樣子，可是卻無法放鬆，於是我必須設計新的靜心方法，也就是先產生緊張，而且是更多的緊張；當他們的緊張高升到幾近發狂時，然後我才說：「放鬆。」

當你來到緊張的高峰，你渾身上下、你整個頭腦只會渴望放鬆；帶著如此高度的緊張，任誰都想要停止，而我會不斷催逼你直到最後。做一切能讓你產生緊張的事情，接著當你停下來的時候，你直接從山頂掉下深淵，那個深淵就是目的，那個毫無努力就是目的，只不過，你可以利用緊張作為手段。

我在大學裡教書的時候，有一位同事想學靜心；我在那裡有一座靜心的小團體，他就去參與了課程。他第一天經驗到平靜的時候，馬上就跳起來，從我們打坐的那座小廟落荒而逃！我不了解發生了什麼事，於是跟出去看是怎麼一回事，當他回頭看到我跟出去的時候，他跑得更快，我心裡想：「這不得了！他到底是怎麼了？」

我對他大聲喊：「你等等，尼提阿南達！等我一下下就好。」他的名字叫尼提阿南達·恰特吉（Nityananda Chatterji）。只見他揮一揮手，意思是「我不玩了」，然後說：「我不要靜心，你是一個危險份子。」

最後，就在他進他家門前，我趕上了他，這下他沒法再逃去別的地方，我說：「你最好告訴我發生了什麼事。」

他是孟加拉人，他說：「你做了什麼我不知道，但我變得好靜。你知道我的，我是一個話匣子，從一早就開始說話，一直到我睡著為止，總之我嘴巴閒不下來。說話讓我有事可忙，這樣我就沒有煩惱和問題；我知道問題在那裡，只要對人說話就沒事了……如果沒有人，我就跟我自己對話。」

「而與你一起坐在那裡，忽然對話停下來了，我成了一片空白。我想：『老天爺，我快瘋了！假如我持續這樣二十四個小時，我就完了！』於是我告訴自己：『尼提阿南達，你的性命就快沒了，如果頭腦不回來的話……在這份安靜繼續深入之前，趕緊逃離這個地方。為什麼這三、四十個人閉著眼睛坐在這裡呢？算了，那是他們的問題，每個人只能管自己的事。』所以我落跑了。」

我說：「別擔心，寧靜並不會結束你的頭腦，它只是幫助頭腦放鬆。因為你是個話匣子，你的頭腦累了，所以你很容易就經驗到安靜，對那些坐在那裡的人來說，通常要靜下來並不是一件簡單的事。當你第一次坐下來靜心的時候，頭腦很難直接安靜下來。」

「你這輩子給頭腦製造的負擔之多，多到令人對你避之唯恐不及，你老婆怕你、小孩怕你、學校裡的教授們也怕你；當你坐在共同教室的時候，每個人都會趕緊離開那間教室。這是因為你過度使用頭腦，頭腦這個機器需要休息一下。」

「科學家說，即使是金屬也會疲乏，它需要休息。頭腦是極為精微的現象，是全宇宙裡最複雜的東西，而你已經過度使用它，以致於只要有機會可以停下來，它立刻就會停下來，你應該感到高興才對。」

他說：「但是，我還是可以再使用頭腦，對吧？」

我說：「對，任何時候你想用都可以。」

他說：「我很怕要是頭腦回不來……那麼尼提阿南達就完了，我的生命就結束了，我會進瘋人院，還有——為什麼我要去向這個人詢問靜心的事！」

我接下去說：「我也問我自己，怎麼你會想靜心的。」

他回答：「我只是說說而已，就像我說其他事情一樣，是你逮住我的。你說：『那很好，你跟我一起上車吧。』我不是認真的……什麼事我都隨口說說，不管我懂或不懂都沒關係，我可以說上好幾個小時。只是因為你坐在共同教室裡，那裡又沒有其他人，我在想：

『說什麼話題才對？』我看著你，想到靜心是唯一你可能有興趣談的話題，所以我就說了。而你一把抓住我，帶我坐上車，我又想：『不會怎麼樣的，我家就在他家附近，搭一段便車也不賴。一路上我又可以說話了。』一路上我談的都是靜心，就是那樣我才掉進你的陷阱裡，因為我不能假裝自己沒說過那些話。你將我推進那座廟裡，有四十個人在打坐，於是我也不得不打坐。從一開始我就想逃掉！我從來就不想靜心，如果我不知道一件事會把我帶向何處，我就不想和它有任何瓜葛。」

「當我坐在那裡的時候，一切都靜下來了；我睜開眼睛四處張望了一下，每個人都閉著眼睛靜靜坐著，我心想：『這是我該逃跑的時機了。』你這個人居然不讓我走掉，整條街上的人都看到我在逃跑，你還窮追不捨……我告訴自己：『我不會停下來的。』我只是……心裡發毛，我很怕安靜的感覺，說話對我來說就一點都不是問題。」

我說：「你很幸運，因為你已經說太多話，你的頭腦已經處於隨時要放鬆的狀態，不要錯過這個機會，別怕！難道你沒看見我嗎？我可以說話，你也可以在任何你想說話的時候說話，但就現在而言，說話不是在你掌握之下的行為，你不過是一台運轉不停的留聲機，寧靜則使你成為自己的主人。」

他聽了之後說：「這樣的話，如果你承諾……我信任你，我會每天都來。但是記住，我不想失去我的頭腦，我有孩子、老婆，還有年邁的雙親……」

我說：「不必擔心，你不會失去你的頭腦。」

說來令人驚奇，他在靜心上面的精進比任何人都多，這使我聯想到了一個特別的靜心，於是我開始使用一個新的技巧「亂語」（gibberish），說來它並不是完全新穎的技巧，但是以前沒有人將它當成靜心的方法……

我告訴尼提阿南達：「別煩惱，你的亂語已經做得很透徹了，達到深度的寧靜是一定的。」他確實變得很安靜，全校的人都很驚訝，他們不能相信我對他做了什麼？現在人們會去接近他，要他說說話，他說：「不了，我說夠了。以前當我說話的時候，你們全都躲得遠遠的，現在我已經講完了，請別來打擾我。」

他在學校得到升遷，但他回絕了，反而決定退休，他的一家妻小可以靠退休金過活，他則可以繼續安靜下去。十年後我再見到他，他已經完全脫胎換骨了，他所顯露的朝氣與青春，正如一朵蓓蕾剛綻放成玫瑰般。他沒有說話，他來了之後可以坐好幾小時但不發一言。

頭腦只是一個機械裝置，可以說話，也可以安靜，唯一的問題在於它不該成為主人；它會是危險的主人，但是個很棒的僕人。你應該做頭腦的主人。

******

你不能做靜心，你只能處於靜心當中。重點不在「做」什麼，而是你「是」什麼；不是一種行為，而是一種狀態。

有好幾次，無神論的人來問我：「我是否可以靜心？」因為人們普遍都存有一種觀念：除非信仰神，否則你不能修行。那是非常愚蠢的想法，靜心與神一點關係都沒有，而且實際上，假如你相信神的話，你就很難靜心，你的信仰就是靜心的障礙。

一個什麼信仰都沒有的人可以直接超越思維，一個有信仰的人會執著於思考，因為他的信仰是一種思想。信仰是頭腦的一部分，若你太過相信神，你將無法脫離頭腦，因為脫離頭腦很顯然意謂著脫離你的信仰。那些沒有擁有信仰的人反倒居於一個較佳的的位置。

記得，英文的「靜心」給人一個錯誤印象，當我們使用這個字眼時，它帶給人一種感覺是你在冥想某個東西，你必須有某個沉思的對象，這是個問題。在東方有另一個字「迪揚那」（dhyana），迪揚那的意思是：沒有專注在某件事物上，相反的，放空頭腦裡面的所有東西，只是存在。迪揚那式的靜心不需要對象，它是無對象、無內容的意識狀態。你不斷捨下、放下、放下，不分好壞，一律將思想給拋棄。當所有的思想排除乾淨之後，剩下的是什麼？那是你，也是神性。

你如何稱呼它並不重要，如果你想到的是神，你可以稱它是神，如果你想到的不是神，你可以稱它「涅盤」，你可以稱它是「道」或是任何名稱。別擔心你無法相信神，很好！這就是我的方法：若某個人說：「我相信神。」我會說：「很好，讓我們就從那裡開始，沒問題。」若另一個人說：「我不相信神。」我會說：「很好，就讓我們從那裡開始。」

你必須從你所在的地點開始，而每個地理位置都是好的，因為所有的點都在圓周上，而從圓周上的任一點都可以到達圓心；所以，往圓心的地方前去，別擔心你腳下的位置。

有一天下午，慕拉・那斯魯丁（Mulla Nasruddin）在一家理髮店剪頭髮，他注意到店家牆上的價目表上有一項：燙髮尾——五美金。他問理髮師為什麼要那麼多錢。

「你頭上的每一根頭髮，」理髮師解釋說，「是一根小小的中空管，尾端是開啟的，所以身體的能量會從那裡漏掉。在你剪完頭髮之後，最好能燙一下髮尾，因為燙髮可以將髮尾的洞關起來，鎖住能量。不然每一次你剪完頭髮後，你的頭腦與身體會愈來愈虛弱。」

「等一下，」慕拉說，「我下巴的鬍子要怎麼說？我每天都刮鬍子，可是鬍鬚卻愈來愈粗，愈來愈茂密，這你如何解釋？」

「還不簡單！」理髮師說：「這個故事編出來不是為了告訴你這種人的！」

這些只不過是故事而已，假如有故事，很好，假如沒有故事，非常好！不需要去相信，你不需要為此做任何事。別將你的時間浪費在神的身上，就因為這個字，許多人一直在虛擲光陰；有人試圖證明，有人試圖反對，無數的論文在討論這件事。圖書館裡關於神這個主題的書有上百萬冊，就如其他主題的書一樣多。別浪費你的時間，如果你不信神，這就不是適合你的故事，還有其他的故事，有什麼好操心的？我們對無神論者也一樣有辦法。

我的辦法是針對所有人的，無論誰來都可以接受，印度教徒、回教徒、基督徒、耆那教徒、錫克教徒，佛教徒、祆教徒，我都來者不拒。我喜歡各式各樣的故事！隨便一種形式的開始都很好，只要開始！別停滯在你的位置，往中心移動。就是去靜心，靜心會引領你回家，那時候你愛怎麼稱呼它都行，那不關我的事，你可以隨自己的想像命名。

＊＊＊＊＊＊

靜心有一百一十二種方式（注：奧修在《奧祕之書》（*The Book of Secret*）中對這些方法有詳盡的指示），這些方法早在一萬年以前，為了另一種不同、很單純的人類所創造出來的。我為現代人發明了幾個新的方法，因為從前的人很單純，現代人則不，現代人很複雜。那一百一十二種方法是針對自然、沒有壓抑的人所設計的。在這一萬年之中，宗教對個人形成很深的壓抑；在性以及其他方面，宗教驅使人違背自己的本性。

於是我創新了幾個宣洩式的方法，你可以將壓抑的東西、所有的垃圾丟出來，成為一張潔淨的白紙；接著那一百一十二則法門中，任何一則吸引你的，都將足以蛻變你。

每天至少六十分鐘，就將世界拋到腦後，讓世界從你裡面消失，也讓你從世界消失，做一百八十度的轉向，只要往內看。剛開始你看到的只是一片烏雲，別擔心烏雲，那是由於你的壓抑而產生的；你將會遇到憤怒、憎恨、貪婪及各種類型的黑洞，你曾經將它們壓下來，所以它們才在那裡。你所謂的宗教教導你壓抑它們，於是它們像是傷口般存在那裡，你一向都將傷口掩藏得好好的。

那正是為什麼我要先著重發洩，除非你經歷徹底的宣洩，否則你會通過無數的烏雲，使你疲憊不堪，你可能會覺得很無力，然後只好再回到世界裡。你可能會說：「那裡沒有什麼，沒有蓮花，沒有花香，只有臭氣薰天的垃圾。」

你心裡有數，當你閉起眼睛、開始往內看的時候，你會遇到什麼？你不會見到佛陀所說的極樂世界，你會與地獄打照面，痛苦、壓抑、累世的憤怒、一團混亂在那裡靜候著你，所以你不想進去，寧願去看電影、上俱樂部，和人們碰頭聊八卦。你想要保持忙碌，直到你累得倒頭就睡。那就是你的生活，你的生命形態。

所以當一個人開始往內看的時候，他自然感到不解。諸佛都說那裡有許多祝福、芬芳四溢，你將見到蓮花盛開，釋放出永恆的芳香。他們說這個天堂、這個神的王國就在你裡面，但是當你走進去的時候，你只見到地獄。你見到的不是佛境，而是希特勒的集中營，當然你會認為諸佛是胡說八道，最好還是留在外面比較好。何苦一直玩弄你的傷口？又不是不會痛，弄破了膿包是很污穢的。

但是宣洩有幫助，當你發洩、經歷過混亂的靜心之後，這整片烏雲、晦暗被一掃而盡，你很容易轉為正念。那就是我強調先混亂靜心接著才是和緩靜心的理由：先活躍式的靜心，再被動式靜心，唯有當你那些諸如垃圾的東西被丟光後，你才能進入被動狀態。憤怒得被丟出來，貪婪得被丟出來……一層又一層，這些東西堆積在那裡，一旦你將它們丟出來後，你很容易就能潛入你的內在，再也沒有什麼能妨礙你。

於是忽然間，佛境的光明普照，你頓時置身於一個截然不同的世界。

1972年：靜心營，阿布山．拉加斯坦（Rajasthan）／印度

清晨的靜心分為四個階段。剛開始的十分鐘你呼吸得很快，你藉由呼吸進入存在，注入活力、能量給呼吸，將你整個生命交給呼吸。當你呼氣的時候，你的靈魂也跟著呼出去；當你吸氣時，整個存在都隨著氧氣進來，要做到這個程度才行。你必須強烈地呼吸，直到你忘了其他的每件事，只剩下呼吸，宛如你成了呼吸。

這十分鐘激烈的呼吸將會喚醒你內在整個原本沉睡的能量，它激發、活化那些你甚至不曾接觸過的能量，吝嗇是行不通的，你不能邊做邊想：「我要慢慢呼吸，就算不多，也至少

有一些能量會被喚起。」不，根本不是如此，因為喚醒的過程只有在某個極限時才會開始。就像在燒開水的原理，水溫在高達攝氏一百度時才會變成水蒸氣，別以為它能在三十度時變成「某種程度上」的水蒸氣或「局部的水會變為水蒸氣」。五十度的水，不會有百分之五十的水昇華成蒸氣，不，它一丁點都不會蒸發；只有在一百度的時候水才會變為蒸氣。

那一百度是什麼？水在哪裡都一樣，你在世界各地任意一處燒水，它都會在一百度的所在變成蒸氣。無論水的來源從池塘、河川、水龍頭或是天空的雨水，水不會堅持「我是井水」或「我是河水」，它總是在一百度整的時候變成蒸氣。

人類就比較難，因為他有性格與個體性。每個人依據個人的溫度轉成蒸氣，換句話說，每個人的一百度都是不同的。人類也在一百度時成為蒸氣，但每個人的一百度並不一樣，所以很難告訴你，你會在哪一點上變成蒸氣。有一件事是確定的：你可以判定出你的一百度。評斷的標準是：當你一點都毫無保留之時，你就是在一百度上面──如果你完全豁出去，如果你絕對肯定你絲毫都沒有保留。別人與你的一百度沒有關係，那是你一個人的事，所以別人也許知道，也許不知道，那無關緊要。只有你必須清楚你沒有保留，將自己百分之百豁出去，如果是這樣，你就到了一百度，沒有什麼好擔憂的。

這是可能的，你的鄰居也許比你更拚命求精進，但還沒達到他的一百度，說不定他依然有所保留。有可能某個人比你付出的努力更少，而他已經到了一百度，因為他將自己整個人交出去。所以說，你不必在乎別人，而是心裡要很清楚自己是否完全投注進去。

靜心是種賭博，在其他的賭博當中，我們投下某些東西作為賭注，在靜心中我們是把自己投下去當賭注，這必然是賭徒的行徑，而不是生意人的做法。生意人關心的是風險要最小，即使獲利並不大。一個賭徒注重的是收穫要大，即使冒著失去一切的風險也要放手一搏，這是賭徒與生意人之間的差異。生意人不會從事靜心，靜心絕對是給賭徒的，無論結果為何，他將自己完全放下去作為賭注。

有一處不同：外在的賭博，或許獲利的事鮮少發生。我說的是「或許」，因為人們一直幻想它會發生──雖然並沒有發生。獲利從未發生過，在外在的賭博裡，即便是贏了，那也只是失去更多的開始；就算贏了，也只是使你損失更多的誘餌罷了。所以，賭博的人從沒贏過，無論他贏過多少次，他仍算不上是贏家，因為最終他只會輸。

內在的賭博正好顛倒：即使賭輸，也只是為即將到來的贏局起了開頭。一個修行人最終從來不會輸，他輸了很多次，但最後他贏了。別以為馬哈維亞或佛陀在第一天就贏了，別以為穆罕默德或耶穌在第一天就贏，不，沒有人在第一天賭博時就贏，他們全都輸得很慘！可是到最後，他們贏了。

所以，強烈呼吸十分鐘，整個人全然地呼吸。接著，在強烈的呼吸十分鐘、能量被喚醒之後，開始將它丟出來，看能量想以哪一個途徑出來。你的身體或許想跳躍、手舞足蹈、哭泣、吶喊、發出聲音，看起來好像已經完全瘋了，不要阻止它，給與它全部的自由主宰權，支持它，假使你的身體想完全發狂，就任由它去。

為什麼？因為我們的內在堆積了無數的瘋狂，你就放手讓它完全瘋狂吧！完全瘋狂的意思是你心無恐懼：「我在做什麼？我？大吼大叫？我是堂堂的大學教授，我這是在做什麼？」或「我是個醫生，我居然在這裡又跳又叫的！要是讓我的病人撞見了那還得了！」

醫生怕他的病人，老師怕他的學生，商店老闆怕他的客人，無論你所怕的是誰，發瘋指的是你將那些恐懼一一放下。不管你的恐懼與誰有關，丈夫怕太太，太太怕丈夫；父親怕兒子，兒子怕父親，發瘋是指：「現在我放掉一切的提心吊膽。」你必須無懼地讓任何即將發生的發生。

我們的瘋狂一天天在累積。好比你家裡明明有垃圾，而你卻將垃圾藏起來，堆在角落裡，使整個家變得髒亂不堪，直到裡面的空氣開始發臭。有一天，你家裡除了垃圾，什麼都沒有。這即是我們現在的樣子，我們就是這樣對待自己的：不斷累積頭腦裡的垃圾；無論是憤怒、不誠實，還是怨恨，我們一再地累積每件事。

日復一日，慢慢地我們累積的垃圾多到生活只是勉強過得去，我們擔心垃圾會掉落出去被人發現，擔心別人看見那些垃圾。到那時候，我們的恐懼之深，使我們完全停止往內看自己，因為垃圾實在太多了，我們唯恐它們曝光。

只有那些能夠進入靜心的人才準備好要丟出所有的垃圾，當垃圾被丟出之後，你變得一身輕盈。第二階段是發洩階段，將全部的垃圾都拋出去，使得內在的潔淨得以呈現。在鼓足勇氣前，你不會有能力出清你的垃圾；一旦你辦到了，你才會脫胎換骨。第二階段是完全發瘋的階段。

第三階段是發出「護」（Hoo）這個聲音，你必須在連續跳躍十分鐘的同時發出「護」。「護」這個聲音就像是鐵鎚，你必須用它來錘打。你的身體裡有一股能量就位於性能量中心的附近，瑜伽稱它做亢達里尼（Kundalini），或是你想怎麼稱呼都可以，現在科學家叫它「生物電流」（bioelectricity）；它藏身在那裡，如果你發出「護」這個深且強的聲音，那股蟄伏、沉睡的能量就會被啟動。古代的聖賢對它的比喻是一條眼鏡蛇受到攻擊時，牠張開防護罩，原本盤繞的身體直立起來；當牠完全升起來的時候，幾乎是站在牠的尾巴上面，就像那樣，這是潛伏於我們裡面的一股能量，當它受到敲擊時，它就開始往上升。

不過，只有當你已經將你的瘋狂從裡面丟出來之後，你才能敲擊這股能量，否則，若它在你的瘋狂之間升起的話，你會真的發瘋。所以，有許多的求道者發瘋，原因就是他們沒有先深度的洗滌自己，就開始喚醒亢達里尼。他們之所以瘋掉是因為他們沒有科學的態度，所以，先行淨化是必要的工作。

所以，開頭的兩個階段是為了將你徹底的洗刷一番。第一階段喚醒你的能量，第二階段將與上升能量相衝突的東西丟出去，第三階段則是為了將潛藏在底下的亢達里尼往上提。

有十分鐘的時間，你必須淋漓盡致地使用「護」這個聲音，然後，第四階段你像具死屍般躺下來，彷彿你不在那裡一樣，完全地寂然無聲。讓你的身體全然放鬆，就好像你已經死了。閉上眼睛於內在靜靜地等待，將會有許多發生，就在那個內在的等待中會有許多發生

（注：隨著時間的演變，奧修後來將動態靜心的第四階段改為驟然的「停！」而不採行躺下來；並在最後加進五分鐘的舞蹈與慶祝階段。「動態靜心」是針對晨間的靜心，奧修另行設計了一個晚上的「亢達里尼靜心」。這兩項靜心，以及奧修發展出來的其他幾項活躍式靜心，都有特別製作的音樂伴隨支持每個階段。奧修在《靜心：最初與最終的自由》（*Meditation: The First and Last Freedom*）一書中，對這些與更多的靜心方法有詳細的解說。譯注：現今的動態靜心，第四階段的「停！」與最後一階段的舞蹈與慶祝皆各為十五分鐘）。

我的了解是，我交給你的這項靜心遲早會成為極具重要性的治療，它將變成治療心理疾病的方法，讓病人恢復健康。假如學校的孩子能夠經歷這個靜心的話，他的一生將可以免除精神異常，他永遠不會發瘋，因為他對這個疾病有免疫力。他是自己的主人，主宰他的身體與心智。

******

當一個人靜心的時候，他就不再坐立難安。他的思慮平息下來，身體的行動停下來，就

像一座大理石雕像……如如不動。在那個當下，他是一池能量，擁有無比的力量。如果你看到某個人正在靜心，去坐在他的身邊，你會受益良多。坐在某個正處於靜心狀態的人身旁，你也能因而進入靜心，他的能量會將你從你的混亂中拉出來，靜心不過是全然的休息而已。

你如何進入那完全的休息視你採取何種途徑而定，能創造出那個靜止的方法非常多，我的方法是：首先盡可能地動，讓內在毫無保留與顧忌，將所有的不安都丟出來；接著進入休息。如此你的休息才會不受干擾，比較容易靜下來。

在佛陀的時代，這種活躍式的方法是不需要的，當時的人比較簡單、誠懇，他們的生活比較真實。現代人活得很壓抑、很不真實，當他們不想笑的時候臉上卻露出笑容，當他們想發火的時候，卻表現得很慈悲。人們很虛假，他們整個生命模式都是虛假的，整個文化就如同一個大騙局，人們只是在演戲，而不是如實的活著。在他們的心裡，有許多不完整的經驗開始聚集，懸而未決的事情逐漸堆積如山。

所以只是靜靜地打坐是沒有用的，當你一坐下來，你就會看到各式各樣的事情在你裡面游移，你覺得要安靜地坐著幾乎是不可能的事。先將那些東西丟出去，於是你自然而然能沉澱下來。真正的靜心始於你靜下來休息的時刻。

所有活躍式的靜心是為了真正的靜心所準備的，它們不過是必須被滿足的基本條件，好讓靜心能夠發生；別將它們當成靜心，它們只是序曲而已，真正的靜心唯有在一切的活動——身體的與心理的活動——都休止之時才開始。

靜心並非「沉思冥想某件事」，而只是做自己，沒有脫離中心的活動，任何動作都沒有……只是成為你自己，內在的火焰連閃都不閃動一下。別人不見了，只剩下你存在，一絲念頭都沒有；世界已然消失，頭腦也不在了，唯有你「在」——在你的絕對純淨之中。

第十九章 第三類心理學：佛的心理學

我的社區裡有上百個治療學院在工作，但我的工作是去摧毀每一種治療。治療師的工作是銷毀你的問題，而我是要銷毀治療術與治療師！因為治療只是暫時性的舒緩，治療師只能提供很淺薄的幫助。

佛洛伊德（Sigmund Freud）將心理分析介紹給世人，心理分析源於對頭腦的分析，所以局限於頭腦打轉；它不但沒有跳脫出頭腦，反而深入頭腦，進入頭腦暗藏的那一層無意識去找出方法與出口，於是人的心理至少得以正常一點。

佛洛伊德派的心理分析，其動機並沒有很偉大，它們的目的是要人們「正常」，但正常是不夠的，光是正常並沒有任何意義，那只表示你有能力處理生活上的例行事宜，沒有賦予你任何意義，沒有賦予你重要性。你無法對事情的真實面有洞見，也沒有超越時間、超越死亡。頂多，對過於反常、失去處理日常生活能力的人，心理分析是有所助益，可協助那些無法與人一起生活、無法工作、精神四分五裂的人。心理治療提供某種振作，但注意，不是讓他們完整；心理治療將他們東拼西湊一番，可是他們還是支離破碎，內在沒有凝聚，靈魂尚未出生。他們不是變得很幸福，只是沒那麼不快樂、沒那麼痛苦而已。

心理學幫助人對痛苦有承受力，接受生命所給的就是這麼多，所以別要求太高。某方面來講，這對人們的內在成長是危險的，因為只有當一個人產生「神聖的不滿足」時，內在成長才會發生。當你對事情不滿意到極點，只有到那時候你才會出發去探尋，只有到那時候你開始往上升，只有到那時候你才會奮力將自己拖出泥沼。

榮格（Jung）又進一步深入無意識：集體無意識。這是涉足更混濁不清的一潭水，一點用處都沒有。阿薩吉歐利（Assagioli；譯注：義大利籍心理學家）跑到另一處極端，眼見心理分析的失敗，他發明出綜合心理學（Psychosynthesis），但照舊是根源於同一個想法，只是他不用分析，而強調綜合。

佛的心理學既不是分析也不是綜合，它是超越（transcendence）——超越頭腦。它不在頭腦的範圍之中工作，它的工作是要帶領你超乎頭腦。那就是英文裡「ecstasy」（狂喜、出神）的意義——站出來。

當你有本事站到你頭腦的外面來，當你能夠在你的頭腦與存在之間挪出距離，那麼你已經踏出了佛的心理學第一步，一項奇蹟發動了。當你站在頭腦外面，所有頭腦的問題全部煙消雲散，因為頭腦消失了，它失去了對你的控制。

心理分析就好比修剪樹的枝葉，新的葉子會不斷生長出來，它不是斷根之道。綜合心理學則是將掉落的葉子再黏回樹上，那也無法再賦予葉子生命，看上去只會很醜，那樣的葉子既沒有生氣，也沒有綠意，它們不會是樹的一部分，只是被黏在上面而已。

佛的心理學將樹的根斬斷，許多類型的神經官能症、精神疾病就是從樹根衍生的，因而造成人類的分裂，活得就像機器人般。

心理分析要花上好幾年的時間，而這個人依然如故；就像整頓老舊的房子，東補一塊、西拼一塊，將老房子重新粉刷一番，可是還是同一個結構，沒有根本上的改變。換言之，這個人的意識沒有任何轉化。

佛的心理學不在頭腦內部工作，對分析或綜合也沒有興趣，而是直接幫助你脫離頭腦，這樣你可以從外部看一看頭腦，那個「看」是一種蛻變。當你能將頭腦當成一個客體看，你就能抽離它，對它不予認同。根斷斷之後，距離就創造出來了。

為何這樣就能斬斷根？原理在於，你不斷餵養頭腦，當你認同的時候，你助長了頭腦；當你不認同，頭腦得不到養分，它就會枯竭而死。

有一則很美的故事，我很喜愛這個故事……

一日，佛陀行經一處林子，那是一個酷熱的夏天，他覺得口乾舌燥，於是他對大弟子阿難說：「阿難，你往回走，就在離這裡三、四哩的地方，我們剛剛經過了一條小溪，你帶著我的缽去取一些水回來。我覺得很口渴，很疲倦。」他已經年邁了。

阿難走回去，可是當他抵達小溪的時候，正好有幾輛牛車通過小溪，整條溪水被攪動後變得很混濁，原本沉在河床底下的枯葉浮上來，溪水太髒了，不可能拿來喝。他雙手空空地走回去找佛陀，他說：「您得等一下，我會往下走，我聽到就在前面兩、三哩的地方有水聲，我去那裡取水回來。」

但是佛陀堅持說：「你回去從剛剛那一條小溪取水。」

阿難不能了解為什麼，但如果師父這麼說，弟子必須服從。儘管看上去很荒謬，而他知道那裡的水不能喝，他還是得再走三、四哩路回去。就在他要離開的時候，佛陀說：「如果水還是很髒，先不要回來；你只要靜靜地坐在岸邊，不要做任何事，不要走下溪水。安靜地坐在岸邊，去觀察，遲早溪水又會變清澈，你再用缽裝回來。」

阿難去到那裡，佛陀說的沒錯：溪水幾乎澄明了，枯葉已經飄走，泥沙沉澱下去，但還不是完全乾淨，於是他坐在岸邊，只是看著淙淙溪水流過。逐漸，水已經清澈透明，他邊走邊跳著舞，那時他才懂得佛陀的用意，那是他給他的某些訊息，現在他了解了。他將水呈給佛陀，並碰觸他的腳，向他致謝。

佛陀說：「你在做什麼？是我應該謝謝你為我取水才對。」

阿難說：「現在我知道了，一開始我心裡有怨懟，但沒有顯露出來。我不高興的原因是再走回去很沒道理，但現在我了解了，這是我此刻正需要的訊息。當我坐在小溪的岸邊時，我意識到原來頭腦也是一樣的道理，如果我又跳進水裡，我會讓水再度混濁。如果我又跳進頭腦裡，又會製造更多噪音，更多問題會浮出表面；正當我坐在一旁時，我學到這個技巧。」

「現在我會坐在我的頭腦旁邊，看著它的骯髒、問題、老葉子、傷痛、傷口、記憶、欲望，我將會保持淡然地坐在岸上，等待一切清楚為止。」

事情自然會清楚的，當你一坐到頭腦的岸邊，不再給頭腦能量，這就是真實的靜心；靜心是超越的藝術。

佛洛伊德談分析，阿薩吉歐利談綜合，而諸佛談的一向是靜心、覺知。

靜心、意識、覺察、觀照，那就是第三類心理學的獨一無二之處。不需要心理分析，你可以靠自己就辦得到。事實上，你也必須靠自己才辦得到，不需要指導方針，這個過程簡單得很，如果你去做的話，它就很簡單。如果你不做，它看起來就很難，人們光是聽到「修行」就被嚇到，他們還以為那是什麼天大的難事。沒錯，要是你不做，它就很困難，就像游泳，如果你不知道怎麼游的話就很難，但如果你會游的話，你知道它其實非常簡單，再沒什麼比游泳更容易的事了。游泳根本不是一門藝術，它是如此自然又自發的活動。

留心你的頭腦，在留心的過程中，你將意識到你不是頭腦，那是革命性的起始，你生命的洪流開始往更高的地方而去，不再被頭腦拴住。頭腦的作用有如一顆石頭讓你往下墜，使你停留在地心引力的範圍裡。當你不再受頭腦羈絆的時候，你進入了佛境（buddhafield）；當地心引力對你起不了作用時，你進入了佛境。進入佛境意指你進入了飄浮的世界，你開始往上飄，而頭腦只會將你往下拖。

基於此，這不是分析或綜合的問題，而是覺知與否的問題，所以在東方從未發展出任何的心理治療，像是佛洛伊德學派、榮格學派、阿德勒學派，現今市場上你可以見到許多派別。東方沒有發展出任何心理治療的原因是，我們知道心理治療沒有療癒的作用；那些治療或許可以幫助你接受傷口，但無法讓傷口癒合。

當你不再執著於頭腦的時候，療癒才會發生。當你脫離頭腦、不認同頭腦、完全不受頭腦的牽引時，當頭腦的束縛結束之後，治療接下來即開始運作。

超越，才是真正的治療，不單是心理治療，不單是囿限於心理學的現象，它遠遠超過那一切。超越是靈性的，可以治療你的本質；頭腦只不過是圓周，不是你的中心點。

＊＊＊＊＊＊

成長的方法有兩種類型，你可以單獨進行你的靈性成長，或者，你可以藉由一個群體、學院來下工夫。在東方，這兩種方法都存在。蘇菲是屬於團體修行的方法，在印度也有團體修行的方法，不過並不如蘇菲的普及。

西方則是完全團體導向，從前沒有像現在有這麼多的團體形式存在，也沒有像現在有這麼多人使用團體方式，於是，某種角度上我們可以說東方強調個人的努力，也一直是在這個方向上發展，而西方已經走向團體的方式。為什麼會這樣？有什麼差別嗎？又為何有這樣的差異性？

唯有當你的自我已經變成負擔時，團體的方式才能存在。你對自我已經難以承受到只要單獨一個人就令你痛苦不堪，於是團體的方法才顯得有意義，因為在團體裡，你可以化解你的自我。

假若自我並沒有過分膨脹，那麼個人的方法就能對你產生幫助。你可以搬到深山裡，過著遠離塵囂的生活，即使是和一個師父住在修道場裡，你也可以單獨作功課：你做你的靜心，別人做別人的，你們並沒有一起修行。

在印度，印度教徒從不集體禱告，由於回教徒的緣故，團體的禱告才傳入印度。回教徒都是一起禱告的，印度教徒則向來是單獨禱告，即使他們要去廟裡，也是自己一個人去。那是一對一的關係：你與你的神。

若是自我沒有被助長到演變成沉重的包袱，一對一的關係是有可能的。在印度，自我從未被助長過，自古早時期，我們即不贊成自我，所以你在自我裡面長大，但自我依然是朦朧的，你多少還是謙卑的人，不是真的那麼自我中心。你的自我不是一座山，而是一片平地。你是利己主義者沒錯，因為人人不得不如此，但不致絕對的自以為是。你總是認為自我是不對的，於是你的姿態不會擺太高，在某些受到刺激的情境之下，你的自我也許一下子高漲了起來，但是絕大多數的時候它不是在高峰狀態，只是平地而已。

在印度，自我就如憤怒：如果有人惹你，你就發火；如果沒人惹你，你就不會發火。在西方，自我已變成是固定性的，它不像憤怒，現在它就像呼吸，並不需要去刺激它，它已經在那裡——一個持續的現象。

由於這個自我，團體就顯得很有用處。在團體當中，與團體一起工作，將自己融入其中，你輕而易舉地就將自我放到一邊了。所以不只是靈性上的，政治性的活動也是，有幾個現象只存在西方世界，比方說，法西斯主義之所以有可能存在德國，是因德國是全世界最自我中心的國家，沒有什麼能比得上德國人的自我。基於此，希特勒才能掌權；每個人都非常自我中心，所以每個人都需要融入團體裡。

在納粹的大集會上有成千上萬人一起遊行，你可以失去你自己，因為你不必在那裡，只要融入遊行，那裡有樂隊演奏音樂，有深具領袖魅力的希特勒。大家都仰望著希特勒，整個群眾像海洋般將你圍繞起來，你只是一個波浪。你覺得很棒、很新鮮、很年輕、很愉快，你忘卻了你的悲苦、憂愁、寂寞、疏離，如此一來你就不孤單，有這麼一大群人與你在一起，你也與他們在一起，於是你個人的煩惱消失了。忽然間，一種敞開的感受——你覺得輕飄飄的，好像在飛翔一般。

希特勒之所以成功，不是因為他有一套意義非凡的哲學，他的哲學是荒謬、幼稚、不成熟的，他的成功也不是由於他說服了德國人，讓他們相信自己是對的，重點不在那裡。要說服德國人可不是件容易的事，那是最困難的事情之一，因為德國人個個都是邏輯家，他們的腦筋裡的邏輯教他們凡事都講究理性，連希特勒也不可能說得動他們。沒有，他從來沒有嘗試說服過，他構築出一個催眠似的群體現象，是群體說服德國人的。

希特勒說的話不重要，重要的是他們在人群裡所感受到的，那是一種如釋重負的經驗，所以跟隨希特勒成了一件值得做的事，管他說了些什麼，對或錯、邏輯不邏輯、愚蠢與否，反正跟著他就對了。他們已經對自己厭倦到極點，所以他們想要被群體給吸收。就因如此，法西斯主義、納粹主義以及各式的群體瘋狂才得以存在於西方。

在東方只有日本能跟隨那一套，因為日本是東方的德國。日本是東方最西化的國家，所以同樣的現象也發生在那裡，日本人加盟了希特勒的瘋狂。

其他領域也有相同情形，例如宗教與心理學，另外，團體式的修行正發生著，也只有團體式的修行還會存續一段很長的時間。有件事令人驚訝，特別是那些不了解西方頭腦的人會很詫異，當一百個人只是手牽著手坐在一起時，光是握著手感受彼此，他們就覺得很亢奮。

沒有一個印度人會因此而興奮，他一定會說：「胡說八道！光是一百個人圍成圓圈坐在一起怎麼會興奮？怎麼會令人心醉神迷？你頂多感覺到別人的手汗而已。」

但是在西方，一百個人在一起握著手會令他們興奮、狂喜，為什麼？由於自我的緣故，人們連握手都成了不可能的事情，甚至夫妻之間都未必在一起。大家庭已經消失，大家庭是一種群體現象。社會已經消失，在現今的西方，社會並不真的存在，每個人都單獨行動。

我讀過一項統計數據資料，在美國，平均一個人在三年之內就會搬到另一個城鎮去。且看印度人，一個印度人會永遠待在他的村裡，不僅是他，數百年來他的家人也都在那裡，他的根就扎在那片土地上，他認識每個人，大家也認識他，他與所有人都連繫著。他不是個孤單的陌生人，他已成為村莊裡的一部分，一直以來都是如此，他在那個地方出生，也會在那裡老死。

在美國，人們平均每三年就搬一次家，從古至今，最流浪的遊牧文明莫過於此：沒有房子、沒有家庭、沒有城鎮、沒有村莊，說不上真正有一個家。在三年之內你能紮根在何處？

無論你走到哪裡，你都是陌生人，身邊是有人群，但你並不與他們有連結，所有的包袱都屬於你個人的。

坐在團體裡，在一個面對面的團體或成長團體裡，碰觸著彼此的身體，你成了社群的一份子。握著彼此的手，互相擁抱，緊挨著彼此的身體躺著，或躺在彼此的身上，為你帶來一體感——宗教性的狂喜就產生了！一百個人齊聚一堂共舞，碰觸彼此、相互圍繞左右，他們融合成了一體，自我因此消失了一會兒，那樣的融合變成是祈禱性的。政治人物可以利用這個作為破壞的目的，而靈性上可以很有創意地使用它，因為它可以是一種靜心。

東方人過於涉入社群，所以每當他們想去較具靈性的地方，他們就去喜馬拉雅山，社會無所不在，他們不是受夠了自己，而是受夠了社會！這是其中的差異。

在西方，你受夠了自己，你想要某些橋樑與社會、別人溝通與互動，好讓你能忘了自己。東方人則是受夠了社會，他們已經與社會在一起太久，久到沒有一點自由，所以每當有人想要自由、安寧，他就跑去喜馬拉雅山。

西方人跑向社會，東方人從社會跑出來，那就是為什麼個人修行的法門存在於東方，團體的治療方法存在於西方。

而我所做的又是什麼？我用的是綜合性的方法，在動態靜心的第一階段，你是團體的一份子，在最後一個階段，團體消失了，只有你單獨一個人。我用這樣的方法是基於一個特別的理由，因為在今日，東方與西方已經無關緊要了，東方正逐漸轉向西方，而西方正逐漸轉向東方，遲早不會有東方與西方，只有一個單一的世界。

這個地理上的區分已經存在太久，該是結束的時候了，科技已經消弭了地域的分別，事實上它早已不存在。可是，由於頭腦的習慣態度使然，人們還帶著區分的想法；那只是心理上的現象，實際上已經沒有那回事了。很快就不再有東方、西方，只有一個世界。這個世界早就在那裡，那些看得見的人可以看出它早就在那裡。

團體與個人的整合是需要的，你應該開始在團體中工作，最後你完全自己一個人。從社會開始，找到你自己，別從社群裡逃開——活在世界裡，但不要成為世界的一部分。與人們連結，但依然保持單獨。去愛，也靜心；去靜心，也愛，別去做抉擇，愛加上靜心就是我的途徑。

＊＊＊＊＊

古老的靜心法門全都是從東方發展出來的，所以西方人的狀況從未被考慮到。我的方法不純為東方人設計，而是針對每個人——無論東方人或西方人。東方傳統與西方傳統是不一樣的，而頭腦正是由傳統製造出來的。例如，東方人的頭腦無論在何種情況下都很有耐心，因為數千年的教導都要人保持耐心；西方人的頭腦則是很不耐煩，所以同樣的技巧無法適用於兩種頭腦。

東方頭腦所受的制約是，不管成功或失敗、富有或貧窮、疾病或健康、生或死，都要保持在一種平衡狀態。西方的頭腦對這種平衡毫無概念，他們的頭腦很容易受干擾，成功的時候它得意洋洋，目空一切，失敗的時候它掉進另一個極端，陷入第七層地獄，有如被撕裂般痛不欲生、鬱悶難當，深陷在自卑的情結裡。

而生命包含了兩者，有美好的片刻，也有醜陋的片刻。你有愛的時候，也有忿恨的時候。西方頭腦隨著外境團團轉，沒有一刻平靜。東方頭腦已經學習到……那是個制約，不是革命，不過是一種訓練、練習。兩者的底下其實沒有兩樣，只是有一層厚重的制約讓它保持著平衡。

東方頭腦屬於慢郎中型，因為，沒有道理要慌慌張張趕時間；生命自有它的進程，每件事橫豎都由命運決定。你會得到什麼，並不是因為你的速度或趕時間；你會得到你所得到的東西，是早就注定好的，所以不必匆匆忙忙。某件事將要發生時，它就一定會發生，不會提早一秒鐘，也不會晚一秒鐘發生。

這在東方造成非常慢的一股流，幾乎像一條停滯不動的河水，它的速度慢到你察覺不出來。再者，東方的制約是：你已經活過幾百萬世了，後頭還有好幾百萬世要活，你不只有七十年的時間，你的壽命很長很長，所以不需要急，時間還很多。有什麼好急的呢？這一世沒有發生，說不定將來某一世會發生。

西方的頭腦跑得又急又快，因為他們的制約是人只有這麼一生——七十年的時間——卻有好多事要做。你生命的三分之一用來睡眠，三分之一用來受教育，請問還剩下多少時間？你花許多時間在謀生活，如果仔細算過，你會大吃一驚：在七十年之中，你甚至連七年的時間都沒有留給自己去做想做的事。當然你要趕快，你狂亂地橫衝直撞，完全忘記自己要往哪裡去，唯一惦記著的是你衝得快或不快，結果原本是手段的卻變成是目的。

方法一樣，方向卻不同，造就出東方與西方不同的頭腦。自東方發展出來的一百一十二種靜心技巧完全沒有將西方人納入考量過，這些不是專為西方人設計出來的，那時還沒有西方人。《味格揚．拜拉．譚崔》（*Vigyan Bhairva Tantra*）這本書是在距今大約五千年的時候被寫下來的，那一百一十二項的靜心技巧至此才臻至完備。

在當時並沒有西方人，沒有西方社會、西方文化，西方還是蠻荒、原始一片，沒有什麼值得當成一回事的。東方就是整個世界，正處於成長、富庶、文明的全盛時期。

我的靜心方法是基於根本的必要性發展出來的，我要東方與西方的分野瓦解。

在濕婆的《味格揚．拜拉．譚崔》之後，在這五千年之間，沒有人研發過半項靜心方法。我一直在觀察東西方之間的不同，我發現相同的方法無法馬上都適用於兩者。第一，東方與西方的頭腦必須被帶至一個相近的狀態。動態靜心、亢達里尼靜心及其他的靜心都是宣洩式的方法，它們的基礎是發洩。

你得將你滿腦袋的垃圾倒出來，你是一座有滿腹壓抑的火山！除非掏空了那些負擔，否則你無法靜下來坐著。好比你告訴一個小孩要乖乖地坐在屋子裡，很難，因為他全身上下都是能量；最好的辦法是，叫他去繞著屋子跑十圈，然後再回來坐著。

那就有可能了，你讓事情變得有可能，現在他自己想要坐下來休息，他筋疲力盡，坐著不是壓抑他的能量，他已經在繞著房子跑步時將能量發洩掉了，所以這時候他比較安分。宣洩的方法只是讓你摔出你的不耐煩、你的快速與匆匆忙忙、你的壓抑。

還有一項因素要謹記在心，對一個西方人來說，在他能夠做像「內觀法門」（Vipassana）這樣的靜心前，宣洩是絕對必要的。內觀的方法是靜靜坐著，什麼事都不做，草木就會自己生長，但是你必須靜靜地坐著，什麼事都不做，那是草木自己生長的基本條件。若你無法靜靜坐著，什麼事都不做，你一定會驚動草木。

我是個熱愛花園的人，不管我住哪裡，我一定會闢出繽紛燦爛的花園與草坪。以前我曾經在我的草坪上演講，後來我注意到坐在草地上的人們會把我的草拔起來……盡是亂竄的能量在作祟，因為沒有事可做，只好拔草。我跟他們說：「要是你們再這樣，那你們就必須坐在屋子裡，我不能讓你們毀了我的草坪。」

他們於是憋住一段時間，但當他們開始聽我說話，又會很無意識地開始拉扯小草。所以說，靜靜坐著，什麼事都不做，並不是真的只靜靜坐著，什麼事都不做，事實上你幫了小草一個大忙！除非你什麼事都不做，否則小草長不出來，你將它拔出來，阻卻了它的生長，這樣小草是長不大的。

這些方法對西方頭腦而言是絕對必須的，不過一個新的因子也已加進來，於是它們對東方頭腦而言也變成是不可或缺的。濕婆所寫下的那一百一十二種靜心所適用的對象已經不存在了——連在東方也消失了。西方的影響力甚鉅，許多事情都已經改觀；濕婆的時代裡並沒有西方文明，東方正值輝煌時期，有「金色之鳥」之稱，繁華昌榮，真是富饒之至。

現在情勢逆轉，東方已經被奴役了兩千年，幾乎被所有人給剝削；歷經十幾個國家的入侵，長期遭受掠奪、侵略、焚燒的結果之下，現在它只是一個乞丐。

英國人在印度的三百年統治，已經徹底毀了印度原有的教育體制，那是完全不同的一套制度。他們強迫東方頭腦依據西式的標準受教育，幾乎將東方的知識份子變成二流的西化知識份子，灌輸西方人的速度、緊迫、沒有耐性，與持續地不安、焦慮給他們。

******

如果你見到卡朱拉侯或可諾拉克的神廟，你就得以見到東方真實的色彩。

從前在卡朱拉侯就有一百座廟宇，現今只有三十座殘存，七十座被回教徒破壞，回教徒毀過上千座美麗的廟宇與雕像。這三十座由於機緣巧合得以倖存，因為它們位於森林裡面，有可能當時入侵者忘了它們的存在。

但英國人對印度人的頭腦影響很大，連甘地這樣的人都想要將這三十座神廟以泥巴覆蓋，這樣就沒有人會看到神廟。試想一下當初建造這些神廟的人們……每座廟想必花了好幾百年才蓋好，結構細緻、相稱，美不勝收，地球上沒有什麼能與之相媲美。

而你知道神廟不會單獨存在，如果有一百座神廟，可見那裡存在著數千人居住的城市，否則就算有一百座神廟也沒有意義。那些人到哪裡去了？那些人隨著神廟也被屠殺了。

我所舉例的那些神廟，由於神廟上面的雕像以西方頭腦看起來，帶有色情的意味，所以甘地去看它們也覺得有色情意味。

印度對泰戈爾虧欠很多，他阻止了甘地與其他政客將神廟蓋上泥巴、不讓世人看到神廟的舉動。泰戈爾說：「這實在是愚蠢之至，那些神廟一點都不色情，它們是那麼樣的美。」

在色情與美感之間有一條很細微的分界線。一個裸體的女人不必然是色情的，一個裸體的男人不必然是色情的；美麗的裸體男人與女人可以是美感、健康、勻稱的典範，他們是自然最了不起的產物。如果一頭鹿可以不穿衣服就很美，而且沒有人認為鹿是色情的，那為什麼一個沒穿衣服的男人或女人就不能被視為美麗？

在英國的維多利亞時代，有仕女以布將桌腳遮起來，因為腳不該露出來——想想那是桌子的腳！因為它們被稱做腳，人們就認為讓桌腳暴露出來是不文明、沒教養的。在維多利亞時代有一種運動，人們帶小狗外出散步時一定要將牠們的腳蓋起來，小狗的腳不可以露出來……好像裸露本身就是色情。其實是人色情的頭腦在作祟。

我去過卡朱拉侯無數次，卻沒有見到哪一座雕像是色情的。一張裸照或是一座裸身雕像之所以變成色情的，是因為它刺激了你的性慾。那就是唯一的取決標準：看它是否引起你的性慾，是否刺激到你的性本能。卡朱拉侯的神廟並不是如此，事實上，那些神廟建蓋的目的正好相反。

神廟提供人們以觀看做愛當中的男女來靜心，那些石雕栩栩如生、活靈活現，當初建造的人一定是聞名於世的出色藝術家。它們是為了讓人靜心所造的，換句話說那些雕像所為的是靜心。

修行人圍著神廟而坐，只是看著雕像，觀照自己裡面是否被挑起任何性慾。這就是衡量的準則：若他們發現自己沒有性慾升起，證明了他們有進入神廟的資格。那些雕像全都在神廟的外牆上，廟的內部並沒有裸體雕像。

對人們來說，這是必要的靜心，如此一來他們便清楚原來沒有性慾產生，那些雕像反而讓平常對性會有的欲求下降。那時候他們才能夠進入神廟，否則不能夠進去；帶著一身的性慾走進廟裡是一種褻瀆行為，你玷污、冒犯了神廟。

創造神廟的那些人也創造了大量的文學作品。東方從前不是性壓抑的，在佛陀與馬哈維亞之前不是如此，由於佛陀與馬哈維亞的緣故，禁慾才與靈性產生關係。在他們兩個人之前，《奧義書》、《吠陀經》裡的所有先知個個都是已婚，有家室有小孩，他們沒有實行禁慾。他們沒有拋棄世俗，而是享受著一切的榮華富貴。雖然是住在森林裡，但學生、國王和所有愛他們的人會供獻所有的東西，所以他們在森林裡的道場、學校、學苑都非常富裕。

隨著佛陀與馬哈維亞，東方開始了病態的禁慾、壓抑的傳統。加上當基督教進入印度時，帶進了一股強大的壓抑趨勢，這三百年的基督教信仰讓東方頭腦的壓抑與西方幾乎如出一轍。所以我的方法適用於兩者，我稱它們為預備式方法，為的是銷毀所有不讓你靜下來靜心的障礙，一旦動態靜心或亢達里尼靜心成功後，你就乾淨了，你將壓抑拭去，將速度、匆忙、不耐煩拭去，這時候你就可能進入神殿了。

這即是為什麼我談到對性的接受，如果不接受性的話，你勢必無法擺脫壓抑。我要你完全地乾乾淨淨、自自然然，我要你處於適用於那一百一十二種方法的狀態。所以我才會設計這些方法，這些只是負責洗滌的方法。

＊＊＊＊＊

我也必須納入西方的治療術，西方頭腦與受到西方影響的東方頭腦，兩者都已經生病了，在今天，擁有健全心智的人真是寥若星辰，每個人都感覺到某種不適、空虛，就像有個傷口在隱隱作痛般。每個人的生活都慢慢變成是一場惡夢，有滿腹的憂愁、對死亡過多的憂懼；不只畏懼死亡，也畏懼生命。

人們心不在焉地過日子，過著半冷不熱的生活，它們的頭腦是病態的，不像希臘人左巴以健康的心態強烈地生活。人必須活著，所以他們就活著；人必須愛，所以他們就愛；人必須這麼做、要像這樣，所以他們就跟著做，沒有絲毫發自內在本質而來的動機。

他們既非洋溢著朝氣，也沒有為了全然生活去冒險；他們不是探險型的人，而不敢冒險就是不健康；冒險精神與質疑是一個人健康的指標。人們一點也不年輕，從很小的時候他們就已經老了，青春從來沒有發生在他們身上過。

西式的治療不能幫助你的靈性成長，但它們可以打下基礎；它們無法播下花的種子，但可以預備好土壤，而土壤是不可或缺的，這就是為什麼我要將治療納進來。

還有另一項理由：我要東方與西方會合。

東方所發展的是靜心，西方則否，他們發展出治療。想要引起西方頭腦對靜心方法有興趣，以及要東方頭腦靠近西方，那一定得有什麼是可以給與跟接受的，不能盡是東方的產物，某些來自西方演進的成果也要包含進來。而我發現這些治療術有極大的效益，雖然無法走得很遠，但就它到得了的地方來看算是很有用的，到了治療的極限，靜心就從那裡接手。

西方頭腦應該覺得治療的某些發展內含在與靜心的融合裡，融合不該是單一面向的。治療很重要，而且不傷害人，只會幫助人。而我已經成功地發揮了它們的用處，治療協助人們清淨他們的本質，使他們準備好進入靜心的殿堂。我所致力實踐的，是消弭東西方的距離；這個地球應該是一體的，不只政治上，精神上也是一體的。

某些人認為，這是一種高明的洗腦手法，還不僅如此，這是洗心，不是洗腦。洗腦是很表層的，大腦是心所使用的機器。洗腦並不難，隨便什麼機器都可以洗乾淨，再抹上潤滑油。但是，假如大腦後面的心被污染了的話，當心滿載著壓抑的欲望、醜陋的東西，用不了多久大腦就滿了。

我看不出來有哪裡不對，清潔永遠是好事情；而且我偏好乾洗，老式的清洗方式我是棄之不用的。是的，人們會產生他們的心被奪走的錯覺，因為那是他們僅有的寶貝。這只是一開始的現象，當心拿開之後，他們會驚喜的發現，原來心後頭的東西才是自己真正的寶藏。心只是一面鏡子，它映照出寶藏，但它裡面沒有寶藏；寶藏在心的後方——你的本質。

但是鏡子可能欺騙你，讓你誤以為它所反映出來的就是實相。所以，當心被拿開，那就是靜心，靜心是無念的境界；當心被拿開，你得以有機會親見你的寶藏本身，而不是寶藏的反射。

第二十章 「左巴佛陀」新人類

以好玩的心態看待生命，這樣你就可以坐擁兩個世界：你可以擁有蛋糕，並且吃到蛋糕，那才叫真正的藝術！這個塵世與那個世界，聲音與寧靜、愛與靜心、連結與單獨，一切全都要同時活出來，只有這樣你才能到達你本質中最深與最高的所在。

有位律師去到一處坑道口，那裡有一幫人馬正在施工，他對著洞口喊著「歐土爾」。

「是誰要找我啊？」一個粗重的聲音傳來。

「歐土爾先生，」律師問，「請問你是梅奧縣的人嗎？」

「沒錯。」

「令堂是不是叫布莉姬，令尊叫麥可？」

「沒錯。」

「那麼，歐土爾先生，」律師繼續說下去，「我的職責就是通知你，你的嬸嬸瑪麗女士已經於愛荷華州過世，她留給你二十萬美金的遺產。」

坑道裡有一小段時間沒有傳出聲音，接著一陣騷動。

「歐土爾先生，你是不是出來一下？」律師要求他。

「等我一下！」吼聲說到：「我才剛痛扁完工頭而已。」

歐土爾過著揮金如土的放蕩生活，他只花了六個月的時間就將那二十萬美金花得精光，最主要的目的是想滿足他對於繼承遺產的強烈渴望。

「這次是你的叔叔，歐尼爾先生。」律師解釋道，「他過世於德州，留給你四十萬美金。」歐土爾的身軀一股腦啪地攤在牆邊，他疲憊地搖著頭。

「我想我無法收下這筆錢。」他宣告：「我不像以前那麼勇猛了，我懷疑在經歷過那麼多錢後，我是否還活得下去。」

這就是西方正在發生的情形，西方人已經獲致人類一直所嚮往的富裕，物質上他們成功了，而這時候他們顯得精疲力竭，那趟旅行已經耗光了心神，了結了西方人。人所需要的一切都有了，但人自己卻不在了；財產在那裡，但主人不見了，這是極度失衡的情形。人是有金錢了，但他卻一點不覺得富有，反倒覺得耗弱、窮困。

思考一下這個弔詭：當你外在富裕時，才會在對比之中覺察到你內在的貧乏。當你外在貧窮時，你絕對無法意識到內在的貧乏，因為沒有東西讓你對照。你用白色的粉筆在黑板上寫字，而不是在白板上，為什麼？因為在黑板上字才會顯現出來，白色需要黑色作為對比。當你外在富裕時，你一下子意識到：「我內在是個窮光蛋，我是一個乞丐。」接著絕望的心情像陰影般籠罩著你：「我曾想像過的那一切已經得到了，但我卻沒有從裡頭得到什麼，我並不覺得滿足、幸福。」

西方人陷入困境，由於這個困境，使他們產生一股強烈的渴望：如何再度與自己連繫上。靜心不過是將你的根再度植回你的內在世界，所以西方人對靜心、對東方的寶藏開始很感興趣。

還有一件事也要了解，過去東方富強的時候，他們也喜歡靜心，所以我才不反對富裕。我不認為貧窮是靈性的，我並不支持貧窮，因為當一個國家沒有錢的時候，它會喪失一切與靜心的關連與努力；當一個國家外在貧窮的時候，它就不會意識到內在的貧窮。

那就是在印度人的臉上，你會見到一種西方人沒有的滿足，那並非是真實的滿足，只因他們沒有意識到內在的貧窮罷了，印度人心想：「看看西方人不安、苦悶、緊張的表情，雖然我們沒有錢，但我們內心十分滿足。」你聽他們胡扯！他們一點都不滿足。我曾經觀察過上萬個人，沒有一個是滿足的，有一件事倒是可以確定，他們並沒有意識到那份不滿足，因為需要外在的富裕才能意識到。若沒有外在的富裕，沒有人能覺知到他的內在空乏，有許多證據可以證明這一點。

印度教神話裡的天神都是國王或國王的兒子，耆那教的大師都是國王，佛陀就更不用說了，這印度的三大傳統中有充分的例子作為佐證。

為何佛陀開始對生命感到不滿足？為什麼他要走上修行？因為他很富有，他住在華麗、舒適的環境裡，然後他忽然意識到，那時他不過二十九歲，就已經注意到自己內在有一個黑暗的洞。外面有光線，所以你裡面的黑暗被顯現出來；白襯衫上只要有一點污垢，你很容易就看得出來，事情就是這樣。於是佛陀出走皇宮。

馬哈維亞也是，他也是從一處皇宮裡逃離，這種事不會發生在乞丐身上。在佛陀的時代也有乞丐，事實上，當他第一次見到一個乞丐、一個老人、一具屍體與一名桑雅士之後，他決定棄俗。

佛陀正要去參加一個青年慶典，他要為典禮舉行開幕儀式，就從他所乘坐的金色凱旋車上，他見到一個乞丐。那是他生平頭一次見到乞丐，因為他的父王一直想辦法不讓他看到乞丐、生病的人、老人或死人。在佛陀誕生之初，占星學家告訴他：「如果王子見到這些事情的話，他將立刻棄俗，所以不要讓他看到。」於是佛陀即將去的地方，乞丐都事先被疏散，老人會被趕回家裡，不准他們出來，連佛陀的花園裡，枯掉的樹葉在晚上就被掃光，這樣佛陀早上去花園時只會見到新鮮的葉子與花朵，他從沒看過一朵凋謝的花。

當他第一次見到一名乞丐……這則寓言很美，據說諸神開始擔憂：「國王做的未免也太成功了，二十九個年頭已經過去，而佛陀有資格成為地球上最覺醒的人。」諸神們所擔心的是：照他父親如此嚴密的安排，他可能永遠也不會遇到一個乞丐或老人，他可能會錯過。於是祂們其中一個喬裝為乞丐，另外一個裝做老人，另一個扮成像一具屍體，再一個裝成像是桑雅士。

所以說，在佛陀的時代是有乞丐的，但他們不棄世——因為沒有任何東西可拋棄，他們很滿足。佛陀感到一種不滿足。

當印度很富裕的時候，許多人都對修行有興趣，其實，所有人都對修行有興趣。遲早他們一定會開始想月亮、想彼岸、想內在的事。現在這個國家窮了，窮到失去內在與外在的對照；內在窮，外在也窮，兩者非常地搭調——兩者都窮！所以你在印度人臉上會見到一種滿足，那並非真實的滿足，不過卻由於這樣，人們開始習慣性認為貧窮是靈性上的品質。

印度人崇揚貧窮，這是我常被批評的原因之一，因為我不贊同任何形態的貧窮，貧窮不是靈性的，貧窮是靈性會消失的始因。

我希望整個世界愈富裕愈好，當人們愈有錢，他們就愈靈性，他們不得不，這是無法避免的，唯有如此真正的滿足才會產生。

隨著你有能力產生內在的富裕，又有另一個和諧的片刻發生。當外在的富裕遇到內在的富裕，那才是名副其實的心滿意足。當外在的貧窮遇到內在的貧窮，產生的是虛假的滿足，在這兩種情況下都可能產生協調。當外在與內在一致的時候，你有一種滿足感，印度人看起來很滿足，因為籬笆的兩邊都是貧瘠一片，非常地和諧，內外彼此很調和，但這是醜陋型的滿足。印度人的生命是一種匱乏的生命、沒有朝氣的生命，這是一種愚蠢的滿足，既單調又乏味。

西方人肯定會對修行產生興趣，他們躲不掉的。這就是為何基督教喪失了在西方的勢力，因為它沒有發展出任何的靜心科學，一直都只是個很平庸的宗教，猶太教也是。

當宗教誕生之時，西方正處於赤貧狀態，那就是宗教會產生的原因。到目前為止，東方尚未掙脫貧窮；當東方富裕的時候，西方是貧窮的。猶太教、基督教、回教，所有這些非印度宗教皆誕生在貧窮之中，它們無法發展靜心技巧，不需要，因為它們一直都是窮人的宗教。如今西方強盛起來，局勢不同了。

西方的宗教因貧窮而生，它們無法提供有錢人任何東西，在有錢人眼中，那些宗教是幼稚的，根本滿足不了他們，也沒有滿足他們的能力。東方的宗教在富裕當中產生，所以西方頭腦才會愈來愈對東方的宗教有興趣。沒錯，佛陀的宗教影響力很深遠，禪的傳播就如同野火般迅速，為什麼？因為它是富庶時的產物。

西方當代的人類心理學與佛教心理學有極為相似之處，西方人開始對修行感興趣的狀況與佛陀當初如出一轍，那是屬於有錢人的探索，在印度教裡也是如此，耆那教也是如此。此印度三大宗教皆由富裕中興起，所以西方當然會被東方的宗教所吸引。

東方正逐漸失去與自身宗教的連結。印度沒有了解佛教的能力，它是個貧窮國家。實際上，貧窮的印度人改信基督教，而有錢的美國人改信佛教、印度教、吠陀哲學。印度窮人中最貧困的賤民變成基督徒，你看出了端倪沒？這些宗教對窮苦人家有著某些吸引力，但是它們沒有未來可言，因為遲早全世界都會富有起來。

我不讚揚貧窮，我對貧窮沒有絲毫敬意。人必須被賦予兩種的富裕，為什麼不兩者都擁有呢？科學發展出讓你外在致富的科技，宗教則發展你內在富有的法門，例如瑜伽、密宗、道家、蘇菲、哈希德教派（Hassidism），那些皆為內在的技巧。

******

現在來看看一則故事。這個故事的核心人物，他篤信每件事情的發生，都是神聖力量的彰顯；他自言從不質疑上蒼神聖的眷顧。對於一生所遭逢的不幸，他未曾有過半句怨言。

他結了婚，老婆卻跟自己的雇主跑了；他有一個女兒，被一個惡棍給騙去；還有一個兒子，遭人處以私刑。一場火燒毀了他的穀倉，颶風吹走了他的家，冰雹奪走了他的作物收成，銀行不讓他抵押，拿走了他的田地。可是，每一次遭逢打擊時，他總是跪下來感恩道：「全能的神施予我無限慈悲。」

過了一段時間，他身無分文，但依舊對來自高處的天意五體投地。他到了一間鄉下的破落房子，有一天，工頭派他去耕一片馬鈴薯田，忽然下了一陣雷雨，他不以為意，但冷不防地，一道閃電從天空劃下，熔掉了他手上的犁頭，剝掉了他身上的衣服，燒焦了他的鬍子，在他裸露的背上烙下了附近牧場主人名字的開頭字母，還將他彈過一道鐵絲網築成的柵欄。

恢復意識之後，他慢慢地跪下去，緊緊握住雙手，抬頭仰望天空，接著，他第一次為自己說了一句話：

「主啊，」他說，「這回也未免太荒謬了吧！」

這就是東方的情形：「這回也未免太荒謬了吧！」但東方不斷向神致謝，投以無窮感激。已經沒有什麼可以再感激的了！東方在鬧貧窮、疾病、飢荒，這不是什麼可以感激的。然而，東方已經忘了如何為自己說話，以及如何為自己的現況做些事。

所以東方無法靜心，東方幾乎是活在一種無意識裡。他們肚子太餓了，所以無法靜心，生活太貧窮了，所以無法祈禱；他們一心只想著麵包、庇護的居所、衣服，於是當基督教使者來開了一間醫院，或辦了一所學校，那些舉動讓印度人留下深刻印象，他們以為這是靈性。當我開始教靜心的時候，人們一點興趣都沒有，不但沒有興趣，還加以反對，他們說：「這算哪門子的靈性？」我能了解，他們需要的是麵包，他們需要遮風避雨的地方，需要保暖的衣物。不過，他們受苦的起因在於自己的頭腦，一方面他們需要麵包、住處、衣服、較好的房子、較好的馬路，但另一方面，卻又老是在歌頌貧窮。他們處於一個雙重的束縛。

東方還無法靜心，它首先需要科技來讓生活像樣一點；正如西方需要宗教的技巧，東方需要科技。

我完全支持一個大同世界，西方能夠滿足東方的需求，東方也能滿足西方的需求。東方與西方已經分開太久了，從今以後不需再如此；東方不該再是東方，西方也不該再是西方。我們已經來到一個關鍵性的時刻：這整個地球可以成為一體，也應該成為一體，因為唯有如此，它才能存續下去。

國家的時代結束了，區分的時代結束了，政客的時代結束了，我們正朝像一個嶄新無比的世界，人類的新階段即是：如今只有一個世界、一種人類，然後，將會有一股巨大的能量被釋放出來。

東方有宗教法門的寶藏，西方有科技的寶藏，如果它們能夠結合，這個世界就可以成為天堂。這時不需要再要求另一個世界，我們有本領第一次在這個地球上創造出天堂，如果我們不去創造的話，除了我們自己，沒有人應該負責任。

我支持一個世界、一種人類，以及最終是一種兩者兼具的科學：結合宗教與科學，匯集內在與外在兩者。那就是我在此處所嘗試的事情，這是個東方與西方交會的地方；這裡是一個孕育、誕生新人類的子宮。

******

靜心與愛是生命當中的兩極，它們是最終極的兩端。

人全部的一生無處不是兩極：正面與負面、出生與死亡、男人與女人、白天與黑夜、夏天與冬天，無一不是相對的兩極，但那些相對的兩極不只是相反而已，它們也是互補的。它們互相協助，互相扶持。

它們就如同一座拱門的磚塊，在一座拱門上，磚塊的擺設必須要兩兩相對。表面上每塊磚頭彼此相抗衡，但就因為它們的抗衡，拱門才得以造出來，才能穩穩地矗立在那裡；拱門的力量來自磚塊的相對位置。

這是終極的兩極：靜心是單獨的藝術，愛是與人相處的藝術。完整的人就是一個懂得這兩件事情的人，他具備在這兩者之間來去自如的能力，就如呼氣與吸氣，一點都不難。它們是相反的——當你吸氣，那是一個過程；當你呼氣，那是另一個相反的過程，但是吸氣加上呼氣讓一個人的呼吸完整。

在靜心中你吸氣，在愛中你呼氣，透過愛與靜心，你的呼吸就完整了。

宗教數百年以來總想達到排除別人的那一極，有些宗教是靜心的路線，像耆那教、佛教，它們是建立在靜心之上的宗教。還有一些宗教是祈禱的宗教：蘇菲、哈希德教派，它們是根源於愛的教派，這樣的宗教需要神作為某個「別人」讓他們愛，做他們祈禱的對象。若沒有了神，愛的宗教就無法存在、無法想像——你需要一個愛的對象。但靜心的宗教可以沒有神的概念，這個假設可以丟掉，所以佛教與耆那教才不相信神，因為他們不需要別人。你只要知道如何單獨、平靜，如何在你自己裡面如如不動，將別人完全拋到九霄雲外，所以這兩者是沒有神的宗教。

當西方的神學家第一次看到佛教與耆那教的文獻時，他們心中有著相同的疑惑：怎麼能稱這些無神的哲學是宗教呢？可以說它們是哲學，但怎麼是宗教？對他們來說很難以想像，因為猶太教與基督教傳統上認為，一個宗教最重要的前提就是神。一個有宗教信仰的人會畏懼神，但這些人卻說沒有神的存在，所以沒有必要怕神。

數千年來，西方人總認為一個不相信有神的人是無神論者，他不是一個虔誠的宗教信仰者。然而，佛陀是無神論者，而且很虔誠；在西方人看來這樣的事很奇怪，因為他們絲毫沒有察覺到有些宗教是根源於靜心的。

佛陀與馬哈維亞的追隨者也有同樣的情形，他們嘲笑其他信仰神的宗教，因為關於神的整個想法是荒謬的，那不過是幻想、想像罷了，神是人的投射。但是對我而言，當兩者合在一起的時候就是真理。

我的了解不是從單一個極端出發，我的了解是流動性的。我從兩者都體驗到真理：我全然愛過，也全然靜心過。這是我的體會：唯有當一個人是健全的，他才能懂得兩者；否則他只有半邊的了解，總是錯過另一半。

佛陀只了解一半，耶穌也是。耶穌知道愛，佛陀知道靜心，如果祂們遇到彼此，恐怕無法溝通，因為祂們不懂對方的語言。當耶穌滔滔不絕在談神的國度時，佛陀會嘲笑：「你在胡謅些什麼啊？神的國度？」佛陀只會說：「讓自己止息，讓自己消失。」耶穌就回答：「自己消失？自己止息？那是自我毀滅，最終的自殺法，這是哪門兒的宗教？居然敢談最高的自我！」

祂們一定聽不懂對方的話，如果讓祂們遇在一塊，就需要像我這種人充當口譯人員，要不然祂們無法溝通，但我翻譯的方式會讓祂們兩方覺得我沒有如實傳達！當耶穌說：「神的國度」，我會翻譯成「涅盤」，這樣佛陀就聽得懂了。當佛陀對耶穌說：「涅盤」的時候，我會翻譯成：「神的國度」，於是耶穌就知道了。

現今的人類需要一個完整的觀點，我們已經抱持半邊的觀點太久了。過去那是出於必須，但如今人類已經長大了。我的門徒必須證明他們可以靜心與祈禱，同時靜心與愛；他們想安靜就安靜，想慶祝就慶祝。寧靜必須變成他們的慶祝，慶祝必須成為他們的寧靜。我所給與門徒的任務是難度最高的，因為這是一切相對的結合。

在這場相會中，所有的相對都將融解，合而為一：東方與西方，男人與女人，物質與意識，這個塵世與另一個世界。藉由這場融合，一切的相對將相遇、交會，這最究竟的兩極性涵蓋了所有的兩極現象。

這場相會將造就出一種新人類：左巴佛陀。這是我給新人類的名字，我的每一個門徒都要盡力以具備這般的流動性自許，使自己坐擁這兩極。於是你將體嘗到完整的滋味，而了解神聖唯一的途徑就是明白何謂完整，沒有其他的辦法。

******

我的訊息很簡單，「新人類」就是我的訊息。人類舊有「非此即彼」的觀念，例如，不是物質主義就是精神主義，不是道德就是不道德，不是罪人就是聖人，這些都是歧異的根源，造成人類的精神分裂。過去的人類都不健康，他們過著病態、錯亂的生活。在三千年的歷史中，發生了五千起戰事，真是完全瘋了，直教人無法相信；這很愚蠢、很不明智，也非常不人道。

在你將人一分為二的時候，你為他製造了痛苦與地獄，他永遠不可能健康，永遠不會完整，因為被抹煞的另一半必然會展開報復。那一半將不斷找門路伺機壓倒你加諸給自己的另一半，你會變成一座戰場，不斷爆發內戰。從前的情形就是如此。

從前我們無力創造出真正的人類，只有像人的動物存在——猿人。猿人看起來像人類，但牠其實四肢癱瘓、動彈不得；牠不被允許從牠的完整性當中開花，因為牠只是一半的人類，永遠處於痛苦與壓力之中，無法慶祝。唯有一個健全的人才有能力慶祝，慶祝是成為完整後所釋出的芬芳。

只有一棵充分生長的樹能夠開花，人類尚未開出花朵。

過去以來的歲月一直是晦澀、沉悶的，人類處於靈魂的暗夜當中。由於壓抑勢必會轉成侵略，人若在某些地方壓抑了自己，他就會有攻擊性，喪失所有柔軟的特質；截至目前為止，事情向來如此。我們已經走到一個臨界點，也就是舊的東西必須淘汰，然後將新的東西傳達出來。

新人類不會是「非此即彼」，而是「兩者兼備」。新人類將是世俗與神聖，塵世與超脫塵俗；新人類將接受他的整體性，活出他的整體而不自我分裂。他的神不會反對惡魔，道德不會反對不道德，他將沒有任何贊成與反對。他超越了二元對立，所以不必活在精神分裂之中。有了新人類，一個新世界即誕生，因為新人類將以一種平等去感知這個世界，他的生命從此改觀，開始活出從前他沒有活出來的部分。他將會身兼神祕家、詩人、科學家，而不必選擇，他不必從中去做篩選。

那就是我所教導的「新人類」，而非人猿。人猿不是自然的現象，人猿是社會的產物，由神職人士、政治人物、學究所製造出來的，牠是被製造出來的。每個孩子剛生下來的時候都是一個人，全然、完整、鮮活、沒有一絲分裂。接著社會馬上開始讓他窒息、鬱悶，將他切成零星的碎片；告訴他該做什麼，不該做什麼，該當什麼，不該當什麼，他的完整性很快就消失了。他對自己整個人感到自慚，並否決生命中自然的事情；就在他的否決中，他不再富有創造力。這時他只是一塊碎片，一塊無法跳舞、無法唱歌的碎片。碎片是一種自殺，因為碎片不會知道生命是什麼。人猿無法自行做決定，都是別人為牠決定的——父母親、師長、領導人、教士，他們為牠做了所有的決定。那些人決定、下命令，而牠只有唯命是從，人猿是奴隸。

我教導自由，現今的人類必須將所有的束縛瓦解，走出各種的牢籠，不再受奴役。人類得要成為單獨的個人，他必須反叛。每當有人反叛的時候……偶爾有幾個人自過去的專制底下逃脫出來，但只是偶爾，這裡出一個耶穌，那裡出一個佛陀，他們是少數中的少數。即使是佛陀、耶穌這些人也無法完整地活出來，他們試過了，但整個社會並不贊同。

＊＊＊＊＊＊

我觀念中的新人類是希臘人左巴、也是佛陀，所以新人類將是「左巴佛陀」。他是感官的，也是靈性的；全然沉浸在身體裡，陶醉於身體可能提供的一切當中，而深入的意識、觀照仍在那裡，他會是耶穌，也會是希臘哲學家伊比鳩魯（Epicurus）。

舊人類的理想是棄俗，新人類的理想是洋溢在喜悅之中。這個新人類每天都在形成，他就快來了，人們還沒有意識到他的存在，其實，他已經出現了。舊人類已經躺在床上快要走了，我不會為他的死而哀悼，我認為他的死是件好事，因為新人類會從此新生。舊人類的死亡將是新人類的誕生，只有在舊人類完全死去之後，新人類才會到來。

幫助舊人類死去，也幫助新人類誕生。記住，舊人類在過去的時代是得寵的，新人類則是很怪的現象。新人類太新了，以致於他得不到敬重；會有許多勢力要摧毀他，他不可能受到尊重。然而，新人類是全體人類的未來，新人類必須被帶進來。

我的工作包含了創造一個佛境，一個能量場，讓新人類能誕生其中。我只是一個助產士，協助新人類降生到一個不會接受他的世界裡。新人類將需要從能夠了解的人、從希望改革的人那裡得到許多支持。時機成熟了，過去的時機從來都不對，現在時機對了，新人類可以抬頭挺胸走出來，突破是可能的。

舊人類已經敗壞了，即便他擁有一切的支援也無法再倖存，他劫數難逃了！我們可以延緩，我們可以繼續崇拜舊人類，那只會拖延了過程。新人類正在路上，最起碼我們可以幫助他早一點到，或者我們可以阻擾他，讓他晚一點到。給他一些援助是好的，如果他早一點到，人類還是能擁有一個未來、一個很棒的未來——一個自由、愛與快樂的未來。

我教導新宗教，這不會是基督教，也不會是猶太教、印度教，這個宗教將無法有任何附屬物，而純粹是成為一種完整的宗教品質。

我的人們必須成為即將從地平線升起的第一道曙光，這是項高難度的任務，幾乎是不可能的任務，正由於這是不可能的任務，反而吸引那些還有一絲靈魂留下的人。這將會引起那些本質裡潛藏著冒險因子者無限的渴望，那些人具有膽量，因為他真的就要創造一個英勇的新世界了。

我談佛陀、耶穌、克里希那、查拉圖斯特拉，這樣，過去最棒的精華可以保存下來。不過那些人只是少數的特例，實際上整個人類一直活在沉重的奴役當中，飽受著束縛與精神分裂之苦。

我的訊息很簡單，但是要履行很難；愈難的事情，挑戰性就愈高。現在是正確的時機，因為宗教失敗了，科學也失敗了。現在時機成熟了，因為東方失敗，西方也失敗了，我們需要某個更高層面上的整合，讓東方與西方、宗教與科學可以匯合。

宗教之所以失敗，因為它超脫出塵世，而忽略了這個世界，你不能不重視這個世界，否則你就是不重視你的根。科學之所以失敗，是因為它忽略了另一個內在的世界，而你不能忽視花朵，一旦你忽視花朵，那內在最深處的花朵，生命即失去所有的意義。樹需要根，所以人需要根，而根只可能長在大地上；樹需要一片開闊的天空才能生長，發出茂密的枝葉，開出無數的花朵，唯有如此樹才會滿足，唯有如此樹才會覺得生命是有意義的。

人就是樹，宗教失敗是因為它只談花朵，那些花還是一樣抽象，從未具體過。花朵無法真正開出來，因為它們沒有來自大地的支持。科學失敗是因它只關心根，根並不美，而且它似乎也開不出花朵。

西方為了太過科學而苦，東方因過多宗教而苦，此時我們需要一種新人類，使宗教與科學成為一個新人類的兩面，連結的關鍵將是一門藝術，那正是為什麼我說新人類將會是集神祕家、詩人與科學家於一身。

在科學與宗教之間，唯有藝術可以當作橋樑——詩篇、音樂、雕塑。在我們將新人類帶進存在之後，地球才首度成為它本來應該有的樣子：

天堂——此身即佛，此處即為天堂。

奧修生平與工作大事記

我是颱風的中心，無論周圍發生了什麼，對我來說都沒有差別；也許是一片混亂，也許是悅耳的流水聲，我只是兩者的觀照，而且觀照一直都在。就我內在最深處的核心而言，不論在何種情境下，我都是一樣的。這是我全部的教導：事物或許會變，但你的意識應該保持不變。

事情一定會變的，那是它們的本質。某一天你成功，另一天你失敗；某一天你身處山巔，另一天你跌落谷底，但是，你內在的某個東西永恆如一，那即是你的實相。我活在我的實相中，而非實相周遭的幻想、夢魘裡。

一九三一年十二月十一日：出生

奧修誕生於古其瓦達，這個村子位於印度中區的馬達亞．普拉德西省，他的外公外婆即定居於此。

一九三一年至一九三九年：古其瓦達

在奧修的祖母過世後，當時尚很年輕的雙親開始負責照顧祖母留下的孩子，以及承接了家族事業，奧修轉而與外公、外婆一起住。他們給了他一個超乎尋常的自由與尊重空間。根據奧修自己的說法，以及幼年時期認識他的人所描述，他是一個膽大包天的搗蛋鬼，永遠不錯失任何一個機會去試驗自己身體的極限；每當他發現了自以為了不起的偽君子，他總會去挑戰那些人。

一九三八年至一九五一年：葛答瓦拉

在外公過世之後，奧修與外婆雙雙搬至父母居住的小鎮葛答瓦拉，在那裡，他第一次上學念書。當他不再調皮、不再挑戰老師之後，奧修的冒險依然持續著，生活上他經常一個人獨處，那是他最早年與外公外婆在一起的時候即表現出來的特徵。一九四五年，當時他十四歲，他進行了一項七天等待死亡的實驗，部分原因是由於一位占星家不尋常的預測，那位占星學家在奧修出生後受託去排他的命盤。

一九五三年三月二十一日：成道

一九五一年至一九五六年：大學時代

奧修在大學裡主修哲學，曾贏得多次的辯論冠軍。他滿載榮譽從一所耆那教學院畢業，接著受羅伊教授之邀到沙加大學攻讀研究所。

一九五七年至一九七〇年：教授與公眾演說家

奧修先接下在雷波（Raipur）一所梵語學院的教職，稍後轉任於傑波普大學教授哲學。他另類又富激發性的教學吸引了大批的學生，其中有許多人並沒有修哲學的學分。隨著時間的流逝，奧修漸漸減少教書的工作，開始遊歷印度各處舉行公開演說。

一九六二年：第一間靜心中心

在旅行與演講期間，奧修時常在演說的結尾帶領聽眾做靜心。第一家匯集他教學的靜心中心是吉梵．加古魯提中心（Jivan Jagruti Kendras：喚醒生命中心），他的運動被稱為吉梵．加古魯提運動（喚醒生命中心運動）。

藉著靜心廟宇或靜心中心的幫助，我想要將靜心以科學的方式介紹給現代人——不只是智性上的認知，還要引介他去經驗靜心。有些事情你必須做了之後，才能知道那是什麼。

靜心中心是一個科學化的地方，現代人可以透過現代的語言與符號來了解靜心。不只如此，事實上他可以靜心，並且體驗到靜心。全世界有一百一十二種這樣的方法，我想在靜心中心裡對這些方法做詳細、科學的基礎說明，這樣你不只能夠聽懂它們，還可以身體力行。

一九六二年至一九七四年：靜心營

除了公開演講之外，奧修也在鄉間展開了三至十天的「靜心營」，在其間，他每天都演講，並針對參加者個人給與修行上的指示。

以前我演講的時候，面對的聽眾人數有五萬到十萬人左右，我知道我的話從他們的大腦前晃過，因為他們只是坐在那裡。這些人愛我，倒不是因為他們聽懂我在說什麼，而純粹是由於我說話的方式；他們喜愛我的人——但他們不是求道者。

眼見這樣的情形，我知道對一大群人說話是徒勞無功的，於是我開始聚集一些人，唯一的辦法是不再對大眾做演說。我通知人們我要到山上住七天或十天，有興趣的人可以去那裡和我在一起。可以想見，如果有人可以放下十天工作不做，他不會只是好奇而已，他是有興趣的；如果他肯離開妻子、小孩、工作崗位十天的時間，這就顯示了起碼的徵象：他不只好奇，而是真的想求知。靜心營就是這樣開始的。

一九六四年六月：洛那克普爾（Ranakpur）靜心營

在奧修的工作上，洛那克普爾靜心營可說是重大的里程碑，因為他的演講與靜心首次被錄製下來，並集結成《朝向自我解悟之道》（*Path to Self-Realization*）一書，這本書在印度深受歡迎。奧修後來說這本書完整涵蓋了他的教導，此書現在改以另一書名：《完美之道》（*The Perfect Way*），由印度的叛逆出版社（Rebel Publishing House）發行。

在靜心營的一開始，他對參加的人給與了三項指導方針：

第一項原則是：活在當下。只有當下才是真切的，才是活的；真理只能在當下被了悟。

第二項原則是：活得自然。就像演員在演完戲之後卸下戲服與臉上的彩粧一樣，在洛那克普爾靜心營的五天裡，你得將虛假的面具放到一旁，讓你身上基本與自然的部分流露出來，活出那些部分。

第三項原則是：單獨活著。不讓事情充塞了你的內在；外面也是，你保持自己一個人的生活，宛如這個營裡面只有你一個人般，不必與其他人聯繫。

一九六六年六月：喚醒生命季刊

在孟買的喚醒生命中心以印地語發行了一份季刊，該中心也成為整理奧修演講，發行成書籍的正式出版社。奧修這時候以「阿恰亞·羅傑尼西」（Acharya Rajneesh）廣為人知。

一九六八年：從性到超意識

奧修受邀至孟買知名的巴若提亞·維迪亞·巴梵（Bharatiya Vidya Bhavan）演講廳針對「愛」做一系列演講。在八月二十八日的第一場演講中，奧修解釋性能量蛻變後即是愛與靜心的升起，性若遭壓抑即無法轉化；許多人因他談到性而受到激怒，於是演講聽的主人取消了這一系列的演講。

九月二十八日，奧修重返孟買完成演講，他在葛瓦利亞·坦客·瑪丹（Gwalia Tank Maidan）對一大群聽眾演說，這一系列的演講內容以《從性到超意識》為標題出版，這本書的閱讀率居奧修所有的書籍之冠。印度的媒體開始為他冠上「性師父」（sex guru）的頭銜。

假如你想知道愛的真實本質，首先必須接受性的神聖，以你尊崇神的方式尊崇性的莊嚴，敞開你的心扉。當你愈敞開心胸與頭腦，你就愈不受到拘束；但是當你愈壓抑性，你就會愈被它所羈絆……

在我結束演講的那天，我驚訝地發現台上的官員，以及籌劃這場聚會的友人，他們全都一聲不響地離開了；當我走下走道準備離去時，我沒有見到他們任何一個人……

連主要的策劃人都沒有出現對我道一聲謝，之前在那裡的甘地家族成員，全都消失在台上。他們在演講結束前老早就逃了。領袖人物實際上是非常軟弱的人類，他們見風轉舵的手腳很快！在底下的人跑掉以前自己就先溜之大吉了。

一九七〇年至一九七四年：孟買

一九七〇年六月二十七日，在傑波普有一場為奧修舉行的歡送會，他在那裡已經居住、任教了多年。七月一日，他移居孟買，開始定期在晚上對大約五十個人演講，有時以靜心或歌唱、舞蹈作為活動的收尾。此時他旅行只為履行未完的預定演講，到了十二月，他的演講行程已經完結。

慢慢地我會讓自己停留在一個空間裡，不再來來去去。現在，我會為那些我重視的人工作，讓他們準備好之後送他們出去。我沒有辦法四處遊走，但我可以藉由送出去一萬人達到相同的效果。

對我而言，宗教也是一個科學的過程，我心中有一套完整的宗教科學技巧。當人們逐漸準備好的時候，我將這科學技巧傳給他們，透過技巧的協助，他們將能夠對成千上萬人發揮作用，並不需要我親自在那裡。我只需要找出能夠實現這項目標的人選。

一九七〇年：動態靜心問世

一九七〇年四月，奧修介紹了一項革命性的宣洩靜心技巧名為「動態靜心」。在五月的那哥爾（Nargol）靜心營中，他帶領了此項靜心的實驗，並且在往後三年內不斷做調整。動態靜心成為他最為人熟知及練習的靜心技巧。

有位朋友問到：「在你早先的靜心教導中，你總是要我們放鬆、靜下來、警覺。如今，在強烈地呼吸與問『我是誰？』的課程裡，你又鼓勵我們要全力以赴。請問這兩種技巧哪一種是好的？」

在這裡沒有所謂好或壞的問題，我懂你的意思，不過這與好壞無關。你必須去發掘哪一種技巧帶給你更多平靜，將這項技巧加入你的靜心要素之中。每個人的情形不可能一樣，大家的經驗都不盡相同。有些人只有在把自己累垮之後才能放鬆，而有些人很快就能進入放鬆，不過這樣的人寥寥可數。直接就放鬆下來本來就不容易，你很少見到這種情形。對絕大多數的人而言，在他們能鬆弛之前，經歷一連串的努力與緊張是必要的過程，但兩種情形的目的其實都一樣，最後的目的地都相同——放鬆。

一九七〇年：門徒的新定義

自一九七〇年的九月二十六日到十月五日，奧修在喜馬拉雅山的山腳下，一處名為庫魯．馬納里的地方舉辦靜心營。在九月二十六日當天，他點化了他的第一批門徒，他稱他們為「新桑雅士」（neo-sannyasin）。奧修對印度教這項古老的傳統有極為不同的見解；舊的傳統裡，尋道者必須放下一切的物質與關係，他或她必須禁慾，必須倚靠仍然在社會裡的人供養。隨著奧修開始定義「新門徒」，他對傳統的挑戰可說是昭然若揭。

我將要把過去的門徒與未來的門徒做區分。我認為門徒的習俗截至目前為止一直都缺乏生命，毫無未來性。門徒的精髓必須保留，它是人類珍貴的成就，失去這項成就我們將無法彌補回來。門徒是難得一見的稀有花朵，不過它有可能因缺乏適當的照料而凋謝，若它仍緊繫著舊有的模式的話，那朵花勢必會枯萎。

舊有的門徒必須棄俗，我不贊成。

然而，我依然使用「門徒」這個字，因為我可以看見相較於舊門徒更具內涵的另一層意義，我指的是拋棄世界給你的制約：你的宗教、你的階級、你的婆羅門信仰、你的耆那教、你的基督教、你的神、你偉大的典籍。依我之見，門徒意謂著承諾：「我要將所有加諸在我身上的東西清理得一乾二淨，開始過我自己的生活——煥然一新、年輕、純淨、無污染。」所以說，門徒是進入你存在的啟蒙。

從一九七〇年起，至一九八五年之間，奧修的門徒被要求穿著紅色與橘色的衣服。他們還會收到奧修所給的一串瑪拉（mala；項鍊），那是一串由一百零八顆念珠串成的項鍊，並懸上鑲有奧修照片的小匣子。除此之外，奧修給每一位門徒一個新名字，新名字包含了對每個人的稱謂，男性為「史瓦密」（swami），女性為「瑪」（ma）。

陽剛的道路是覺知，覺知帶領你朝向成為自己的主人，此即為史瓦密的意思。陰柔的道路是愛，愛引導你成為照料整個存在的終點，這是瑪的意思。一位女性在她最終極的開花中成為一股母性能量……她可以照顧整個存在；她覺得蒙受恩典，使她足以祝福整個存在。當一個男性到達最終那一點時，他並不會成為父親，也不會變成母親，他只是成為一個主人：自己本質的主人。

愛與覺知是兩條道路，並不是所有男性都是陽剛的，也不是所有女性都是陰柔的。有些女性必須經歷過覺知的道路，我也會稱呼她們為史瓦密，不過又會更混淆……光那樣已經太瘋狂了，於是我只好作罷。只是有時候，當我點化一位女性成為門徒時，我覺得想稱她為史瓦密，而非瑪；而有時候來了一位男性，他看起來比任一位女性還具有陰柔的氣質。

在一九八五年，奧修後來說：

慢慢、慢慢地，我開始挑出我的人，為了挑出我的人，我點化他們成為門徒，如此我可以認得他們，知道我的人是哪些人。我給他們名字以方便我記憶，因為要我去記來自全世界各地、各種怪里怪氣的名字實屬不易，真正的理由只是為了我能夠記得住人們的名字，否則我不可能記住那麼多人。現在幾乎每一個國家都有人在這裡，每個人有不同的語言，要記住他們的名字是不可能的事。

不過當我給你名字時，那又完全是另一回事。當我給你名字時，我是基於某種理由、某個我在你身上看見的品質而給的；我看見你的某些可能，那是早已存在的特質，這些都與我給你的名字有關。

我給你的名字是我所知道的，它的意義也是我所知道的；它的意義與你的生命形態、模式、潛能全都相關，這樣我比較容易記得你，不然很難，幾乎是不可能的事。

我讓你穿紅色衣服的理由很簡單，這樣我才能認得你，其他的所有藉口都沒有價值。我只是為了給你好理由——因為人們問你，你總得給他們合理的說法—我一直在無中生有、自創哲學。真實的情形只是如此，沒有別的。

在一九八六年，他再次強調門徒的外在表徵並不重要：

人的頭腦很不成熟，它會執著於外在的象徵符號，全世界的宗教都發生了這樣的事，它們剛起步的時候都很好，但後來全都走岔了，原因出於過於強調外在，以致人們完全忘記了內在。滿足外在是很耗生命力的工作，你被榨乾到甚至沒有空間去記得你的內在旅程，但基本上，內在旅程才是宗教性的意義所在。

我要我的人們清楚明白，你所穿的衣服、你外在的紀律、或是任何傳統給你的東西，沒有一樣會因為你相信而接受就有用的。唯一能在你裡面產生革命的是超脫頭腦，進入意識的世界，除了如此，別無其他的宗教性。

既然與一個太過執著外在事物的世界在一起，我的門徒也必須從外在開始：改穿橘色的衣服，佩帶瑪拉，做靜心，但唯一著重的是靜心。縱然如此，我發現人們可以很容易改變穿著，卻無法改變他們的頭腦。他們可以佩戴瑪拉，但無法進入他們的意識；光是穿著橘色的衣服、帶著瑪拉，有一個新名字，他們就開始相信自己已經是一名桑雅士。

門徒沒有這麼廉價，現在是時候了，你已經夠成熟，你的初步階段已經結束。如果你喜歡橘色、紅色，很好，這些顏色不會妨害你，但是也不會有所助益。如果你愛瑪拉，你喜歡小匣子裡有我的照片，那只是你的裝飾品，與宗教沒有任何瓜葛。所以我現在將宗教簡約至它絕對的本質：靜心。

在我開始點化人們的那一天，我唯一的擔憂是：「有一天，我是不是有能力將我的追隨者變成我的朋友？」前一天晚上，為此我輾轉反覆，難以成眠。我不斷在想：「我如何才辦得到？追隨者不該是朋友的。」那一晚在喜馬拉雅山的庫魯．馬納里，我對我自己說：「別嚴肅了，你可以辦到任何事情的，雖然你對管理的科學一竅不通。」

我想起一本柏恩（Bern）的書《管理的革命》（The Managerial Revolution），我讀這本書不是因為書名上有「革命」，而是因為有「管理」這個字，雖說我喜愛這本書，但我自然是失望了，因為那上頭說的不是我想要找的。我從沒能夠管理任何事情，所以那一夜在庫魯．馬納里，我笑了。

搬至伍德蘭斯（Woodlands）定居

奧修搬至孟買的伍德蘭斯住宅區裡的一間大型公寓，他在那裡住到一九七四年三月。既然奧修已經定下來了，他能與人們更緊密地工作。他單獨接見個人或一小群人，定期演講，這個時期他所演講的內容包括了「味格揚．拜拉．譚崔」當中的一百一十二種靜心方法，他將此書定名為《奧祕之書》。門徒與其他求道者每天早上都在一處鄰近的海灘上一起做動態靜心，此外，奧修偶爾還是會在鄉間主持靜心營。愈來愈多西方人開始到印度見奧修，許多人接受點化成為門徒。

我對靜心的興趣遠大過演講，這些演講只是為了推你一把，我以智性上的方式滿足你，讓你覺得你所做的一切都很知性、理性，其實不然。

怎麼說呢？我所講過的話在某種角度上來看，其實與我想拉你去的地方剛好反方向。就這些演講來說，我的方法是理性的；我只是為了滿足你，給你一些玩具把玩，好使你被說服，跨入非理性的部分。

我們的靜心不過是一種躍入非理性的存在，而存在確實是非理性的，是玄妙的奧祕，所以，別執著於我對你說的話，相反地，請抓住我想說服你去做的事。就是去做，有朝一日你將會明白我所說過的話都是有意義的。若你老是惦記著我曾說過的話，它們或許帶給你一些知識，讓你更博學多聞，但你不會達到真知的境界，我說的一切甚至可能成為阻礙。

一九七一年：改名巴關，公開承認成道

一九七一年的五月，奧修將他的名字從「阿恰亞・斯里・羅傑尼西」（Acharya Shree Rajneesh）改為「巴關・斯里・羅傑尼西」（Bhagwan Shree Rajneesh），並首度公開承認他

的成道。

許多人問過我，為什麼我在一九五三年成道時沒有說出這件事，在將近二十年的時間裡，我沒有對任何人透漏一點訊息。除非某人在猜疑，除非他對我說：「我覺得你發生了某些事，我不知道那是什麼，但有一件事是肯定的：有某件事發生在你身上，所以你不再和我一樣，而你隱瞞了這件事。」

那些年裡，問過我的人不到十個，即便是他們詢問，我也盡可能避免多談，除非我感覺他們真的想知道，而且唯有在答應我不說出去的條件下，我才會告訴他們，他們也都實現諾言。現在，他們都是門徒了，但依然保守祕密，我對他們說：「你們靜候著，待時機成熟時，我自會宣布這件事。」

我從過去諸佛的身上學到許多事。如果耶穌對祂是神之子的身分能夠閉緊嘴巴一點，人類就可以享有更多福祉。我心裡清楚，除非我停止在全國各處旅行，我是不會說出去的，否則我極可能早就被殺了，現在我不會在這裡。

一旦我結束了旅行的生涯，不必與群眾混在一起，從一個城鎮換到另一個城鎮……我當時沒有半個保鑣，要除掉我是輕而易舉的事情。

在近二十年的時間裡，我始終沒有洩漏半點口風，唯有當我看到現在我身邊聚集了夠多了解的人，唯有當我知道我可以創造自己的小世界，我不必再管大部分的民眾及愚蠢的烏合之眾時，我才宣布這件事。

一九七三年至一九七五年：活躍式靜心與音樂

一九七三年七月，奧修帶了一組五件的康加鼓（Conga；譯注：為康加舞伴奏的鼓）至靜心營裡；當他最後定居於普那時，他與門徒一起譜製他所發展出的活躍式靜心的伴奏音樂。

你的頭腦處於一片混亂，那個混亂必須藉由行動被帶出來，混亂式的音樂能幫上忙，在做靜心的時候播放混亂式的音樂，它能幫助你傾倒出你的瘋狂。你在音樂中流動，所以不怕表達出你的瘋狂。這混亂式的音樂將會打擊到你內在混亂的頭腦，並將混亂帶出來，這音樂可以派上用場。

搖滾樂、爵士樂或其他自成一格的混亂，有助於某些東西浮現出來，那即是壓抑的性慾。我關心的是你所有的壓抑，現在的音樂比較關心你被壓抑的性，不過兩者有異曲同工之處。不過，我不只注重你壓抑的性，我注重你所有壓抑的事情，無論是性或與性無關的……頭腦的狀態是神經過敏的狀態，我們整個社會都病了，那就是為何我如此強調混亂式靜心。釋放你自己，將社會強迫灌輸給你的東西丟出來；不管是什麼施加給你的情況，你都表現出來，讓自己從當中紓解，音樂可以幫助你強烈地經歷過你的情緒。

一九七四年至一九八一年：普那第一期

一九七四年三月二十一日，就在奧修成道屆滿二十一年的那一天，他搬到普那的可瑞剛公園（Koregaon Park），那裡有兩片毗鄰的六英畝居住區被買下來。他在草坪上與剛抵達或即將離開的門徒會面，而不再與尋求建議或私下會晤的個人見面。

人們不再能夠輕易地接近我，這是經過我深思熟慮下的結果。曾經，人們想見我就見得到，但我漸漸發覺自己反而沒能幫上忙，我幫不了忙。比方說，如果我給你一個小時，你會盡扯些有的沒的，如果我給你一分鐘，你會直接說出需要說的事情——頭腦就是這樣。

如果我挪出一整天給你，我就沒有時間給別人了。若是你必須等上八天或十天的時間才能見到我，為了回歸到自己身上，那段等待是需要的，讓某些重要的問題浮現。

有時候我看到，如果你有一個問題，而你可以立刻來見我的話，你提出的問題通常是瑣碎的。在一天之中，有那麼多問題揚起，它們在當時看起來好像很重要，但其實無關緊要；你只要等一個鐘頭，問題又變了，那時你又提出不一樣的問題。我若允許你帶著你所有的問題來，你一定會陷入一團亂，因為你自己都不知道什麼問題是必須的，什麼才是重要的，所以這是整個過程的一部分。

白雲之道

一九七四年五月，奧修以英語進行了一系列的演說，期間他解釋了他的心態、他看待師父與門徒關係的眼光，以及他在普那工作發展的遠景。這些演講被蒐錄在《白雲之道》（*My Way: The Way of the White Clouds*）一書中，吸引了為數眾多的西方求道者。

風吹到哪裡，白雲就隨風飄到那裡，它從不抗拒；一朵白雲不是征服者，它四處漂流、翱翔。你征服不了它，你不可能擊敗得了；白雲沒有征服的心念，那正是你無法打敗它的緣故。當你懷有既定的目標與意義，當你產生要去某個地方的狂熱，問題就來了。你將會被打敗，這是肯定的，你的失敗是存在中的自然法則。

一朵白雲沒有要往哪裡去，它游移、四處移動，所有的空間次元都屬於它，所有的方向都是它的，它並不拒絕往哪裡去。萬事萬物的存在都完全被接受，所以我稱我的道路是「白雲之道」，白雲的道路是沒有道路的道路。它飄移，但沒有僵固的頭腦——它不帶頭腦移動……

我即是白雲，我所盡力做的就是讓你也成為飄流在天空的白雲，沒有要往哪裡去，沒有從哪裡來，只是存在此時此刻當中——完美俱足。

我不教你任何理想，也不教你任何「應該」；我不對你說要這樣、要成為那樣，我所教的只有這一件事：不管你是什麼，打從心底完全地接受自己，讓你再沒有想成就些什麼，如此你就是一朵白雲。

空椅子：一個新階段

一九七四年六月，奧修第一次在普那介紹靜心營，同時宣布他的工作已經進入一個新階段；從現在起，他只會與真心求道的人一起工作。奧修第一次沒有親自帶領靜心，改以靜心堂放置一張空椅子替代。

這個靜心營是很不一樣的，今晚我將展開一個嶄新的工作階段。你很幸運能置身於此，你將成為一種新形態內在工作的見證。我必須對你做說明，因為明天早晨旅程就開始了。

……另一件新的事情，我不在這裡，只有我的空椅會在這裡。然而，不要懷念我，因為從某個意義上來說，我將還是在那裡，從另一個角度來說，在你之前那張空椅就存在了；此時這張椅子是空的，因為沒有人坐在上頭。我在對你說話，但又沒有人對你說話，想了解是很難的，不過當自我消失的時候，過程便能繼續下去：談話可以繼續，坐著、走路、進食可以繼續，但做事情的人不見了。即使是現在，椅子依舊是空的。

目前為止，每一次的靜心營裡我都與你們同在，因為你們當時尚未準備好，而現在我感覺你們已經準備好了。當我不在的時候，我更能幫助你去下工夫，因為，知道我親自在那裡會使你產生一股虛假的熱忱。由於我在那裡，或許你會去做自己從不想做的事情；為了令我印象深刻，你說不定更卯足力氣。那樣是沒有用的，因為，唯有發自你本質的東西才有用。我的椅子在那裡，我會看著你，不過你覺得完全自由自在；別以為我不在那裡，因為你或許會覺得沮喪，使你的靜心受到低潮的干擾。

這點你也必須牢記在心：我不可能永遠在軀體裡與你在一起，遲早有一天，我得拋掉這副身體。就我而言，我的工作已經完成了，純粹是為了你，我才帶著這副工具，總有一天它必須被丟棄。但在這件事發生之前，你必須能夠在我面前，或在我以「非肉體存在」時下工夫，這兩者指的都一樣。當我不在時你能感覺到我，你就不再受到我的牽絆，到那時候，縱然我不在這副肉身中，你我之間的連繫也不會消失。

當一個佛在的時候一定會發生這種事：他的肉身變成如此重要，當他過世時，一切也隨之煙消雲散。

我的椅子可以空著，你可以感覺我的不在。別忘了，只有當你能感覺我的不在，你才能感覺我的在。假如我的肉體不在，你就無法看到我的話，那你壓根兒就沒有見過我。

這是我的承諾：我會在空椅子上，那張空椅子不是真的空著，所以你要規矩點！那張椅子不會是空的，但是你最好學會與我的非肉體存在連結，那是更為深入、更為親密的接觸與連繫。

這即是我之所以提到，我的工作從這個靜心營起開始步入新階段的原因，而我稱它為「狂喜的靜心營」。我要教給你的不只是靜心，還有絕對的狂喜；我不只教你第一步，也教你最後一步。

評論與回答問題

自一九七四年七月起，至一九八一年為止，奧修在每天早晨都以英語或印地語演講，兩種語言每幾個月交替一次。他評論了許多靈性傳統當中成道的神祕家：道家、禪宗、基督教、哈希德教派、蘇菲主義、鮑爾族（Bauls；譯注：印度神祕傳統其中一支）、印度教神祕家、藏傳佛教、密宗等等。他每隔一陣子會回答聽眾傳給他的問題，而每連續十天的演講都集結成一本書出版——在七年之間出版了超過兩百四十本書。

你得找出你自己的路，每一個人都得找出他自己的路。我將會讓你見到所有的路，然後你自己去看、去感覺，當你走對路的時候，你馬上發現你心中揚起無限的喜悅，那是一道暗示，說明了你的季節已經來臨了，這是你等待已久的時刻——你的春天。

我要揭示一種新的宗教——核心宗教。在回教是蘇菲，在佛教是禪宗，在猶太教是哈希德教派，他們才是宗教的精髓。不過，我使用你的語言，以你能了解的方式敘述，我所使用的是一種很缺乏宗教性的語言，彷彿我一丁點宗教品質都沒有。

核心宗教是這個世界所需要的，二十一世紀需要一種免除種種迷信的宗教—沒有裝飾、完全純淨的宗教。

達顯師父與門徒的交流聚會

每天晚上七點鐘，奧修與一群群的求道者在他居所附近的演講廳會面一、兩個小時。在這些達顯裡，他點化來自世界各地的人成為新門徒，問候剛抵達或即將離開的人們，回答問題並針對問題給與建議。社區的工作人員以及學員輪流參加這些聚會，這些奧修與他的來賓之間親密、面對面的聚會，被錄製印成《達顯日記》（*Darshan Diaries*）出版。

一個人應該漸漸學習自立，對自己愈來愈信任；我的從旁協助不能成為倚賴，而是幫助你日益警覺，使你愈發信賴自己的生命、自己的聲音。

所以，當你來問我事情，我並非直接作回答。我得進去你的心坎裡搜尋，看看如果你的心能運作的話，你會有何種決定。我從未擅自給人任何決定，因為那是破壞性的做法，那是外在加諸的東西。當你發問的時候，我看進你的內心，但不做決定；我看進你裡面、去感覺你，我看見了你的心，那是你自己無法看見的，接下來我讓那顆心決定，所以頂多我將你的心詮釋給你聽而已，我是個助產士。

所以，假若你能決定，很好，慢慢開始傾聽你自己的內在核心說些什麼，你得具有那份信任，否則的話，對我的信任可能反而會危害到你，因為那麼一來你總倚賴外在的中間者，養成了習慣之後，當你獨自一個人，或當你離我很遠的時候，你會不知所措。

所以，即使是你人在這裡，任何你能決定的事情，你就自己決定。當你覺得幾乎不可能決定的時候，當你的正反兩面不相上下，你被對等分成兩半，只有到了那個時候你才來找我。那時候我也只是幫忙而已，我不施加任何東西給你，最多我變成你與你自己的一座橋樑，那就是我的作用。

你慢慢就會看出那座橋樑。你繼續朝真實的自己邁進，對我的需求愈來愈少。有一天，沒有什麼是你決定不了的，到那時，你已經長大、成熟了。

當你見到問題出來了，那是個大好良機，一個挑戰性、關鍵性的片刻，以創意的方式善用這樣的時刻，找出解決的門路與方法。靜靜聆聽你的心，如果有肯定的聲音打從那裡出來，很好，你已經得到我的幫助了。唯有在少數你無法決定的時候，當黑暗的部分太多，你完全處於一團迷霧之中時；當你決定這樣，而你的頭腦卻說那樣，當你決定那樣，而你的頭腦卻又說這樣時；你懸在兩邊猶豫不決，你被切成兩等份，唯有到了那個時候，你才來找我。切記，到那時我也不是給你意見，我只是將你最內在的心交給你，不用多久你就會看得見了。

分享洞見與靜心

許多西方門徒在普那待了數個月之後，然後又再返回他們的祖國。在他們的「臨別達顯」中，他們經常詢問自己如何繼續在家裡靜心，以及如何將奧修的見解與獨一無二的靜心技巧分享給他們的朋友與家人。雖然奧修常建議人們在西方開設靜心中心，他也一再強調他關心的不在於改變人們的宗教或勸人成為門徒，只是為了讓他的工作可以被有興趣的人接觸到。

當我說不要做傳教士，我指的是別將你自己施加在他人身上；去分享，但別強迫。分享是完全不同的，分享非常尊重另一個人，那不是一種暴力；施加是暴力，你對別人並不尊重，你將別人當成手段利用，只想去改變他，那是錯誤的做法。永遠不要利用別人去達成任何事，因為對每個人而言，他本身就是自己的目的。

傳教士完全不尊重人，他滿腦子的想法只在於改變人們的宗教信仰，如何為他的教派再增加一個信徒，他對分享才沒有興趣。分享是完全不一樣的，你分享是因為你經驗到了某些事情，因為你看清了某些事情。你無條件地分享，如果這個人轉變了，那只是一個順帶發生的事情，而不是你分享的用意。如果他沒有同意你，你也很快樂，你快樂是因為你的分享；你的工作結束了，而你並沒有期待任何結果。

能夠意識到所有的可能性是很好的，否則，不知不覺你養成了傳教士的傾向。只管分享，分享完就把這件事忘了；播下種子後繼續往前走，別回頭看那些種子怎麼樣了。根據他們的時節，當春天來臨時，有些事情就會發生。

為靜心所準備的治療

一九七五年一整年，奧修以東方的靜心改革了西方的治療手法，帶領課程與工作坊的發展更上一層樓。一九七五年的八月，第一個治療團體開始運作。所有的團體都包含了每天的動態靜心、亢達里尼靜心，奧修的晨間演講，團體之前或之後參加十天的靜心營。在達顯的聚會中，奧修會給新到達的人參加治療團體的意見，給團體領導人建議，與上課成員見面。至一九七七年底，已經有五十種不同的團體供人挑選，社區被認為是世界上最大、最創新的成長中心。

成長團體是必須的，因為你有強烈的互動、愛與溝通的需求；西方的基本問題是如何溝通，如何與人連結。這裡有許多西方人，當他們來達顯見我時，他們的問題清一色是關係上的問題──如何與人互動。

沒有半個印度人曾問過我：「該怎麼與人互動？」那根本就不是問題，他問的是：「如何靜下來？如何進入自己的內在？」

那就是為什麼除了日本人之外，我不建議東方人上團體，我建議過幾個日本人去上一些治療團體，因為日本是東方最洋化的地區。而印度人我只建議過一、兩個，他們只是表面上的印度人，雖然出生在東方，但他們的頭腦沒有受到東方的觀念影響，由於基督書院裡的教育，他們的教育與成長都是西式的。

那因人而異，看他的需要是什麼，有少數的西方人我也不建議他們上團體。當我看到有些西方人並沒有互動的需求，我就不會建議團體給他們，我會告訴他們沒有需要。不過，東西方的心理制約有至少五千年的差異，這一點是不容忽視的。

我的治療師是全世界最頂尖的，理由很簡單，因為其他的治療師純粹是治療師，不是修行人，而我的治療師也是修行人。

治療是表面的功夫，可以幫助土壤清理乾淨，但是一片乾淨的土壤並不代表會長出一片花園。你還需要更多的因素。治療是負向的，只能將土壤上面的雜草拔一拔，把四散的石塊移走，使土地準備好成為花園，但它的工作就到此為止。西方的治療仍停留在很原始的階段，它還有一大段路要走。除非治療能與靜心結合，否則或許它能夠發揮粗淺的功效，但無法真正幫助人們成長。

當我說我的治療師是最棒的，我單純是指他們不僅是治療師，還是修行者，其他的治療師只是治療師而已。

跨越尺度：接觸治療與原始治療

雖然在七〇年代，社區只有小比例的治療團體是涉及宣洩或裸體的，但最受到媒體矚目的就是這少數的團體。一家德國的電影公司獲准播放了一卷接觸治療（encounter group）不同階段的影片，還有他們自行剪輯製成的紀錄片，此舉使社區引發舉世的爭議與怒火。這部電影在八〇年代廣泛地在各處上映，並且被反宗教團體用來支持他們認為奧修的工作很危險，應該反對奧修的論點。

我在這個社區裡安排了為數不少的心理療法，大眾會對它們有誤解，這是一定的，因為在心理治療的情境中，你必須讓一切曾經被抹煞的部分浮出檯面。假設有個人向來都否認自己的憤怒，在心理治療的過程那些憤怒必須被允許表現出來，唯有那樣，心理治療才具有療癒的效果，它才會治好你。治療必須打開你的每一道傷口。

接著，傷口的膿汁會開始流出來。當你去看一個接觸團體的進行，你會覺得很不舒服，因為你會見到獸性四處亂竄，無法想像人類怎麼可能有這樣的動物性。但是，那個動物性也在你裡邊，只是被壓下去而已，壓抑不是消除之道。

在接觸團體中，你必須百分之百地與自己接觸——誠如「接觸」（encounter）這個字的意義；你必須將一切的壓抑挖出來，毫無保留地挖出來，不去衡量什麼是好，什麼是壞。不一會兒你就會見到一大群動物在你裡面吼叫、張牙舞爪；你總是被教導非暴力，你的非暴力壓制了你的暴力。熊熊的怒火就這麼沒來由地開始燃燒，你開始捶牆壁，也可能打你自己，然後你說：「我在做什麼？以前我不是這樣的，這是打哪裡來的？」可是，情緒波濤洶湧、來勢洶洶，而整個過程就是讓它發生。

當每個部分都被表達出來之後——你的性、憤怒、貪婪、嫉妒、不滿——當一切都抒發出來之後，暴風雨之後的平靜就降臨了。

大多數的民眾不會了解這些，事實上人們很防衛，他們也並不想知道；若想了解，他們不得不看看自己，然後，就會在自己裡面看到一模一樣的東西。

在普那有幾個團體，我會決定人們應該上哪一個團體、以什麼順序上，這些團體是治療課程。我請人們先做靜態的治療、靜心式的治療，當這些治療對某些人發揮不了作用，我就會建議他們做比較動態的治療，若是連這樣都不行，我就讓他們做可以捶枕頭、大吼、尖叫的治療團體……但他們在課程進行當中不可以碰觸到任何人。多數的時候這樣就足夠了。

少數時候，有人還需要更多的治療，他尚未清理乾淨，那麼，這些人就可以去做有肢體接觸的治療，不過，現場會有一位治療師負責注意沒有人員受傷。參加者必須簽署一份文件，上面聲明他們自己決定接受某一種治療；如果他們不想參加的話，就沒有必要參加，那是他們個人的選擇。

這樣的治療團體對那些人產生極大的幫助，在治療進行的過程中，無論他們做什麼事，都必須無時無刻記得觀照——這個部分是外人所不知道的——即使他們在毆打某個人，裡面都有個觀照者。在打完一架之後，他們可能相擁而泣，心中湧現無限慈悲。

在性的治療方面，我問男人與女人們：「你的經驗是什麼？你從經驗中得到什麼？」結果又是很令人詫異。有一位女性告訴我，她一再夢見自己被強暴，使她半夜裡經常一身冷汗地嚇醒過來，那個夢境一再回來找她。但是，在這個治療之後，她就不再做那個夢了，她的睡眠品質變得平靜。

在團體中她並沒有被強暴，但她是性的治療課程裡的其中一位成員。課程內容皆是有趣、好玩的，沒有人被強暴，沒有人被強迫違背自己的意願。假如有人想離開團體，他有離開的自由。

記住，這些團體不是目的，只是為了你的靜心做準備；它們不是最後的目標，而純粹是復元過往的錯誤。一旦你將長期以來所壓抑的一切拋出你的系統，我就得引導你進入觀照，此時觀照就比較容易。

然而，你可別上團體成了癮，成天追逐著團體。今日世界各地有些人對上課很熱中，他們團體一個上過一個。接觸團體剛結束，接著另一個馬拉松，然後完形治療，然後又這個那個……才過了沒幾天，他們的心又開始癢癢的，要到哪裡去發洩呢？在一般的社會上，他們無處抒發，只得壓下來，於是團體變成只是一個發洩的出口。社會迫使你壓抑，團體幫助你表達，但你並沒有真正成長。當你再次回到社會，你就再度壓抑自己。

此處就是這個社區與美國伊沙蘭（Esalen）一類的機構不同的地方。他們團體結束後就結束了，而我們團體結束之後才剛要開始；他們的盡頭正是我們的起點。

成千上萬的治療師對我的工作很感興趣，這不是偶然的巧合。在我的門徒當中占了為數最多的一群人就是心理治療師。全世界的人都感覺到很深的需求，像接觸治療、原始治療、完形治療，這些治療能協助人們卸下一點包袱，但無法幫助他們成佛、成為醒覺的人。

普那社區的擴建

一九七六年三月，許多新改建、修繕的建築已經完成，奧修以成道的神祕家為每一棟建築物命名：法蘭西斯（Francis）、耶穌、艾可哈特（Eckhart；譯注：十三世紀德國的神祕家）、克里希那。每天早上的演講在奧修住處附近的「莊子屋」舉行，那是由一大片蚊帳圍起來的圓形檯子。到了一九七七年三月，佛堂的建造竣工，奧修的英語演講於是能容納更多人。社區的工作部門包括出版部、新聞室、工藝部、音樂部、絹布製版印刷部、服飾精品屋、木工暨樂器製品部。到了一九七七年八月，另增加了麵包坊與珠寶、陶器、紡織品的工作室。

這個地方是個商業中心，你還能找到比這裡更像商業中心的地方嗎？我原可將社區設在喜馬拉雅山上，我熱愛那個地方，不去喜馬拉雅山對我來說是很大的犧牲；不過基於特定的理由，我並沒有將社區設在喜馬拉雅山。

我想保持與市場的接觸，這個社區的運作幾乎就像市場的一部分，印度人之所以看社區很不順眼，理由就出在這裡。他們對修行的道場已有數千年的認知，但這個道場超乎他們所能理解的範圍，為何你得付錢聽一場宗教上的演講？他們聽演講從沒付過錢，不僅如此，一般的演講後道場還會分送祭神後的食物與甜點，許多人去聽演講不是因為演講，而是為了食物。

在這裡你得付錢，我是在做什麼呢？我要社區絕對是市場的一部分，因為我不要我的門徒住進一所修道院裡，他們要待在世界裡。他們的靜心應當在世俗之中成長茁壯，而不是變成逃避主義者。所以，無論你在此找到的平靜是什麼，你隨處都能夠保持在那個狀態，一點困難都沒有，因為我已將你到任何地方所會遇到的干擾全都擺在這裡！

我所做的一切就是致力於創造一個具體而微的世界，在這裡，金錢是完全被接受的，男人與女人在喜悅與慶祝中一起生活，沒有恐懼。在這裡，世俗中所原有的不但照舊，還與靜心齊頭並進，你的靜心將會愈形強烈，因為，挑戰全部都在這個地方。

你想到哪裡都行，沒有人能奪走你的平靜，你的寧靜是你的！那不是因為我的緣故，是你掙得的，你已經得到了。

侵擾日增

隨著西方的訪客人數與日俱增，外國人受到的騷擾事件愈來愈多，特別是西方女性。男性與女性在公共場合的親暱舉動，甚至穿著無袖的衣服，在性禁忌充斥的印度文化中被視為是煽情的行為。奧修經常性的批評政客、貪污人士，激怒了各個層面的政府人員。他們開始採取打壓的手段對付社區，包括對興建新建築的嚴格限制，並拒發欲前往社區外國人的印度簽證。

我不會被社會所支持的，我能存在就已經是個奇蹟，因為這不符合邏輯，我根本不該出現在這裡。社會不支持我，它無法支持我；社會將無所不用其極阻撓我的工作，它正在這麼對待我。

前幾天我在報紙上讀到，有一個人建議政府將我逐出印度，想必他是個很虔誠的宗教人士，因為他說我在破壞宗教。將我驅逐出境還不能令他滿意，他另外建議應該割掉我的舌頭，這樣我就不能說話；我的手也應該被切掉，這樣我就沒辦法書寫，而他認為自己很有宗教性？

擁抱一個你所愛的人有什麼不對？親吻一個你所愛的人有什麼不對？不要強行去抱別人，那沒錯，因為強迫別人是醜陋的，印度人總在做那種事。我的女性門徒注意到這件事，如果你身在市場裡，印度人真的表現得很下流，他們會捏你的屁股一把，那是齷齪的；他們會用身體去摩搓你的身體，那是齷齪的；他們以一種要把你吃進去的眼神盯著你看，那是齷齪的，而他們倒是很接受那種行為，完全沒有問題。

當你愛一個人時，你們手握著手、相擁、親吻，那不甘別人的事。為什麼別人會覺得受到觸犯呢？毛病出在他們自己身上，也許他們覺得嫉妒，但他們不能表現出嫉妒的樣子，於是只好生氣。也許他們也想要去擁抱某個人，但又沒有那個膽子，他們畏懼別人的眼光，因此對你很不滿。他們沒有能力做到的事，也不希望別人做得到。

新社區的憧憬

在奧修的演講中，他開始談到找尋一處僻靜的地方，好讓他的工作能不受干預地進行。於是他的門徒在印度的鄉間展開搜尋，希望能找到一大片地方以興建新社區，讓靈性的多層面工作得以深化。

葛吉夫（Gurdjieff，譯注：第四道體系的大師）的一生極具神祕色彩，世人對他的生平所知不多。他的學校行事隱密，裡頭到底在做些什麼，外人只能用猜想的。

我的新工作階段也將是如此，人們不會看得見我的社區，從外觀上所見到的是：織布者、木匠、陶藝家……那將是表面上的。想來參觀遊覽的人，我們有一間大的展示間招待他們，他們可以購買物品，欣賞門徒的創造力：繪畫、書籍、木製品。我們帶他們四處瀏覽，這裡有一座美麗的湖泊、有游泳池，給他們住五星級飯店。但他們不會知道這裡真正發生的是什麼，實際上發生的事幾近地下化；它也必須是地下化的，否則無法發生。

我有幾則祕密要告訴你，在我將它們告訴你之前我不想死，因為我不知道此刻在世的人還有誰能做這件工作。我從道家、密宗、瑜伽、蘇菲、禪宗的人那裡得到許多祕密，幾乎每一種傳統我都待過，有好幾世裡我是個流浪者，從許多花朵中採集到大量的花蜜。而我離開的時間早晚會來臨，我將不再進入身體，這將是我的最後一世。我想把我所蒐集到的花蜜與你分享，如此你能夠與他人分享，花蜜才不會從地球上絕跡。

這是極為隱密性的工作，我無法以言語表達出來，我想我早已說得太多！我甚至連這些話都不該說的，這個工作只給那些全心全意的人。

現在，我們有一間大的新聞室，盡可能地將這裡所發生的事傳播給更多人注意到。但在新社區裡，真正的工作將不會為世人見到，新聞室是基於其他目的而運作。來這裡拜訪的人潮不斷，我們必須從中挑出一些人，我們得邀請能夠參與、融入社區的人。不過，真正的工作絕對是個奧祕，這件事只限於你知我知。

我與你之間也不會有太多對話，我會愈來愈沉默，因為真實的交流是透過能量，而非語言。隨著你日漸能夠在靜默中接收能量，我的話語將會愈來愈少。不過，我為你保留了一件無價的珍寶，所以，保持你的敞開……

在人類的歷史上，一切美麗、偉大的事情，只透過少數幾個人而發生，這些人為了內在的探索而凝聚自己的能量。我的社區將會成為內在探索的神祕學院，這將是最偉大的探險，也是最偉大的舞蹈。

寧靜的撒尚及評論佛陀的《法句經》

一九七九年六月，奧修帶領了一個為期十天的無聲交流實驗，或稱撒尚（Satsang）。他在佛堂與大家在音樂與安靜的靜心下靜坐一個鐘頭，而不演講。在六月二十一日，奧修開始了他對佛陀《法句經》（*Dhammapada*）的評論，這一系列共分成十二個部分。

語言對我而言愈來愈不容易了，說話逐漸成為吃力的事情；我不得不說些話，好讓我保持與你對話，但是我希望你儘早準備好，我們直接安靜地坐著……諦聽著鳥兒的歌聲……抑或，只是聽著你自己的心跳……只是在這裡，沒有做任何事。

讓自己及早準備好，因為我隨時都可能停止說話。將這個訊息傳遍世界各個角落：那些只想透過語言來了解我的人，他們要趕緊來，因為我隨時可能在任何一天停止說話。有可能某一天，在毫無預警之下就發生了，甚至是一句話講到一半的時候，到時我不會把話說完！於是那句話就永遠懸在那裡……未完成。

不過，這一次你將我拉回來。

這些佛陀的話被稱作《法句經》……

暗殺事件發生

在一九八〇年五月二十二日的晨間演講，一個名叫維拉斯．塔波（Vilas Tupe）的印度教原旨派份子對著台上的奧修擲出一把刀子，當地警察已經得到消息，事情發生的時候他們也在現場；在警察將塔波帶走拘禁後，奧修繼續他的演講。後來在司法訴訟過程中，由於警局的官員與維拉斯．塔波同夥的暗中操縱，這件案子被撤銷，塔波獲無罪釋放。幾個星期之後，奧修解釋了這件事情的原委。

那個對我丟出短刀、很顯然想謀殺我的人，普那的地方法官已經對他做出判決，他將他釋放，而他放人的基本理由很值得深思。我對他的理由感到好笑，我很喜歡他的說法！他的理由是，如果他有預謀要暗殺我，我就不可能事後還能繼續我的演講！如果某個人企圖殺掉你，誰還能夠講得下去？只可惜，他不認識我，就算是死了我也會繼續講下去——十點鐘以前我是不會結束的。

但是他不懂，我了解他為什麼不能懂。當某個人要殺你，你還能夠照原來的樣子說話嗎？他的立論似乎十分有道理，一般大眾又會怎麼說？連一個受高等教育的法官也做如是想。

世界性的擴展

在一九八〇年代末到一九八一年早期，英國成立了一個中心，提供奧修的書籍、錄音帶、錄影帶。社區鼓勵海外的門徒去支持當地的靜心中心與社區，並舉行培訓新領導人的課程。一九八一年春天，倫敦籌組了一項名為「三月大事」（The March Event）的奧修靜心與團體的體驗工作坊，為期兩天，吸引了將近五百人參加，活動的宣傳方式包括倫敦公車與地下鐵的廣告。

我不光努力在此地創造一個佛境，還要在世界各處創造出綠洲；我不想將這無限的可能局限於這個小小的社區。這個社區是根，它的枝葉將會延展到全世界；這個社區是根，但它將會長成一顆巨樹，觸及到每一個國家，接觸到每一個有潛力的人。我們將會在世界各地創造出小社區、靜心中心。

活在世界裡，但不屬於世界。活在世界裡，但別讓世界活在你裡面，那即是我的訊息。

禪宗裡有一句話說：「野雁無心投射牠的倒影在水中，水也無意接收牠的倒影。」

野雁並不想將自己的倒影投射在水上，水也沒有欲望接收牠的影像——雖然是發生了！當野雁飛過，水就反映出牠，倒影在那裡，但水沒有意念要反映，野雁也不眷顧倒影。

這是我的門徒應有的態度：置身世界、活在世界，淋漓盡致地揮灑生命；沒有野心、沒有欲求，因為欲求不讓你好好活著，野心犧牲了你的當下。別貪心，因為貪心會將你牽引到未來；別占據，因為占據使你執著於過去。一個想要活在當下的人必須從貪婪、占據、野心、欲望中解脫。

整個靜心的藝術即在於此：覺察、警醒，那些小偷才沒有機會污染你。靜心，但保持在世界裡，這是我的經驗，世界對我的幫助很大。世界對你的靜心有很大的幫助，因為它帶給你許多阻礙，倘若你不會因此分心，每一次的成功就化為無上喜悅。你保持歸於中心，你成了颱風的中心；颱風不斷在你四周呼嘯，可是你的中心依然不為所動。

一個真正的門徒就是如此：活在世界裡，但保持不受世界的影響。

禁語

一九八一年四月十日，奧修傳來一個消息，他說他正進入工作的最後階段，從那天起，他只會透過寧靜來說話。他還是繼續與祕書見面，但並沒有出現在公開場合，直到三星期之後，撒尚又重新開始舉行，奧修來到佛堂與他的門徒與訪客一起靜坐；聚會的開始，現場吟唱起一首古佛教的贊頌曲，以音樂、歌唱、舞蹈作為終結。

與此同時，奧修的健康變得愈來愈脆弱，除了過敏之外，他還有嚴重的背痛，醫生們考慮或許不得不為他動手術。此外，由於椎間板脫出的危險性，以及情況嚴重時可能導致神經受到破壞，這又令他們更為憂心。奧修的私人祕書，阿南．席拉（Ma Anand Sheela）安排他到美國，如果背痛情形加劇的話，他就可以在那裡就醫。一九八一年六月一日，奧修與他的工作人員、醫療人員自孟買飛往紐約。

一九八一年至一九八五年：泥濘的大農場

在奧修抵達美國幾個星期之後，席拉在俄勒岡州東部購買了一百二十六平方英里的一塊地，這塊地位於沙漠的高處地帶，從前是專門飼養牛隻的農場，距離最近的羚羊鎮有二十哩路。人們都稱這裡為「泥濘的大農場」（The Big Muddy Ranch），「泥濘的大農場」曾經因過度放牧而導致土地貧瘠，這塊地正對著約翰日河（John Day River），橫跨俄勒岡的兩個郡。區域內只有一棟小農舍，另外，在山谷一條陡峻、塵封已久的路尾處有幾間穀倉。到了八月底，數間預先組合好的房子已經興建完工，其中包括一間奧修的住所，他與他的貼身工作人員在八月二十九日遷往農場。

佛陀犯過錯，馬哈維亞犯過錯，而我來到俄勒岡州，坐在你面前，你以為在這個過程中我沒有犯半點錯嗎？我就是最好的證明，身為一個成道者並不表示你不會犯錯，你可能會掉進這個「泥濘的大農場」！這下子要脫身可難了，你愈想逃脫，就愈深陷泥巴堆裡。

這件事再清楚也不過了，我不需去列舉佛陀犯過什麼錯，馬哈維亞犯過什麼錯；我自己曾經犯錯，而且我不斷在犯錯，但這不會損及我的成道，因為犯錯與成道並沒有關連。

我盡可能善加利用錯誤，這就是我們在泥濘的大農場所嘗試的事，所以我說這是一種「嘗試」，從光明面來說，自錯誤當中創造出一些美好的事物。如果是我們掉進這裡的，或許這是我們的錯，但對泥濘的大農場來說這是好運降臨，所以讓我們發揮它最大的優點，而我們確實努力在這麼做。

反過來看，其他所有人都宣稱自己絕對正確；我在許多方面說來都是個瘋子，我不該說這些事情的，我不該說自己犯錯。我的同行可不認同我的行徑，所以他們都討厭我，他們說：「你不應該說這樣的話，即使發現自己犯了錯你也要儘量掩飾，讓它看起來不像個錯誤。」這種事他們已經做了好幾世紀，但我做不出來，我就是沒辦法欺騙別人。

建造羅傑尼西普蘭之城

幾個月之內，奧修的門徒已經確切地體認到，他們希望打造一個自給自足的社區，這個社區擁有容納五千人住的房子、一年舉辦四次慶典以及出版奧修書籍的設備。來到大農場的人數在春天與夏天之後激增，這些新來的人一方面住在帳棚裡，一方面他們開闢一大片蔬菜農場與生產乳製品，並開始設置管線與下水道，重修道路、整治河床，在原本不毛的丘陵地上種出植物。當地人對於這些人定居下來產生激進的反對聲浪，社區的營造申請被回絕，有人放話恐嚇要對奧修與社區的人施暴，門徒在波特蘭（Portland）買下的一間旅館遭人炸毀。俄勒岡的州長發表聲明，他說依他個人之見，若新來的人不受到周遭社群的歡迎，他們就應該遷離。

一九八二年，農場的居民投票決定在渥斯寇郡組成一個團體：「羅傑尼西普蘭之城」（City of Rajneeshpuram），這個團體通過該郡的政府部門核准，不過，一個名叫「俄勒岡的一千名朋友」的土地使用走狗團體，他們上法庭控告「羅傑尼西普蘭之城」；稍後，該州的律師搬出憲法作為理由，指稱這個團體違反了教會與州的各自獨立。原旨派基督教會的牧師們暗示人們奧修是反耶穌的，當地的農民對著通往羅傑尼西普蘭的方向指示牌丟擲東西，並在「反羅傑尼西」的集會上販售印有來福槍壓著奧修肖像的T恤與棒球帽。

奧修以宗教老師的身分申請居留遭拒絕，理由是，他現在沒有公開演說，所以不足以成為老師，該決定後來經上訴之後獲得推翻。一九八四年，市政府的法律部門有一個超過兩百人的單位在處理許多訴訟案件，從「訊息自由法案」（Freedom of Information Act）所得到的文件上顯示，雷根總統的幕僚向聯邦與州政府施壓，要他們想辦法剷除社區並將奧修驅逐出境。

鑒於土地的使用法規，他們想要夷平這個都市，而那群白痴當中沒有人來看過我們是如何使用這片土地的，難道他們能比我們更有創意地使用這塊地嗎？五十年以來沒有人開墾過這個地方，他們高興讓它荒廢，那叫做善用土地。現在我們從這片土地上創造出一個自給自足的社區，生產我們的食物、蔬菜水果，我們辛勤地付出，使社區得以自給自足。

這個沙漠，怎麼說……似乎是我這種人的命運所歸，摩西最後也是到了沙漠。我來到了這個沙漠，而我們努力賦予它一些綠意，我們辦到了。如果你到我的房子繞一圈，你不會認為自己是在俄勒岡，你還以為置身喀什米爾。當我初到之時，這裡連一棵樹的影子都沒有，完全沒有一絲綠意。當席拉帶我來這裡時，這幅景象令我大感震驚，房子四周光禿禿的一片；我一直都住在美麗的花園裡，無論住在哪裡，我總是會整理出一座美麗的花園。

我們歷經千辛萬苦，才將這片不毛之地變肥沃，我們這裡的人一天工作十二至十四小時，而他們卻不來看一看這裡的情形，光是坐在首府裡就決定我們違反了土地使用的法規。若這叫違反土地使用法規，那他們的土地使用法規是假的，應該要燒毀才對。請先來這裡勘查，證明哪裡違反了土地使用的規定，然而他們不敢來。

我一直尊重美國是個民主國家，我欣賞它對個人、自由、言論自由的尊重；我向來喜愛美國的憲法，如今我覺得，要是我沒有來這裡倒還比較好，因為現在我感到徹底的失望。他們的憲法是虛偽的，憲法上的文字：個人、自由、資本主義、表達的自由，那些只是說說而已。在簾幕的後面是同一群政客、同樣醜陋的臉孔與卑鄙的心。我個人的看法是，會受到政治所吸引的是世上最卑鄙、最低下的人，因為他們知道唯有大權在握才能做事；從事破壞性的行為才需要權力，否則愛即已足夠，慈悲即已足夠。

你們這座城市在整個人類史上是獨一無二的，曾經有城市的存在，也曾經沒有城市，但「非法的城市」？從來就沒有聽說過，這是個城市，但是它不合法。你們的存在不被認可，你們的存在遭到漠視。

我現在在這裡，我將來還是在這裡，想將我送回去是不可能的……因為我已經說動印度政府拒絕我，所以你們要將我送去哪裡？你們只能放逐我回印度，而我已經事先說服印度了，他們根本不會接受我。這下我陷在這個泥濘的大農場裡動彈不得，沒有起重機可以帶我脫離這裡。

然而，當權的是這些蠢蛋，他們甚至將「羅傑尼西普蘭」這個名字從渥斯寇郡的平面圖上摘除，在渥斯寇郡的檔案資料裡，並沒有「羅傑尼西普蘭」的存在。若是五千個人驟然消失不見，俄勒岡政府甚至無法說這些人失蹤了，因為他們必須先承認我們在這裡才行——但我們不在這裡！

不過，某個角度上來說這是件好事，假設我們不在俄勒岡，當然我們也就不在美國，這似乎是一個誕生的新國家，不必多久，我們就得制定自己的憲法，宣布我們的獨立，除此之外，還能做什麼？

被宣布違法

就在幾天前，我收到一些消息：俄勒岡州的首席律師宣布羅傑尼西普蘭社區是違法的，他給的理由是在羅傑尼西普蘭社區這裡，宗教與州是混在一起的。

首先，我們的宗教與地球上任何曾經存在過的宗教一點關係都沒有，純粹是基於法律上的程序，我們才不得不自稱為宗教，否則的話，就算你尋遍全世界也找不到一個這麼不像宗教的社區。這是什麼樣的宗教？沒有神、沒有聖靈、沒有耶穌、沒有教宗，更沒有人關心死亡，每個人都如此投入生命，誰有時間啊？

事實上，甚至如果死神來找我的人們，他也必須等一下。我的人對生命如此投入，連死神都不得不考慮一下……他可以輕而易舉帶走那些已經死了三十、四十或五十年的人，對死神來說這一點都不是問題，沒有什麼需要考慮的，那些人可以直接被帶走，反正他們過著死後的生活已經夠久了。

也許死神太忙了，一定是如此，這個地球與其他五萬顆星球上都有生命，而沒有一個宗教曾說過死神有合夥人，死神只有單獨一個人。可憐的死神，需要費很大的功夫，因為他一個人必須包辦所有的工作。當然，許多人在三十歲左右就死了，於是他們得等上四十、五十年或六十年，直到他們的歲數已盡。死神能怎麼辦？他還沒清完堆積如山的檔案，而你們不斷死去。

不過，死神會對我的人們大吃一驚。

這些是活著的人，他們如此認真地生活，連死亡都不在意。在帶走你之前，死神得好好考慮，他或許想：「最好我先將還沒做完的工作完成，那些工作是怎麼也做不完的。這些人可以晚一點再來帶走，就讓他們多活一些時間。」

這是哪一種宗教？我的演講不能被稱作佈道，你倒可以說是反佈道。他們認為這裡的宗教在干涉州，這是哪一種宗教？又哪裡有一個州？我們根本就不是世上任何一本字典上所定義的宗教，我們必須創造自己的字典與定義。

是什麼樣的州在那裡？不過是一個市政務會在負責道路、清潔、房屋、醫院的事情，宗教怎麼會介入道路？我百思仍不得其解：如何將宗教與道路的事混為一談？如何將宗教與房屋的事混為一談？如何將宗教與醫院的事混為一談？他們應該給我們一點線索，讓我們知道他們是怎麼做的。因為在這裡，沒有半個宗教的神職人員去我們的醫院煩過病人。

那些人在他們的美元上寫著：「我們信靠神。」寫在美元上！將宗教與州混在一起的是誰？你甚至將宗教與骯髒的錢混為一談！在最高法院的前面寫著：「我們信靠神。」如果有一天我剛好去到最高法院──這是很有可能的──那我就要問他們：「神在哪裡？你們基於何種權威寫下這樣的話？如果在門口就有謊言，你們就不能要求我把宣誓當真，應該要求我宣誓說謊，而不是說真話。」因為最大的謊言就在那裡，就在最高法院的門口。在每一張貨幣上面都印著天大的謊言：我們信靠神。

這些人將宗教與所有事情混在一起，但他們是合法的。而我，無論如何都無法將我的宗教與任何東西混在一起，它是無法混合的。這裡是全世界唯一合法的城市，如果混合的宗教是違法的，那麼，全世界的所有的城市都是非法的，因為每個地方宗教都與其他事情混合了。這裡是唯一宗教沒有絲毫摻雜的所在。

事實上，這個地方根本沒有宗教的存在。

在幾經上訴之後，「羅傑尼西普蘭之城」的合法性終於在一九八八年五月由美國最高法院獲得確立，此時距奧修返回印度之後已經將近兩年了。

一九八三年：全社區的愛滋測試

奧修仍在禁語之中，不過，當他的醫生通知他愛滋病的流行現況時，奧修建議羅傑尼西普蘭社區展開對居民與訪客的全面性測試。他進一步建議人們採取防禦措施以避免病毒的感染，包括使用保險套，在前戲時戴橡膠製的手套，以防止體液的接觸，並避免接吻。在當時，這些被視為極端甚至是荒謬的做法，引來媒體的嘲笑。那些被發現HIV呈陽性反應的社區成員，他們住在獨立的房子，社區提供他們工作、娛樂與醫療照顧。

也許，全世界只有這個地方在落實詳盡的愛滋病防禦措施，這裡已有六千人做過測試，沒有任何一個地方有膽子讓全市的人都做過測試，他們害怕發現許多人已經得到愛滋病。那些覺得自己可能得病的人也不敢去檢查，理由不難想像，要是檢查結果是陽性反應，他們的太太、小孩、父母都會拒絕他們，落得連在自己的家裡面都沒有容身之處，外面的餐廳也不會讓他們進去。他們自己的朋就友變成了敵人。

所以他們不想去檢驗，政府也不想檢驗，醫院也不想檢驗，而這場野火正在蔓延，卻沒有人正視它。這不是聰明的做法，光把眼睛閉起來，並不表示敵人已經不在了。

我們已經發現兩個人罹患愛滋病，我們為他們造了一處美麗的隔離居所，盡全力將能提供的都給了他們，他們擁有我們的尊重與愛。

一九八四年：揭發醜聞

一九八四年十月，奧修決定結束禁語，並恢復每天的演講。說來奇怪，席拉居然反對這個決定，她試圖說服他不要演講，理由是為了他的健康。最後的安排是，剛開始奧修在他住處的客廳對一小群人演講。

起初，他的演講錄影帶於隔天會在大靜心堂對全社區的人播放。當席拉說因為有太多工作要做，所以提議中止播放錄影帶，引起社區成員的反感，於是，他們想出一個折衷的方式：等一天的工作已經完成後，在深夜裡播放錄影帶。

最後，在一九八五年九月十四日，席拉與自己的一群組織嚴密的支持者打包行李，將他們所有的財物都帶去德國。就在她一走了之後，某些她的親信所犯下的罪行證據忽然大舉出現，包括對奧修的醫師與照顧者下毒，企圖謀害他們；對一間計畫中的辦公室放置燃燒彈；

以及在奧修的臥室、社區裡的辦公室裝設竊聽系統。

奧修將所有他得到的訊息公開，並完全配合州與聯邦的調查。大批媒體蜂擁而至採訪奧修，詢問他為什麼會發生這樣的事。

問：據我與席拉碰面的經驗，她的聰明才智當然是沒話說，至少表現在實際的事務上是如此；不過，你也可以看出她很嚴苛、冷血的那一面。在你每天與她的接觸中，你一定也見到這一面，對不對？

答：是的，但對所有的政客而言，嚴苛、冷血是必須的。我不能將社區交到天真的人們手中，那麼一來社區早就會被政客給毀了。

問：難道你都不知道她對農場做了些什麼？

答：我一無所知，因為我從來就沒有出來，從來沒有與任何人見面……

問：但是，你做了一個這麼大的實驗（指俄勒岡社區），你不覺得如果至少有一個人來與你談社區的事會有一些幫助？

答：我不這麼認為，與我的寧靜相較起來，這個實驗並不算什麼。我教導每個人成為獨立的個體，並且信賴自己看事情的眼光。假如他覺得被強迫去做一件自己不想做的事情，他完全有能力反叛，並不需要屈服，而確實有許多人離開了。

現在的氣氛將會不一樣，不過看看世界上的情形，不管發生了什麼，儘管不是好事，只有壞人可以做得出來，好人做不出那些事情。

問：去年一整年我都對在暗自思忖一件事：何時他才會擺脫席拉、扭轉事情的局面？而我覺得你好像只是讓她為所欲為。

答：只有當我覺得是時候了，我才會做一些事。當我看到那個點時，我就採取行動。

問：你如何知道採取行動的時間點到了？

答：當她的人想對我的醫生下毒時，就在那個當口，我開始向我的醫生、照顧我起居的人詢問事情，然後宣布即將恢復演講與會見人們。接著，愈來愈多消息出現，於是我開始揭發席拉與她的同黨，我通知政府單位、警察局、聯邦調查局，他們全都來了，不過他們幾乎一事無成。我們提出了所有的證據，但他們卻一直說我們證據不夠確鑿，我不懂他們要的證據需要明確到什麼程度——難不成要我們抓現行犯給他們？

問：為什麼你等了九個多月？

答：這是必須的，因為她當時正在打許多官司，我不想中途干擾，我想讓事情有一個結果，然後再開始一個新的團體。現在是時候了，許多案子已經結束，新的案子要八個月之後才開始，在八個月之內，這批新的人就有時間準備接手新案子，他們有能力打官司，沒問題。

問：你玩的是驚險萬分的遊戲。

答：那是當然的！我是個危險人物。這是個遊戲，而我懂得拿捏時間；我不過是個時間的裁判，如此而已。

——摘自與〈紐約客〉（*New Yorker*）詹姆士·葛登（James Gordon）的訪談

席拉與她的黨羽所犯下的罪行一件件被揭露出來，這在社區內部引發不小的震驚與騷動。社區成員對於之前令人費解的狀況與事件議論紛紛，他們認為事情背後有潛在的策略在運作。隨著人們對個人責任與職責的議題感到掙扎，奧修在每天的演講針對這些問題的回答一天比一天銳利。

我們嘗試過著一種與外在世界不一樣的生活，所以只有兩條路：席拉的路或我的路。我選擇了席拉當我的祕書，讓你嘗到了法西斯主義的滋味。而現在，請走我的路，負起責任，你就不需要別人來命令你……

如果你要席拉回來，我可以將她和她整組人馬叫回來，把社區交給她。如果你不想要聽命於任何人的指揮，那就負起責任。

你們是一群非常聰明的人，但聰明的人有這樣的問題——他們總想誤用自由。

我想提醒你，德國是全世界數一數二聰明的國家，它帶給世界如康德、黑格爾、費爾巴哈、馬克斯、佛洛伊德、海德格等偉大的哲學家與心理學家，但是，一個像希特勒那種三流水準的瘋子還是能得到全德國知識份子的愛戴。

我並不認為人類從德國這個國家學到任何事，而若你沒有記取教訓，歷史就會重演。一旦你學會教訓，你可以停止一再重演的歷史。

海德格或許是本世紀最重要的哲學家之一，他與希特勒是同一時代的人。令人難以料想的卻是，他居然支持希特勒！所有的年輕人，社會的菁英、知識份子、大學副校長、教授，他們全都支持希特勒。希特勒沒有受教育，因為他沒有那個智能，他被藝術學校與建築學校所拒絕，這個人變成全世界最聰明的國家的領袖，創造出最極端的法西斯主義，殺害了近一千萬人，而人們依然支持他。

這種心理必須好好分析，理由何在？理由是，德國在第一次世界大戰時戰敗。知識份子傾向互相爭鬥，他們好辯論，善於合理化、哲學化事情，但肢體上他們不是非常活躍的人。他們極為自我，自認他們已經發現了生命的奧祕，每一個人都這麼認為。

在第一次世界大戰失敗之後，德國陷入混亂，這場混亂造就了希特勒，因為他下承諾，並且實現承諾：「我可以重整這個國家，讓它再一次興盛，興盛到可以統治全世界。」

那是德國人的當務之急。人們沒有工作、毫無創造力，他們需要某個人讓這個國家再度有創造力、擁有紀律，希特勒滿足了那個縫隙。在十年之間，德國人再次成為世界強權。

怪哉！你給人們自由，他們反而懶惰、不想工作，但是你發出嚴厲的命令，他們就發揮最大的潛力、創造力工作，他們變得團結、強大。德國連贏了五年，證明他們選對了人，全世界都在同一邊，而希特勒一個人就足以與全世界抗衡。

從來沒有人像希特勒那樣滿足知識份子的自我，他說，日爾曼民族的德國人是最純種的亞利安人，德國的命運終將統領全世界，因為其他人是次等的人類。話說得真是無比動聽，知識份子的自我被大力膨脹，連海德格那樣的人都掉進陷阱。

只有等到希特勒被打敗、德國幾乎被毀滅之後，人們才開始回顧他們所做的事情，看看他們所高捧在天的是什麼樣的人：一隻怪獸、一個殺了數百萬人的兇手——他或許是有史以來最大的兇手。

所以，謹記一件事：自由不是一張執照，自由是責任。如果你無法負起你自己的責任，別人就會替你負責，接著你就被奴役了。

人們常問我，為什麼五千個人，幾乎都是大學畢業的人，他們擁有一流大學的學歷，在那四年的時間裡居然看不出來事情的真相。

原因出在席拉的作為不全都是醜陋、專斷的，她同時也在創造社區，她將沙漠化成綠洲，盡力建設社區成為舒適宜人的地方。每一枚硬幣都有兩面，你看到的是光明面，另一面是，你身邊環伺著俄勒岡人的敵意也是席拉與她同黨所製造的，那是一項簡單的政治策略。

希特勒在他的自傳《我的奮鬥史》（*Mein Kampf*）中說過，如果你想要一個國家強大，就在它的四周樹敵，否則民心會很渙散，必須讓他們長期處在偏執、恐懼的狀態下，隨時風聲鶴唳。席拉創造了那樣的狀態，她讓俄勒岡政府與一般的美國大眾對社區不滿，於是你們彼此產生強大的向心力，時時保持在備戰狀態，這樣就沒有人能傷得了你。

所以，若你不負起責任的話，像那樣的事一定會再發生，歷史當然重複上演，因為人們總是學不乖。

被捕入獄

奧修答應司法單位全力配合調查席拉的罪行，但調查員卻將矛頭轉向尋找起訴奧修與其他社區居民的藉口。一時謠傳四起，謠言說大陪審團將會控告奧修與幾個門徒非法移民。奧修的律師企圖達成和平引渡的協議，但遭美國律師查爾斯．圖納（Charles Turner）駁斥，他所持的理由是，談判這件事的時間「還未到」。

同時，美國國家警衛隊（National Guard）已經動員展開對「羅傑尼西普蘭社區」的調查，由於擔心警衛隊可能發動武力襲擊，他們決定讓奧修飛越過美國到北卡羅萊納州的夏洛地（Charlotte）。按照道理，他在那裡應該沒有受到傷害之虞，這樣，他的律師就可以一面想辦法澄清局面。但是，當奧修與他的工作人員降落在夏洛地時，遇到了武裝嚴密的海關與美國聯邦法院執行官，後者被告知將會有恐怖份子抵達。在沒有逮捕令的情形下，執行官唸出一串從俄勒岡傳真過去的嫌疑犯名單，那些人沒有一個在飛機上，儘管如此，所有人都與奧修一併被關進夏洛地聯邦大廈中監禁犯人的囚籠。

三天之後的一場聽證會上，奧修隨行的門徒先被釋放，然而，法官命令奧修必須回到俄勒岡接受獨立的保釋聽證會，並堅持他必須搭乘運輸囚犯的飛機，而不得搭一般航空飛機或私人噴射機回到俄勒岡。監獄的飛機花了六天的時間才飛抵國家的另一邊，這當中有一天的行程，美國政府甚至不願對奧修的律師透漏他身在何處，最後得知的消息是，他在這期間以假名字被關在奧克拉荷馬州的聯邦監獄，據說是為了保護他的緣故。

在俄勒岡，奧修最後以交保獲釋，他被指控了一連串的違反移民法罪名，包括他參與安排門徒的婚姻，以及他原先申請觀光簽證時謊報他的入境目的。在與俄勒岡官方的協調之後，奧修的律師們憂心這個案子繼續拖下去將會危及他的安全；於是在不情願之下，奧修同意對三十四項指控當中的兩項「不辯駁」，接著離開美國。

由於被囚禁的結果，奧修的健康急遽走下坡，他的醫生們在兩年多之後才開始懷疑他在被美國政府拘禁期間被下毒。

在他們將我驅逐出境之後，查爾斯．圖納律師在一場記者會之中承認我沒有犯下任何罪。他將我驅逐出境的理由是：「我們要摧毀社區，那是我們的首要目標。」若不將我趕出去，他們不可能有辦法毀掉社區。

他們未持有拘捕令就拘捕我，也沒有提出逮捕的理由，只亮出一張紙，光憑著上頭一些人的名字，他們就說：「我們接獲命令要馬上逮捕這些人。」

我說：「但是，你們應該看看我們的護照！我的名字並不在你的名單上，和我一起來的這六個人，他們的名字也不在你的名單上。你們的行為非常荒謬，只需將我們的護照與你的名單對照過就知道，你們抓錯人了。」結果我們還是被抓去了。

事實上，他們根本沒有逮捕我的證據，但他們關了我二十天，不讓我被保釋。我在北卡羅萊納州被捕之後，從北卡羅萊納州到社區所在的俄勒岡州只需五個小時，結果花了我十二天才到波特蘭，我被他們從一個監獄拖到另一個監獄，在十二天當中我曾被拖至六所監獄。一直到後來我才注意到，當英國籍的毒藥專家檢查過我的症狀，判斷我被下了一種叫「鉈」的毒，這種毒從血液或尿液都無法偵測出來，它直接消失。當毒消失之後，它會在身體裡造成某些的病症，那些症狀都出現在我身上。這種毒是用來對付政治犯的，要是劑量大一點，犯人隨即死亡。那就是為什麼他們要花十二天的時間，為的是對我下微小的劑量，這樣我就不會死在他們的監獄裡，否則他們會遭到全世界的非議。

在他們釋放我之後，我被命令要馬上離開美國——在十五分鐘之內。我的車就停在法院前面，我的噴射機已經在機場準備起飛，我必須立刻離開。他們擔心要是我再多留一天，我也許會上訴到最高法庭，要讓我打贏官司的理由俯拾皆是，因為他們的指控中沒有一樣是真的……指控一個沒有說話的人，一個沒有出過自己家門一步的人，這樣的人如何犯下三十四項罪名？他們沒有任何一項罪名的證據。

當我見到美國人作風下的民主……那種民主根本就是無稽之談，他們的憲法只是展示給世人看的，這個國家是由一群空談自由的罪犯所組成的。

一九八五年至一九八六年：世界之旅

印度庫魯．馬納里

一九八五年十一月十四日，奧修的審訊一結束旋即自波特蘭飛經塞普勒斯，返抵德里。他於十一月十七日降落德里，成千上萬名印度門徒在機場向他致意，他在德里舉行了一場記者會；接著繼續前往庫魯．馬納里，從十一月十九日起他在那裡安排了定期的新聞媒體會晤。與此同時，他的門徒們再次開始搜尋一個奧修可以定下來的地方，以重新開始他的工作。印度政府拒絕延長照顧奧修的人員、醫生以及其他工作人員的簽證，並且威脅如果他不停止接受媒體採訪與會見門徒的話，印度政府將會沒收他的護照。一九八六年一月三日，他飛往尼泊爾的加德滿都。

尼泊爾的國王已經預備讓我在那裡定居並且興建社區，但條件是我不能發表不利於印度教的言論。尼泊爾是一個印度教王國，全世界唯一的印度教王國。

我拒絕了，我說：「我從來不去決定我說什麼或不說什麼，我無法答應這件事。如果我見到哪裡不對的，無論是印度教、基督教或回教，我一定會說出來。」

在一月二十一日，奧修宣布一項消息：

我即將展開一趟世界之旅，因為我不相信政治上的界線，我將整個地球都當成是我的，而且全世界各地都有我的人，當中有許多人我已經好幾年沒見過面了，這些人已經跨出第一步，將他們從人群中抽離出來，不再當基督徒、猶太教徒、印度教徒。他們做了一件非常偉大的事情，從來沒有為數這麼多的人做過一件如此稀罕的事。

現在只有兩種方式：要不就是他們來找我……那些統治階層的人將會從中作梗，他們早就這麼做了，他們希望將我與我的人們分開。我自有我的方案因應他們的法西斯政策，現在我不叫人們來我的身邊——我會去找他們。

有三個政府已經邀請我去他們的國家，他們很清楚美國正在對各國政府施壓，要讓我去不成任何國家。有三個國家的政府夠勇敢，那三個國家雖是貧窮的南美洲國家，但他們要告訴美國：「你並沒有壟斷整個世界。」

所以，到世界各地走走可以幫助我們發現誰是朋友，而誰不是。我自己的經驗是，我們的一個朋友可以抵得上一百個敵人……因為他們什麼都沒有，有的不過是老舊、迂腐、過時的想法，只要輕輕推一下，他們就倒掉了。

他們為死的而爭。

我們為尚未出生的而戰。

而存在的決定永遠是指向生命的。

希臘克里特島

一九八六年二月十六日，奧修持四星期的觀光護照飛去希臘，住進克里特島上的一棟別墅。三天之後，他開始在別墅外面的一棵大樹下舉行露天演講。幾天之內，陸續有許多門徒從鄰近的歐洲國家來到克里特島。當地的希臘正教主教在佈道時公開抨擊奧修，並散發印著指控奧修腐化年輕人心理的小冊子，更威脅要在別墅周圍抗議遊行。三月五日，警察在奧修午睡的時候出現，將他逮捕帶走。事發當時，奧修的法定祕書要求他們拿出拘捕令，警察逮捕她，接著逕自打破門窗，闖進別墅將奧修抓去拘禁。

前往烏拉圭、瑞士、瑞典、倫敦、愛爾蘭、西班牙、塞內加爾的路上

我們從希臘要到日內瓦，只是要在日內瓦休息一個晚上，當他們發現了我的名字之後說：「不行！我們不能讓他踏進我們的國土。」

我連下飛機的自由都沒有。

我們轉往瑞典，心想人們總說瑞典比任一個歐洲國家或全世界任何國家來得先進，他們曾經收容過許多恐怖份子、改革份子、被驅逐的政治犯，人們說那是一個很慷慨的國家。

我們到了瑞典，我們想在那裡過夜，因為飛行員已經沒有時間了，他們要是再飛下去就違法了。結果令我們很開心，因為我們只要求待一個晚上，但機場的人發給每個人七天的簽證。然而，警察馬上趕到取消我們的簽證，要求我們離開：「我們國家不能容下這個人。」

他們可以容得下恐怖份子、殺人犯、黑手黨，他們可以庇護這些人，但他們不能容得下我。我並沒有要求庇護或永久居留，我只不過要待一個晚上而已。

我們再轉去倫敦，現在，這只是一個基本權力的問題。我們讓自己的停留雙重合法：我們買了隔天的頭等艙機票。雖然自己的噴射機在那裡，但我們還是買了機票，以防他們說：「你們沒有明天的機票，所以我們不能讓你們待在頭等艙的候機室。」

我們為每個人買了機票，只為了能夠待在候機室，我們告訴他們：「我們有自己的噴射機，而且也有機票。」但他們拿出一條機場的規定，沒有人能加以干涉：「這是我們自己的決定，我們不讓這個人待在候機室裡。」

我不禁納悶：「怎麼我待在候機室裡，就能夠毀了他們的道德、他們的宗教？我睡覺都來不及了，而天一亮我們就走人。」不對，這些所謂的文明國家其實說有多野蠻就有多野蠻，他們說：「我們能做的就是讓你在牢裡過夜。」

在愛爾蘭，我們只要一天的簽證，好讓飛行員休息喘口氣。機場的人給了我們七天的簽證，那個人沒有管我們是誰、有什麼目的，他一定是醉得不醒人事！我們到了飯店，隔天早上警察來了，要求看我們的護照，他們取消了我們的七天簽證。

我們說：「你們已經發給我們七天的簽證，現在卻無緣無故取消。我們沒有人走出過旅館一步，也沒有犯法，你們不能這樣做。」

這下他們也進退兩難，他們給了七天的簽證，然後沒有說明緣由又取消，於是只好說：「你們想待多久就待都久，但是請不要離開旅館一步。」

我們在那裡停留了十五天，因為我們需要一些時間。我們的人在西班牙交涉，西班牙政府願意給我永久居留，所以我們只要一些時間，等西班牙準備好了，我們就從愛爾蘭移師到西班牙。就在沒有簽證的情況下，我們在愛爾蘭待了十五天。

離開愛爾蘭當天，一位部長通知國會的議員們，說我們「不曾」到過愛爾蘭，那些文明、有教養的人睜著眼睛說瞎話！他自己心裡有數，他的政府、警察首長也都心知肚明。

我在想，等我在某個地方定下來之後，我就開始……將一個個國家揪上法庭，因為他們的謊言，因為他們說我「很危險」，因為他們先答應，一個小時後又拒絕我。我要揭穿這些事，讓世人知道根本沒有民主政治的存在。

三月十四日，奧修一行人獲得前往西班牙的簽證，但三天之後，西班牙根據美國與德國政府所提供的相關檔案，又拒絕了他們。三月十八日，奧修在馬德里的坐機被保衛國民兵所包圍，當時烏拉圭領事館已經發給他與隨行人員到烏拉圭的簽證。下一個停留站是塞內加爾的達卡（Dacca），預定在旅館過一夜之後隨即啟程前往烏拉圭。就在同一天，歐洲國家的國會討論出一個決議，阻止奧修進入歐洲共同體的任何一個國家。

說來令人驚訝：那些我從沒到過的國家，甚至連一個門徒都沒有的國家，他們居然對我議論紛紛，好像我對他們而言是世界級的大麻煩。放著眼前一觸即發的第三次核子世界大戰不擔心，他們擔心的卻是我！

很重要的一點是，他們已經發覺如果我可以教導人們的話，那他們腐敗的社會勢必開始崩解。我將不計一切代價繼續下去，我會找到我的途徑，我的批評言論將比從前更加犀利，舉發每一個曾經阻止我與我自己的人們接觸的政府。

烏拉圭

四月十二日，奧修住進位於旁塔．戴爾．亞斯提（Punta del Este）一棟濱海大別墅。在那裡，他恢復了每天對二十至三十個人親密的團體做演講，這時候他開始勾勒出下個工作階段的遠景。

我新的工作階段是一所神祕學院。你可以在世界裡工作，那裡的馬路、房子、工廠都已經蓋好了，你不必自己動手；在數千年之中，世界早就將那一切都創造出來了。你每星期工作五天，每天五小時就足夠了；到了週末，你可以靜心，你可以閉關或到幽靜的地方只是放鬆自己。在一年之內你可以賺許多錢，存許多錢，然後你來這裡待上一個月、兩個月、三個月……依照你能力所及。

那麼，和我在一起時與工作一點關係都沒有，和我在一起只是歡樂、慶祝、靜心、唱歌、跳舞，那三個月純粹是渡假，你將世界忘得一乾二淨，那段時間單純是為了追尋真理。在三個月之後，無論你學到的是什麼，回到家裡繼續下去，你在那裡多的是時間。你工作五個小時，其餘的時間至少能找出兩個小時給自己，那就夠了。

所以每年在你可以安排的時候，你來到這裡，然後又離開。你不會變成任何人的包袱，也沒有人能控制你，更不需要規範的紀律——工作才需要。這裡不需要協調事情的人員，免去了權力的詭計。

過去的兩個社區幫助我們來到了這個點，從這裡我們可以開始一所神祕學院。沒有那兩個社區是不可能的，這是我看待事情的方式：縱然是失敗，也能引導你更靠近成功，因為每一次的失敗，都帶給你一些洞見，讓你知道哪裡出錯以及如何導致出錯，所以說那兩個實驗是很重要的。

這是我們現在所處的位置，我們要創造一個不同凡響的地方，一處整年都有慶典的地方。人們將會來來去去，他們將帶走自己在這裡所學到的，回到世界裡去落實；然後他們再回來，回來更新、恢復精神、深入自己，在那裡照顧他們的只有一群基層工作人員。

烏拉圭政府原先發給奧修一年的居留許可，希望將來延長至三年，最後再授予公民權。然而，到了六月初，美國對烏拉圭政府施壓，指示不准讓奧修定居，並在六月中旬對烏拉圭總統發出最後通牒：把奧修驅逐出境，否則將損失大筆的美金援助。情勢所逼，不得已烏拉圭總統只好屈從。

一九八六年六月十九日，奧修從烏拉圭飛往牙買加，他持有兩個星期的牙買加簽證，但是隔天早上，警察要求他當天傍晚就離開。六月二十日，他飛往葡萄牙首都里斯本（Lisbon），在一處租來的別墅安靜地度過幾個星期。直到別墅被警察所包圍，在七月三十日，奧修飛往孟買。

烏拉圭的總統說：「很不幸的，我不得不這麼做，我違背了自己的良知。」美國人甚至不甘心讓我直接就離開，我的飛機已經在停機坪等候。我說：「沒問題，我可以離開烏拉圭，我不會讓你的國家陷入這種為難的局面。」

他說：「美國總統非要將你驅逐出境不可，我出於被迫犯罪，先是沒有理由就要你離開這裡，你什麼事都沒做，再來又驅逐你出境。我完全無能為力，但是我想做一件事：在你的護照上不要留下遭驅逐的官印。我們有一座小機場，你將你的飛機移到那裡，到了晚上，你們不需知會就可以離開，這樣我們就可以說：『他沒有說一聲就走了，所以沒有時間驅逐他。』」

但是他錯了，當我的飛機移到小機場，美方代表與專門驅逐人出境的官員都在那裡，我被耽擱下來，因為他們有一大堆表格必須填寫。當我離開烏拉圭時，我說：「事實上已經無所謂了，我的護照成了歷史性的文件！我無緣無故被這麼多個國家驅逐出境。」

就在我離開之後，烏拉圭總統馬上受邀訪問美國，雷根給了他三千六百萬美元作為「友誼象徵」，因為我在三十六個小時之內就被趕出去。整整三千六百萬美元，平均一小時賺一百萬元。我其實應該向這些政府索求我該得的那一份！你因為我的緣故賺進大把銀子，我至少該得到百分之二的錢。

一九八七年：普那第二期

奧修回到印度，在孟買待了五個月，並且在他一位門徒家中恢復每天的演講。一九八六年十二月三十日，他回到普那社區；在他離開的五年裡，由印度籍門徒維持著那個地方。

當他剛到普那時，地方上的政府官員以及一個以印度教原旨主義者維拉斯．塔波為首的組織，採取了數起對奧修及社區的敵反行動。幾個月之後，在普那市長杜爾．帕特里（Dhole Patile）的支持，與在印度政府與司法部的友人幫助下，社區終於得以或多或少正常地運作——但有時仍會發生公然的騷擾或妨礙事件。

昨天，我剛收到普那市長給我的另一封信：

我懷著深切的愛與喜悅宣布，目前居住在我轄區內可瑞剛公園十七號的奧修，他的成道是無庸置疑的。他對宗教的權威性見解，是我們在這些動盪不安的日子裡最迫切需要的；他是最善於教化的神祕家之一，也是這個時代的靈性導師。他的為人處世與愛的行為不可能、也從未造成任何法律上的問題，而且他從沒有犯過任何一項罪。事實上，在眼前的局勢裡，當全國上下正經歷一個非常混亂的階段，他的教導有益於創造一處寧靜、祥和的氣氛。

在一九八七年年底，每天都有上千位門徒與訪客進入社區的大門。奧修連續經歷了數個病痛時期的折磨：骨頭與關節的疼痛、視力產生障礙、對光線很敏感，缺乏食慾，耳朵感染的復發。他常常一連好幾天或幾星期無法出來演講。在他的言談當中，他經常提到他的身體將無法永遠存在的事實，敦促他的聽眾將靜心當成他們的第一優先。三月，他開始了一項

「停止練習」，在他進入以及離開靜心堂的時候，他會帶著大家在狂野的音樂中跳舞，然後猛然停止一下子，直到又恢復舞蹈。

我試著讓你回到家來，為了短暫如夢的事物在徘徊、流浪，你已經離家很遙遠了。我要你回到家，因為，能帶給你滿足的不在外頭，而是在這裡面；實現滿足不在其他任何時候，而就在此時此刻。停止的感覺——一個全然的靜止——不過是一個當下的體驗。

我只能給你體驗，一旦你嘗到了，你就會去尋找它，那時就沒有人擋得住你，最首要的根本是去體驗。

你聽到的是文字，是動聽的話語，但那些話語還沒能驅使你進入瘋狂的探索。我不但要把文字給你，還要給你一些實質的內容，唯一可能的辦法是讓你經歷一些體驗。

時機已經成熟了，因為我許多門徒的春天已經開出了第一朵花，會有更多的花將要盛開。你要有「蠢蠢欲動的耐心」（impatiently patient）——懷著深深的渴望，但沒有要求些什麼。我不可能一直在這裡，我已經等待得夠久了，現在到了我該給你那個體驗的時機。我已經給你許多話，那是一種準備；我已經撒下許多種子，此時春天的腳步近了，你必須很勇敢、很全然、很強烈地與我在一起，在我的寧靜、在我的喜悅之中。

現在是拋掉你我之間二元性的時候了。

聰明的人應該馬上就拋掉了，沒那麼聰明的人要花一些時間才丟得掉。我還有一點時間逗留在你的岸邊……但我無法待很久。

我不可能永遠與你在一起，我想要如此，但存在不允許。存在所給的自由就這麼多而已，這是好事，否則你會開始把我視為理所當然。

有朝一日我不會出現在你們之中，所以偶爾我不在是很好的，這樣你可以開始學到當我不在時所發生的才是你的真實。當我與你在一起的時候，你深深為我所震撼，而遺忘了自己。你不可以遺忘自己！你必須記住自己，因為，唯有透過記得自己，你才能轉化自己。

你會想念我的存在是很自然的現象，所以我並不是批評你，只不過，你所追尋的是某個超越的東西，某種超乎尋常、超越自然的不凡。你得學習那條道路，並且一個人在那條道路上旅行。

我無法與你一道走，我可以告訴你路在哪裡，我可以將月亮指給你看，但我的手指並不是月亮，而且，我也沒辦法一直為你指著月亮。遲早你得將我的手指忘掉，自己去看著月亮，順著那條路單獨前去。

當我每天早上與晚上沒有來與你在一起的時候，自然地，一種崩潰的感覺會浮現。那並不是崩潰，只是你的實際狀況浮出表面了，從來，它都沒有機會出現，我太常和你在一起了，使得你退居成為背景，活在陰影之中。我對你，比你對你自己還來得真實。

當我不來的時候，因為我的不在，你的真實就對你顯露出來；很好，除非你知道你是誰、你身在哪裡，否則你的朝聖無法展開。所以，我不在的那些日子非常的重要。

記得，無論在你裡面你找到了什麼，再沒有用的廢物，都是你的實相，你可以洗滌、擺脫掉那些廢物，但是，在你對它做任何事之前，你必須先知道它的存在，這是首要也是最重要的事情。

對於你的成長，我的方法是讓你脫離我獨立；任何形式的倚賴都是一種奴役，靈性上的倚賴是所有奴役中最糟糕的一種。

我努力地讓你意識到你的個體性、你的自由；沒有別人的幫助，你也絕對有能力成長。成長是你的本質，並不來自外境；成長不是強迫的負擔，而是一種開展釋出。

我所交給你的靜心方法與我人在不在場沒有關係，一切依你而定。靜心技巧之所以發生效用是由於你的「在」，而不是因為我的緣故。並非由於我在這裡，而是因為你在這裡，是你存在這當下，是由於你的警醒與覺知才有所助益。

確認在美國被囚時遭人下毒

經過七個星期的努力之後，奧修的醫生們依然無法治癒他發炎的耳朵，這段期間他的身體病得很重。一九八七年十一月六日，他在演講中宣布，他的醫生們認為他在美國被監禁的時候被人以「鉈」下毒。

我的私人醫生阿姆里多（Amrito）馬上通知世界各地的醫生門徒，要求他們聯絡在毒藥方面最頂尖的專家。他自己的分析是，除非我被下毒了，否則沒有辦法解釋為什麼我的身體失去了所有的抵抗力。當這個想法在他腦海裡愈形強烈，他一步步對這件事情展開搜尋，他發現那些症狀只有在我中了某種毒的情形下才可能出現。

自從在美國的監獄待過那十二天之後，所有的睡眠消失了，身體上出現了許多以前從來都沒有的狀況：失去食慾，食物似乎一點味道都沒有，胃裡不時在翻攪，噁心、想嘔吐……不會覺得口渴，但有一種被連根拔起的強烈感。神經系統裡的某部分好像也受到影響，有些時候，全身上下出現非常刺痛的感覺，特別是我的雙手，還有眼皮也會抽搐。

我進監獄之前有一百五十磅重，而現在我只有一百三十磅。三個月前，我右手的骨頭開始痛得很厲害，這些是某些毒素的症狀。阿姆里多即刻知會我的每一位醫生門徒，請他們聯繫優秀的毒物學專家。其中一位醫生迪揚．攸吉（Dhyan Yogi）帶著我的血液、尿液、毛髮樣本趕赴英國、德國給那些專家。歐洲的專家說，毒素停留在體內兩年後就無法偵測得出來，不過，所有的朕兆顯示我曾經被下過毒。

英國與德國的毒藥專家推測是一種叫「鉈」的重金屬，它在進入身體八星期之後就消失了，但是會留下後作力，摧毀身體抵抗疾病的能力，而我所對你們說過的症狀都是「鉈」會產生的症狀。

你們並沒有注意到這七個星期所發生的……你只是以為我生病了。我的眼科醫生普瑞達（Premda）帶著最好的藥自德國飛奔來看我；然而，沒有什麼用，除了我的靜心，靜心是唯一能夠超脫所有物質層面的藥。這七個星期來，我幾乎整天都躺在黑暗裡，靜靜地觀照著身體，讓我的意識不受任何遮蔽。我在與死亡對抗，那是死亡與你們的愛之間的對抗，你們應該慶祝你們的愛戰勝了死亡。

正當你們開始往上成長之際，如果我在這時離開你們，離開這般美好的境界對我而言是萬分痛苦的。我期盼我的門徒蛻變他們自己，經由他們，我希望帶給這個地球真正的文明與人類。

宗教只有一種，那就是愛的宗教；神只有一位，那就是慶祝的神、生命的神、喜悅的神。這整個地球是一體的，所有的人類也是一體的，我們是彼此的一部分。

那些對我下毒的人，我心無怨懟，我可以輕易就寬恕他們；很顯然地，他們並不清楚自己的所作所為。

人們說，歷史會自行重演；重演的不是歷史，而是人的無意識、人的盲目。當人覺知、清醒的那一天來臨時，就再不會有重演的事情了。蘇格拉底不會被毒死，耶穌不會被釘上十字架，曼蘇爾（Al-Hillaj Mansoor）不會被殺死，這些人是最美的花朵、最高聳的山峰；他們是我們的命運、我們的未來，他們是我們已經彰顯的潛在本質。

我很確定你們心中沒有憤怒或怨恨任何人，只要了解，帶著愛的寬容就可以了。那是唯一真實的祈禱，只有這樣的祈禱能將人類提升至更高的意識層次。

我內在有絕對的肯定：他們或許能夠毒害我的身體、我的神經系統，但他們摧毀不了我的意識，毒化不了我的存在。他們給了我一個機會看著我自己超越我的身體、超越我的頭腦，這是很好的。

這七個星期以來是一場火的試煉，雖然你們不自知，但在這七星期的每一刻裡，你們幫了我很大的忙。沒有你們的愛，我不可能克服得了毒素，如果沒有你們的愛，我甚至連掙扎的需要都沒有。我已經完成了，我感到絕對的滿足，我回到家了；可是我見到你們跌跌撞撞、在黑暗中摸索，讓你們待在這種狀況令我於心不忍，那麼做很不慈悲。我喜歡你們所有人的生命有如朝陽，伴隨著鳥語花香，若不是因為這樣，我根本沒有理由待在這個地方。

記住這件事：我是為你們而在這裡的。這份記得將幫助你們不會走岔路，這份記得將幫助你們意識到我們所居住的這個野蠻世界、我們稱為人類的瘋人院。你們會不斷受到提醒，我們必須誕生成新的人與新人類。

這是項艱巨的挑戰，對那些勇敢、聰明並且渴望觸及到最遠的星星的人們……只有那少數的一些人能懂得我，他們可以成為我旅途上的夥伴。我沒有任何追隨者，我只有愛人、朋友與旅行的夥伴。

我想要你們所有人同樣也得到已經成為我全然心跳的極致幸福、喜悅與狂喜，那也是整個宇宙的心跳。

設立世界性科學與藝術學院

一九八八年一月十七日，奧修談到對社區的一項見解，他認為社區是一個匯聚的創作，人們可以在社區裡同時探索外在物質與內在靜心兩者的科學。過去，他時常在演講中提到這項企劃，而至此這個想法又更為精煉了。

我要這個社區逐漸發展成一個揮灑創造力的世界性科學學院，這或許是有史以來最偉大的組合。你對宗教真理的追尋怎麼樣都不可能妨礙你對客觀真實的探討，因為這兩個領域是完全獨立的，它們並無重疊之處。

你可以身兼科學家與修行人，其實，當你愈深入靜心，你會發現自己看事情更清晰，更具智慧與才幹，這些都能創造出一種新的科學。

舊式科學的誕生是基於反宗教的結果，我所談的新式科學並不是因為反對任何事情，而是一種活力四射的能量、敏捷與創造力。政治腐蝕了科學，因為政治唯一的興趣在於戰爭。由於迷信，使得宗教無法接受科學，科學會將宗教的神明與迷信推翻。近三百年來，科學歷經了一段處境艱危的時期，一方面要與宗教對抗，一方面又無意識地淪為政客的奴隸。

我要這個地方成長，我正籌備一座以肯定生命為宗旨的世界性科學與藝術學院。科學可以沒有理由地就毀掉日本的廣島與長崎，殘殺了數以萬計的人命、鳥類與樹木，只因政客們想看看原子能是否可以使用。相同的科學可以生產更多食物、更多生命、更完善的醫療，在生活上的每一個領域發揮更多智慧，但是科學應掙脫政客的魔掌，並且不去干涉宗教。

這座學院將由諾貝爾獎的得主、卓越的科學家、各類藝術家所組成，他們將致力於改造科學以往的破壞性趨勢。門徒當中有許多科學家、藝術家、醫生，他們會協助這座學院。我們安排獎學金，讓世界各地的人能來這裡學習一種肯定生命、創造人間更多愛的新科學與新藝術，為最終的革命做好準備。

那最終的革命是單一的世界政府，因為只要世界上擁有一個以上的政府，戰爭就無可避免。每個國家有自己的軍隊、防衛的武器，而且還相互競爭誰擁有更強大的摧毀勢力。然而，一旦只有一個政府，就不需要武力、空軍、海軍艦隊，所有的這些可以轉化為生活、為整個人類謀福祉。

世界性的科學學院是第一步，如果我們將全世界各個地方的科學家逐漸從政客的手中帶走，那麼政客的力量就瓦解了。他們並不擁有力量，科學家是他們背後的力量。科學家的處境十分不易，因為世界上沒有任何機構可以供給他們足夠的工作資源。

像伽利略在他家中造一座實驗室的時代早已經過了，他可以無須任何支持，獨立地工作。現今的科學有龐雜的分支，每一個分支皆已自成一門科學；除非科學家有政府或有錢的機構所支持，否則沒有金錢、智慧與認真投入的學生，他的工作無法進行。

似乎，存在正為我們打造這座學府所需的經費做安排，日本另一位重量級的人物，他掌握了許多以發展人道主義為宗旨的基金，他即將到這裡看看是否有可能從許多基金會裡帶錢來蓋這座學院。世界各地的基金會與科學家都將會舉雙手贊成，因為現在每個人都看到科學在製造死亡，而非造福生命。

我們可以擁有專為科學研究的大型圖書館，門徒可以在其間工作、學習，這個綜合是所有在機構中工作的人也靜心。理由是，除非你的靜心深入你內在，你愛的泉源不會活過來，你的幸福與喜悅依然沒有開花。

人不是為了服務科學，是科學要來服務人類。

科學家有他們的難處，他們無法獨立地工作，必須委身在政府底下。政府的興趣是戰爭，而宗教又不支持科學，因為科學上的發現總是破除宗教的盲目崇拜。

我想要藉著一座世界性的學院，來填補一塊巨大的真空地帶，這所學院將貢獻於創造生命、愛與歡笑，創造更美好的人類，更好、更純淨與健康的環境，以及復原受損的生態。

我們正在尋找資金來買下整座可瑞剛公園。在印度就有這個好處，這裡物價比較低廉。世界各國的人都可以來這裡三、四個月，然後回自己的國家八個月，賺足夠的錢之後再回來，他們不需要在這裡工作，這裡是他們靜心的神殿。我要這裡包羅萬象，讓最好的音樂家教你音樂，最好的藝術家教你繪畫，最棒的詩人教你詩的經驗、與詩的表達。

我是一個無可救藥的夢想家。

不過我可以告訴你，我一生所夢想的事情，每一件都辦到了，然而我什麼事都沒做，除了——給存在一本企劃案。

神祕玫瑰

從一九八八年三月起，奧修開始一系列的演講，那是針對回答問題所做的最後一系列演講。在這些演講中，他發展出一種「放開來」（let-go）的靜心，並親自帶領這項靜心。此外，他也將他口中所說的「歡呼咒語」介紹給大家，此靈感來自一回演講中他所聽到的笑話，「歡呼咒語」的做法是將雙手高舉在空中，並大聲吶喊「呀呼！」（Yaa-Hoo!）

奧修於四月三十日宣布，經過了初期的實驗、調整，他開發出一項「靜心治療」，這是一個為期三星期、每天三個小時的過程：一星期歡笑，一星期淚水，一星期靜靜地觀照。參與成員之間沒有互動，也沒有「治療師」的存在，只有一個受過訓練的協助員來引導整個過程的進行，這項靜心治療名為「神祕玫瑰」（The Mystic Rose）。

沒有任何一項靜心能如同這小小的法門帶給你這麼多，這是我經歷許多靜心技巧後的體會，人的內在有兩層東西必須被打破。你的歡笑一直受到壓抑，人們總是告訴你：「不可以笑，這是很嚴肅的事情。」在教堂裡，或在學校的課堂上，你都不能笑……

所以第一層是歡笑，而一旦歡笑結束之後，你會發現自己頓時滿眶的眼淚流瀉不已，你深深地卸下了重擔，累世以來的苦與悲將一掃而盡。如果你可以擺脫這兩層，你將會發現你自己。

我發明過許多靜心方法，不過，或許「神祕玫瑰」會是最重要、最根本的一項靜心。

接下來的幾星期，奧修再加入兩項靜心治療：「無念」（No-Mind）——亂語之後，接著安靜觀照；以及「再次出生」（Born Again）——允許成員如同小孩般自由不拘地玩耍、嬉戲。他並建議懂得引導靜心與催眠的治療師重振古西藏人的一項身心治療技巧，他將這項技巧命名為：「重拾被遺忘的語言——與你的身體對話」（Reminding Yourself of the Forgotten Language of Talking to the Body）

談論禪宗

完成神祕玫瑰之後，奧修開始談論禪宗的故事與俳詩，並且回答他的編輯對於故事或俳詩意義上的疑問。他也經常評論時事與社會關心的議題，但不再回答人們關係上或其他的個人問題。他時常將他的演講獻給靜心堂四周的樹、小鳥，給雲朵或雨水，以及其他大自然的元素。

這是最值得你們所有人謹記的事情之一：只有當組織的教義、信仰的系統、教條、神學不存在時，宗教才可能是活的。就在這樣的寧靜裡，樹木享受著隨風起舞，你的心裡升起了某些東西，那是你自己的，不是外面書上告訴你的。沒有人能給得了你，因為那不是知識。

那正是所有的宗教與禪宗最大的不同之處。除了禪宗以外，其他的宗教都已經死了，宗教已經成了陳腐的神學化石，而遺忘了樹的語言，遺忘了甚至可以聆聽、了解樹的那份寧靜，遺忘了以自然、自發對待每一顆生靈的心，那一份的喜悅。

當這樣的經驗轉成詮釋與陳述，它便不再呼吸、它死去了，看看世人，他們都在奉行死的教條。

我稱禪宗是唯一活的宗教，因為它不是宗教，只是一種宗教品質，既沒有教義，也不倚賴哪一位創始者；沒有過去，而且其實也沒有什麼可以教導你。在人類史上，禪宗是所發生過的最奇異的事情，說奇異是因為它享受空寂，綻放於空寂。在天真、不知道當中，一切已達成。沒有平庸與神聖的區分，對禪宗而言，所有存在的一切都是神聖的。

禪宗的演講尾聲所進行的靜心時間加長，奧修加入了亂語，亂語之後靜靜地坐著，然後放開來（放鬆身體躺在地上），接著再坐回來，沉入更深的寧靜之中，最後在他離去時慶祝。奧修帶引大家進入寧靜的階段，每個階段以一記鼓聲顯示。

靜下來，闔上你的雙眼，感覺你的身體完全凍結。

現在往內看，凝聚你所有的意識，幾乎如同一把箭般，射往你的核心。

在核心你是一個佛，在表面你可以是任何人——湯姆、迪克、哈利，在表面你們全都不一樣，但在核心你們的本質都是佛，一個道中之人。

愈來愈深——你走得愈深，愈能經驗到你永恆的實相，花朵開始傾灑在你身上，整個存在為你的寧靜而欣喜。

就成為觀照，從核心來的觀照，你就已經到家了。

讓這更清楚一些……

（擊鼓聲）

放鬆，只要記得你是一個觀照。身體不是你，頭腦不是你，你不過是一面鏡子。當你安住在明鏡般的觀照之中，整個存在換上了美不勝收的外貌，萬事萬物都變得神聖。

這夜有它自身的美，不過，亞許（Joshu）的獅子吼為今夜增添了無上的美。

就在這個片刻，你是一個佛。

當你回來時，將那個佛順道帶回來，你必須在你每天的生活當中活出那個佛。我不贊成棄世，我贊成重新創造這個世界。當世界上有更多的佛，就會有更多新的天空、新的次元、新的門開啟……新的奧祕，新的奇蹟。

盡你所能，拾集愈多的芬芳與花朵愈好。

（擊鼓聲）

回來，以一個佛的姿態回來——優然、靜雅。坐一會兒，只是去重溫那個你曾到過的空間，重拾你所經歷到的光華璀璨。

每一天，你必須愈來愈深入，永遠記得你已經走了多遠，明天你要走得更遠一點。也許要花上兩年、五年或二十年、三十年的時間，但你會成為一個佛。對我來說，此刻你是一個佛，你只需要鼓起勇氣。在那三十年裡，你不會被改變成一個佛，因為你已經是一個佛了。那三十年只是為了放下懷疑——懷疑你自己是佛，儘管我這麼說，儘管諸佛也都這麼說服你，你的內心深處仍有懷疑：「老天，我嗎？我是一個佛？」然而，有一天你會被自己的經驗給說動，若沒有你親身的經驗，你不會真正轉變的。

成為佛陀的管道

一九八八年十二月，奧修又再度病得很重，他需要他的私人醫生一天二十四小時的看護。在停止演講三星期之後，他再度回到靜心堂，並發布一則令人震驚的宣告。一位日本籍的女先知傳來一則訊息，她相信佛陀正在使用奧修作為管道，他確認了這件事，並宣布他放棄「巴關」這個名字。他還摘下戴了數個月的太陽眼鏡，將眼鏡給了一位門徒，當初因為攝影機的燈光會影響他的眼睛，使他必須戴著太陽眼鏡演講。他的名字於接下來的數日幾經變化，其中，在他回答一位合眾國際社（UPI）的記者問題時提到：

佛陀棲息在我的身體裡，我是主人，他是客人，沒有改不改信佛教的問題。我天生就是一個佛，那就是他以我為工具去做他剩下工作的理由。他等待又等待，徘徊、盤旋了二十五個世紀，只為尋得一個適當的工具。

我不是佛教徒，佛陀也無意創造佛教或是有組織的宗教。甚至在二十五個世紀之前，他也從未創立一個宗教組織。真理一經組織即成了謊言，宗教組織不過是隱形的政治活動，是一種神職人員嚴重的剝削行為，那些人也許是印度教祭司、回教宗教領袖、猶太教教士或天主教教宗——他們全都沒有兩樣。

佛陀身後並沒有繼承人，他最後的遺言是：「不要鑄造我的雕像，不要蒐集我說過的話；我不想成為被膜拜的符號，我最深切的渴望是你不要模仿。你不必當佛教徒，因為你自己的潛能即是成為一個佛。」

我想說：我不教導「佛教」或任何有關「主義」的事情，我教導「佛」本身。和我在一起的人並不隸屬任何宗教組織，他們是個別獨立的求道者，我與他們的關係是旅途上的夥伴。

對了，我得提醒你佛陀在二十五世紀之前的預言：「當我再回來，我將不透過女性的子宮出生，我會在某個人身上尋求庇護，這個人與我有相近的意識、同等的高度與一樣開敞的天空，我會被稱為『朋友』。」

這個名詞意謂著很大的自由，他不想成為任何人的上師，只想當一個朋友。他有某些東西可以分享，他的分享是不附帶條件的。

這也將有助你的釐清，因為有一些門徒不知道該如何區分佛陀與我。佛陀的預言有助於澄清他們的困惑。雖然他棲息在我之中，我不會被喚做佛陀，我喜愛根據他的預言被稱為：彌勒佛（Maitreya the Buddha），「Maitreya」的意思是「朋友」，這即是區別，不會再有模糊地帶了。

在第五次不尋常的造訪之夜，奧修來到靜心堂宣布另一則消息：由於主客之間各自的生活形態無法相容，佛陀已經離開了。

這四天對我而言十分難挨，我以為佛陀能了解時代的改變，不過事情並非如此。我盡了最大的努力嘗試，但他那一套紀律太嚴謹了——二十五世紀前的紀律，使他變成了一身硬梆梆的骨頭。

在小事情上我們合不來。他一向都只靠右側睡覺，而且不用枕頭，他用他的手當作枕頭。枕頭在他眼裡是奢侈品。

我告訴他：「這可憐的枕頭才不是奢侈品，把你的手整晚墊在你的頭底下根本就是虐待。你認為睡右側才對，睡左邊就不對嗎？這是我的基本做法，就我來說，我兩邊都睡。」

他一天只進食一次，而且連說都不說一聲，就要我也照做。以前他都得去乞討他的食物，他問我：「我的缽在哪裡？」

今天晚上六點整，當我正在泡按摩浴缸的時候，他顯得很不安：「按摩浴缸？」一天洗兩次澡又是很奢侈。我說：「你已經實現了你會回來的預言，四天已經夠了——我對你道再見！現在，你不用繞著地球四處流浪，你直接消失在最終的湛藍天空中。」

「這四天你已經見到了，我正在做你想做的事，而且我根據時代與需要在做這些事，我不是任何人可以下命令的，我是自由的個體。我出於自由與愛，將你視為客人接待，但是別想喧賓奪主。」

這四天我發生頭痛的情形，我已經三十年不曾頭痛過了，早已忘了頭痛是什麼感覺。每件事都行不通，他太習慣他的方式，而他的方式已經不再合宜了。

所以這時候，我要做一個更具歷史性的宣言：我只是我自己。

你可以繼續叫我「佛」（Buddha），但那與佛陀或彌勒佛沒有關連，我天生即是一個佛，這是我的權力。「佛」的意思只是：「一個醒覺者」。現在我宣布我的名字是「斯里．羅傑尼西．左巴佛陀」（Shree Rajneesh Zorba the Buddha）。

斯里．羅傑尼西．左巴佛陀很快就拋下他所有的名字，並說他不會有名字。然而，門徒們由於不知如何稱呼他，故建議「奧修」（Osho）作為他的名字，這個字經常出現在禪宗故事中，用來表示尊敬與榮耀。奧修同意，並舉威廉．詹姆士（William James；譯注：1842-1910

年，美籍心理學家及哲學家）曾說過的「oceanic」（海洋般的）加上他自己的意義。稍後他說，「奧修」不是他的名字，純粹是一種治療的聲音。

禪宗宣言：從一己解脫

在佛陀來訪過後的幾星期，奧修似乎啟動了新的力量與能量，他的演講時間拉長，有數次他沒有中斷、連續演講四個小時，而且他的言談很明顯地更具火焰般的光與熱。在不同系列的演講當中，他提出禪宗與尼采、惠特曼的工作相關之處，將禪宗與基督教做比較，並推薦戈巴契夫以禪宗作為共產主義過渡到資本主義的緩和途徑。但在一九八九年，新系列「禪宗宣言」開始兩天之後，奧修再度因病而停止來到靜心堂，直到四月初為止。禪宗宣言成為他最後一系列的演講。

禪宗宣言是絕對必須的，因為所有舊的宗教正在崩解，在它們崩解、在人類陷入混亂之前，禪宗必須被傳播到地球上的各個角落。在老房子倒塌以前，你得將新房子蓋好。

這次請別再犯同樣的錯，你一直住在一間不存在的房子裡，所以你為下雨、寒冬、日曬所苦，因為那房子只是你的想像。這一次，要真的走進你本來的房子，而不是人造的廟堂、人為的宗教。進入你自己的存在，何必老是當個複製品？

這樣的時機十分寶貴，你誕生在一個很幸運的時刻，因為舊有的已經搖搖欲墜、失去了可靠性；它還在你周圍盤旋，因為你沒有足夠的膽量脫離監獄，要不然，大門早已敞開。事實上，門從來就不存在，因為你所住的房子完全是想像出來的。你的神是幻想，你的牧師、你神聖的經書無一不是幻想。

這一次，不要犯同樣的錯誤，這一次，人類必須從迂腐的謊言到新鮮、永遠清新的真理跨出量子躍。

這是禪宗的宣言。

在一次晚間靜心的尾聲，奧修做了他最後一次的公開演說，時間是一九八九年四月十日。此刻，你是地球上最受到恩寵的人，記住你自己是一個佛是最珍貴的經驗，因為那是你的永恆，你的不朽。

那永恆不是你，而是你存在的本身，你的存在與星辰、樹木、天空、大海合為一體，你不再是遺落的。佛陀最後的遺言是：「sammasati」（正念）。

記住你是一個佛——sammasati。

成立內圈

四月六日，奧修成立了「內圈」（inner circle），內圈由二十一位門徒組成，負責社區實際的行政運作。他沒有公開談過關於內圈的事，但後來他在對內圈的指示中清楚說到，他們的目的並不是提供靈性指引，而是為了讓他的工作能夠進行。內圈的成員若死亡或因故決定離開的時候，其餘成員將一起決定遞補的人選，所有的決策也都經過全體一致的同意。

有一項傳統是你無法避免的，你無能為力，那就是：一旦你死了，你不能阻止人們所做的事。與其讓無知的人來做事，倒不如你提供正確的指示。

準備離開

一九八九年四月十日：奧修告訴他的祕書，當他一結束演說，他的能量就完全改變了。他說明，正像一個人進入世界前要在子宮待九個月，在死亡之前的九個月，人的能量會再進入預備死亡的一段時期。這一晚的演講是以「佛的覺醒」（Awakening of the Buddha）為標題的新系列。

五月十九日：在靜心堂的一場一般性事務會議中，消息宣布奧修不會再公開演說。

五月二十三日：消息宣布奧修將會在晚間來到靜心堂。當他來的時候，現場揚起音樂，如此每個人可以與他一起慶祝，接下來有一段安靜的靜心，然後奧修離開。在他離開之後，現場會播放一段他的演講錄影帶。

六月至七月：奧修多元大學成立，有不同的學院照料多樣的工作坊與課程，其中包括蛻變中心、神祕學院、創作藝術學院、武術藝術學院。

人們被要求穿白色袍子參加晚上的聚會，這項改變起源於七月份印度傳統的滿月慶典，社區長久以來都會舉辦慶祝活動，以向成道的師父們致意。

八月二十五日：奧修建議，人們在社區內從事一切活動都穿著紅袍。

八月三十一日：在奧修住處附近的前「莊子廳」，一間為奧修而建的臥室已經竣工。他親自參與了新房間的設計：大理石的地面、一盞大型的支狀吊燈、落地窗外看出去是一片茂密的花園。

九月十四日：奧修搬回他先前的臥房，新房間給「神祕玫瑰」與「無念」靜心治療使用。之前為了讓奧修到花園散步所蓋的空調玻璃步道，也將給內觀、坐禪與其他靜態的靜心團體使用。

十一月十七日：奧修對於他離開身體之後的事宜做了指示。他也要求組成一群人將他的印地語書籍翻譯成英文，並進一步指示內圈的運作。

十二月二十四日：英國「週日郵報」（The Sunday Mail）刊載了一篇文章，指出梵蒂岡對奧修被逐出英國有一部分責任。

一九九〇年一月十七日：奧修的醫生宣布，從現在起他無法在晚上來到靜心堂坐，但他會出來與大家短暫地致意，之後隨即離開。當奧修出現在靜心堂，他很明顯地呈現出一種衰弱與步履的不穩定。

一月十八日：晚間靜心時間，奧修待在他的房裡，不過他傳來一則訊息：他的存在將如同他在場一般被大家所感受。

一九九〇年一月十九日：奧修在下午五點時離開他的身體，他沒有採納醫生的急救建議，而說：「讓存在決定時間」，之後平靜地闔上眼睛，悄然離去。晚間七點鐘，當大家一如往常為晚間靜心而齊聚靜心堂時，他的醫生宣布了這項消息。經過短時間的暫停，讓朋友們通知那些想來而無法在場的人之後，奧修的身體被抬到靜心堂接受慶祝達十分鐘，接著，他的身體在一長排的隊伍中被送至鄰近的火葬場，這場歡送慶典持續了整晚。

兩天之後，奧修的骨灰被帶至「莊子廳」，也就是現在被改裝成新房間的所在，他在莊子廳演講、會晤門徒與求道者已有多年的時間。骨灰按照奧修的指示放置在「床下」——房間一端的一塊厚大理石裡面，原始設計即為一座床板——並在上面覆蓋一塊雕版，數個月前他曾指定了雕版上所要刻的話語：

未曾誕生

未曾死亡

只是

從一九三一年十二月十一日

到

一九九〇年一月十九日

拜訪這個星球

跋──自一九九〇年至今

位於普那的奧修國際社區（Osho Commune International）的發展日益蓬勃，並已擴展成一個靜心與自我探索的休閒渡假勝地，這是奧修在離開身體前幾個月所規劃的。他親身參與規劃許多擴建方案，包括給靜心與工作坊用的金字塔型建築、一座溫泉浴池、消遣與運動綜合設施，與一座預計二〇〇二年全新完工的金字塔靜心堂。

我對存在的信任是絕對的。如果，我說過的話裡面有任何的真諦，那些話就會流傳下來。對我的工作有興趣的人將會繼續傳遞那把火炬，但不會將我的話強加在任何人身上。

對我的人們而言，我將一直是他們的鼓舞泉源，那是大多數門徒會感覺到的。我要他們靠自己成長，像愛這樣的品質，沒有一座教堂能創造得出來；像覺知，覺知不是任何人的專利；像慶祝、快樂，以及保持新鮮、孩童般的眼神……

我要我的人們了解他們自己，不去應和別人。

方法即是——往內。

延伸閱讀

有興趣進一步了解這本傳記中所提到特定事件的讀者，印度的叛逆出版社（Rebel Publishing）出版了數本書籍可供閱讀，包括在「羅傑尼西普蘭之城」所發生的事情與奧修的「世界之旅」的親身目擊者所寫成的記述，以及使醫生們相信奧修在美國政府監禁他時被下毒的一份證據詳細的報告。

由調查記者馬可思・布雷徹（Max Brecher）所著的《前往美國的旅程》（*A Passage to America*，由印度的Book Quest出版社發行），書中描述導致奧修在夏洛地被捕的數起事件概要，及後續拘禁的情形，並披露奧修與參與事件的數名政府官員、執法人員的精采對談。

《金色童年》（*Glimpses of a Golden Childhood*）一書由奧修口授他童年與學生時代的特立獨行與重要事蹟，包含了更多早期生活的細節。

關於本書的選錄與訂書資訊，請上網站www.osho.com/autobio查詢。

生命潛能出版圖書目錄

心靈成長系列		作者	譯者	定價
ST0111	如何激發自我潛能	山口　彰	鄭清清	170
ST0137	快樂生活的新好男人	巴希克	陳蒼多	280
ST0144	珍愛	碧提	黃春華	190
ST0147	揭開自我之謎	戴安	黃春華	150
ST0149	揮別傷痛	布萊克	喬安	150
ST0159	扭轉心靈危機	克里斯・克藍克	許梅芳	320
ST0161	與慈悲的宇宙連結	拉姆・達斯&保羅・高曼	許桂綿	250
ST0165	重塑心靈	許宜銘		250
ST0166	聆聽心靈樂音	馬修	李芸玫	220
ST0167	敞開心靈暗房	提恩・戴唐	陳世玲／吳夢峰	280
ST0168	無為，很好	史提芬・哈里森	于而彥	150
ST0172	量身訂做潛能體操	蓋兒・克絲&席拉・丹娜	黃志光	220
ST0173	你當然可以生氣	蓋莉・羅塞里尼&馬克・瓦登	謝青峰	200
ST0175	讓心無懼	蘭達・布里登	陳逸群	280
ST0176	心靈舞台	薇薇安・金	陳逸群	280
ST0177	把神祕喝個夠	王靜蓉		250
ST0178	喜悅之道	珊娜雅・羅曼	王季慶	220
ST0179	最高意志的修煉	陶利・柏肯	江孟蓉	220
ST0180	靈魂調色盤	凱西・馬奇歐迪	陳麗芳	320
ST0181	情緒爆發力	麥可・史凱	周晴燕	220
ST0183	給生活一帖力量——現代人的靈性維他命	芭芭拉・伯格	周晴燕	200
ST0184	治療師的懺悔——頂尖治療師的失誤個案經驗分享	傑弗瑞・柯特勒&瓊恩・卡森	胡茉玲	280
ST0186	瑜伽上師最後的十堂課	艾莉絲・克麗斯坦森	林惠瑟	250
ST0188	催眠之聲伴隨你（新版）	米爾頓・艾瑞克森&史德奈・羅森	蕭德蘭	320
ST0190	創造金錢（上冊）——運用磁力彰顯財富的技巧	珊娜雅・羅曼&杜安・派克	沈友娣	200
ST0191	創造金錢（下冊）——協助你開創人生志業的訣竅	珊娜雅・羅曼&杜安・派克	羅孝英	200
ST0195	擁舞生命潛能（新版）	許宜銘		220
ST0196	內在男人，內在女人——探索內在男女能量對關係與工作的影響	莎加培雅	沙微塔	250
ST0197	人體氣場彩光學	喬漢娜・費斯林傑&貝緹娜・費斯林傑	遠音編譯群	250

ST0198	水晶高頻治療——運用水晶平衡精微能量系統	卡崔娜・拉斐爾	弈蘭	280
ST0199	和內在的自己玩遊戲	潔娜・黛安	黃春華	200
ST01100	和內在的自己作朋友	潔娜・黛安	黃春華	200
ST01101	個人覺醒的力量——增強心靈感知與能量運作的能力	珊娜雅・羅曼	羅孝英	270
ST01102	召喚天使——邀請天使能量共創幸福奇蹟	朵琳・芙秋博士	王愉淑	280
ST01103	克里昂靈性寓言故事——以高層心靈的視界，突破此生的課題與業力	李・卡羅	邱俊銘	250
ST01104	新世紀揚昇之光——開啟高次元宇宙奧祕與揚昇之鑰	黛安娜・庫柏	鄭婷玫	300
ST01105	預知生命大蛻變——由恐懼走向愛的聖魂進化旅程	弗瑞德・思特靈	邱俊銘	320
ST01106	古代神祕學院入門書——超感應能力與脈輪開通訓練	道格拉斯・德龍	陶世惠	270
ST01107	曼陀羅小宇宙——彩繪曼陀羅豐富你的生命	蘇珊・芬徹	游琬娟	300
ST01108	家族系統排列治療精華——愛的根源回溯找回個人生命力量	史瓦吉多	林群華、黃翎展	380
ST01109	啟動神祕療癒能量——古代神祕學院進階療癒技巧	道格拉斯・德龍	奕蘭	280
ST01110	玩多元藝術解放壓力	露西雅・卡帕席恩	沈文玉	350
ST01111	在覺知中創造十大法則	弗瑞德・思特靈	黃愛淑	360
ST01112	業力療法——清除累世障礙，重繪生命藍圖	狄吉娜・沃頓	江孟蓉	320
ST01113	回到當下的旅程——靈性覺醒道路上的清晰引導	李耳納・傑克伯森	鄭羽庭	360
ST01114	靈性成長——與大我合一的學習之路	珊娜雅・羅曼	羅孝英	320
ST01115	如何聆聽天使訊息	朵琳・芙秋博士	王愉淑	220
ST01116	天使之藥	朵琳・芙秋博士	陶世惠	340
ST01117	影響你生命的12原型	卡蘿・皮爾森	張蘭馨	400
ST01118	啟動天使之光	黛安娜・庫柏	奕蘭	300
ST01119	天使數字書	朵琳・芙秋博士	王愉淑	250
ST01120	天使筆記書	生命潛能編輯部		200
ST01121	靈魂之愛	珊娜雅・羅曼	羅孝英	350
ST01122	再連結療癒法——來自宇宙能量的治療的奇蹟	艾力克・波爾	黃愛淑	380
ST01123	Alpha Chi 風水九大封印——風水知識的源頭與九大學派的演變	阿格尼・艾克曼＆杜嘉・郝思荷舍	林素綾	360
ST01124	預見未知的高我	弗瑞德・思特靈	林瑞堂	380

ST01125	邀請你的指導靈	桑妮雅・喬凱特	邱俊銘	380
ST01126	來自寂靜的信息	李耳納・傑伯克森	鄭羽庭	320
ST01127	呼吸的神奇力量	德瓦帕斯	黃翎展	270
ST01128	當靜心與諮商相遇	史瓦吉多	李舒潔	380
ST01129	靈性法則之光	黛安娜・庫柏	沈文玉	320
ST01130	塔羅其實很簡單	M. J. 阿芭迪	盧娜	280
ST01131	22 個今生靈魂課題	桑妮雅・喬凱特	林群華	360
ST01132	跨越 2012——邀請您共同邁向黃金新紀元	黛安娜・庫柏	吳瑩榛	360
ST01133	地心文明桃樂市(第一冊)——第五次元拉姆妮亞的揚昇之道	奧瑞莉亞・盧意詩・瓊斯	陳菲	280
ST01134	齊瑞爾訊息：創世基質	弗瑞德・思特靈	邱俊銘	340
ST01135	開放通靈——如何連結你的指導靈	珊娜雅・羅曼＆杜安・派克	羅孝英	350
ST01136	綻放直覺力——打造你的私房通靈工作坊	金・雀絲妮	許桂綿	280
ST01137	點燃療癒之火——靈性治療，最深的靈魂探索	凱若琳・密思博士	林瑞堂	380
ST01138	地心文明桃樂市(第二冊)——人類揚昇的光啟之道	奧瑞莉亞・盧意詩・瓊斯	黃愛淑	300
ST01139	創造生命的奇蹟：“我值得擁有一切美好的改變”	露易絲・賀	蕭順涵	250
ST01140	齊瑞爾訊息：重返列木里亞	弗瑞德・思特靈	林瑞堂	380

光之冥想系列		作者	譯者	定價
ST13001	創傷療癒——十二階段解除創傷制約（書＋十二段身體創傷工作引導式練習雙CD）	彼得・列汶	黃翎展	480
ST13002	淨化脈輪引導式冥想——晨昏兩段脈輪冥想，全面提升你的靈性力量（書＋引導式冥想雙CD）	朵琳・芙秋博士	陶世惠	480

生命學堂系列		作者	譯者	定價
ST14001	胖女孩的食戰童年：一個非關減重的真實故事	茱蒂絲・摩爾	林冠儀	250
ST14002	死亡晚餐派對：15樁真實醫學探案	強納森・艾德羅醫師	江孟蓉	280
ST14003	遇見紐約色彩的心理治療督導	陳瀅妃		450
ST14004	記憶的照護者——阿茲海默症的侵略軌跡與照護歷程	安卓亞・吉利斯	許桂綿	420

健康種子系列		作者	譯者	定價
ST9002	同類療法I─健康新抉擇	維登・麥凱博	陳逸群	250
ST9003	同類療法II─改善你的體質	維登・麥凱博	陳逸群	300
ST9005	自我健康催眠	史丹利・費雪	季欣	220
ST9010	腦力營養策略	藍格& 席爾	陳麗芳	250
ST9011	飲食防癌	羅伯特・哈瑟瑞	邱溫	280
ST9012	雨林藥草居家療方	阿維戈& 愛普斯汀	許桂綿	280
ST9014	呼吸重生療法——身心整合與釋放壓力的另類選擇	凱瑟琳・道林	廖世德	250
ST9018	靈性治療的藝術	凱思・雪伍	林妙香	270
ST9019	巴哈花療法，心靈的解藥	大衛・威奈爾	黃寶敏	250
ST9021	逆轉癌症——恢復生命力的九大自療療程（附引導式自療冥想CD）	席瓦妮・古曼	周晴燕	250
ST9022	印加靈魂復元療法——跨越時間之河修復生命、改造未來	阿貝托・維洛多博士	許桂綿	280
ST9023	靈氣108問——以雙手傳遞宇宙生命能量的新時代療法	萊絲蜜・寶拉・賀倫	欣芬	240
ST9024	印加巫士的智慧洞見——成為地球守護者的操練與挑戰	阿貝托・維洛多博士	奕蘭	280
ST9025	靈氣為你帶來豐盛——遠離匱乏、體驗豐盛的42天靈氣方案	萊絲蜜・寶拉	胡澤芬	220
ST9026	不疼不痛安心過生活——解除你的疼痛	克利斯・威爾斯＆葛瑞姆・諾恩	陳麗芳	280
ST9027	印加能量療法（新版）——一位心理家的薩滿學習之旅	阿貝托・維洛多博士	許桂綿	300
ST9028	靈氣心世界——以撫觸與覺知開展生命療癒	寶拉・賀倫博士	胡澤芬	280
ST9029	印加大夢——薩滿顯化夢想之道	阿貝托・維洛多博士	許桂綿	320
ST9030	聲音療法的7大祕密	強納森・高曼	奕蘭	270
ST9031	靈性按摩——品嚐靜心與能量共鳴的芬芳	莎加培雅	沙微塔	450
ST9032	肢體療法百科——身心和諧之旅的智慧導航	瑪加・奈思特	邱溫	360
ST9033	身心合一（新版）——探索肢體心靈的微妙互動	肯恩・戴特活德	邱溫	320
ST9034	療癒之聲——探索諧音共鳴的力量	強納森・高曼	林瑞堂	270
ST9035	家族排列釋放疾病業力	伊絲・庫什拉博士＆克里斯帝・布魯格	張曉餘	320
ST9036	與癌細胞和平共處	麥克・費斯坦博士＆派翠西亞・芬黎	江孟蓉	320
ST9037	創造生命的奇蹟：身體調癒A-Z	露易絲・賀	張學健	280
ST9038	身心調癒地圖	黛比・夏比洛	邱溫	360

奧修靈性成長系列		作者	譯者	定價
ST6001	成熟——重新看見自己的純真與完整	奧修	黃瓊瑩	280
ST6002	勇氣——在生活中冒險是一種喜悅	奧修	黃瓊瑩	300
ST6003	創造力——釋放內在的力量	奧修	李舒潔	280
ST6004	覺察——品嘗自在合一的佛性滋味	奧修	黃瓊瑩	300
ST6005	直覺——超越邏輯的全新領悟	奧修	沈文玉	280
ST6006	親密——學習信任自己與他人	奧修	陳明堯	250
ST6009	存在之詩——藏密教義的終極體驗	奧修	陳明堯	320
ST6011	瑜伽——提升靈魂的科學	奧修	林妙香	280
ST6012	蘇菲靈性之舞——讓自我死去的藝術	奧修	沈文玉	320
ST6013	道——順隨生命的核心	奧修	沙微塔	300
ST6014	身心平衡——與你的身體和心理對話	奧修（附放鬆靜心CD）	陳明堯	300
ST6015	喜悅——從內在深處湧現的快樂	奧修	陳明堯	280
ST6016	歡慶生死	奧修	黃瓊瑩	300
ST6017	與先哲奇人相遇	奧修	陳明堯	300
ST6019	脈輪能量書I——回歸存在的意識地圖	奧修	沙微塔	250
ST6020	脈輪能量書II——靈妙體的探索旅程	奧修	沙微塔	250
ST6021	聰明才智——以創意回應當下	奧修	黃瓊瑩	300
ST6022	自由——成為自己的勇氣	奧修	林妙香	280
ST6023	奧修談禪師馬祖道一——空無之鏡	奧修	陳明堯	280
ST6024	奧修談禪師南泉普願——靈性的轉折	奧修	陳明堯	280
ST6026	女性意識——女性特質的慶祝與提醒	奧修	沈文玉	220
ST6027	印度，我的愛——靈性之旅	奧修（附「寧靜乍現」VCD）	陳明堯	320
ST6028	奧修談禪師趙州從諗——以獅吼喚醒你的自性	奧修	陳明堯	250
ST6029	奧修談禪師臨濟義玄——超脫理性的師父	奧修	陳明堯	250
ST6030	熱情——真理、神性、美的探尋	奧修	陳明堯	280
ST6031	慈悲——愛的極致綻放	奧修	沈文玉	270
ST6032	靜心春與夏——奧修與你同在	奧修	陳明堯	220
ST6033	靜心秋與冬——奧修與你同在	奧修	陳明堯	220
ST6034	蓮花中的鑽石——寂靜之聲與覺醒之鑰	奧修	陳明堯	320
ST6035	男人，真實解放自己	奧修	陳明堯	300
ST6036	女人，自在平衡自己	奧修	陳明堯	300
ST6037	孩童，作自己的自由	奧修	林群華	320
ST6038	愛、自由與單獨	奧修（附演講 DVD)	黃瓊瑩	350
ST6039	奧修談禪	奧修（附演講 DVD)	陳明堯	280
ST6040	奧修談情緒	奧修（附靜心音樂 CD）	沈文玉	280
ST6041	奧修自傳：叛逆的靈魂	奧修（附演講 DVD)	黃瓊瑩	450

心靈塔羅系列		作者	譯者	定價
ST11003	女神神諭占卜卡（44張女神卡＋書＋絲絨袋）	朵琳・芙秋博士	陶世惠	780
ST11004	守護天使指引卡（44張守護天使卡＋書＋絲絨袋）	朵琳・芙秋博士	陶世惠	780
ST11005	揚昇大師神諭卡（44張揚昇大師卡＋書＋絲絨袋）	朵琳・芙秋博士	鄭婷玫	780
ST11006	神奇精靈指引卡（44張神奇精靈卡＋書＋絲絨袋）	朵琳・芙秋博士	陶世惠	850
ST11007	大天使神諭占卜卡（2009年新版）（45張大天使卡＋書＋絲絨袋）	朵琳・芙秋博士	王愉淑	780
ST11008	古埃及神圖塔羅牌（2009年新版）（78張塔羅牌＋書＋神圖占卜棋盤）	白中道博士	蕭靜如繪圖	980
ST11009	聖者天使神諭卡（44張聖者天使神諭卡＋書＋絲絨袋）	朵琳・芙秋博士	林素綾	850
ST11010	白鷹醫藥祕輪卡（46張白鷹醫藥卡＋書＋絲絨袋）	瓦納尼奇&伊莉阿娜・哈維	邱俊銘	850
ST11011	生命療癒卡（50張療癒卡＋書＋絲絨袋）	凱若琳・密思博士&彼德・奧奇葛羅素	林瑞堂	850
ST11012	天使療癒卡（44張天使療癒卡＋書＋絲絨袋）	朵琳・芙秋博士	陶世惠	850
ST11013	指導靈訊息卡（52張指導靈訊息卡＋書＋絲絨袋）	桑妮雅・喬凱特博士	邱俊銘	850
ST11014	神奇美人魚與海豚指引卡（44張指引卡＋書＋絲絨袋）	朵琳・芙秋博士	陶世惠	850

兩性互動系列		作者	譯者	定價
ST0208	你這話是什麼意思？——終結伴侶間的言語傷害	派翠西亞・依凡絲	穆怡梅	220
ST0216	女性智慧宣言	露易絲・賀	蕭順涵	200
ST0217	情投意合溝通法	強納生・羅賓森	游琬娟	240
ST0218	靈慾情色愛	許宜銘		200
ST0220	彩翼單飛	雪倫・魏士德・克魯斯	周晴燕	250
ST0226	婚姻診療室——以現實療法破解婚姻難題	蓋瑞・查普曼	陳逸群	250
ST0227	愛的溝通不打烊——讓你的婚姻成為幸福的代名詞	瓊恩・卡森＆唐恩・狄克梅爾	周晴燕	280
ST0229	Office男女大不同：火星男人與金星女人職場輕鬆溝通	約翰・葛瑞博士	邱溫＆許桂綿	320
ST0230	男女大不同：火星男人與金星女人的戀愛講義	約翰・葛瑞博士	蘇晴	320

美麗身心系列		作者	譯者	定價
ST80001	雙人親密瑜伽——用身體來溝通、分享愛和喜悅	米夏巴耶	林惠瑟	300
ST80003	圖解同類療法——37種常見病痛的處方及藥物寶典	羅賓．海菲德	陳明堯	250
ST80004	圖解按摩手法——體驗雙手探索身體的樂趣	柏妮．羅文	林妙香	250
ST80005	水晶身心靈療方	海瑟．芮芳	鄭婷玫	360
ST80006	五大元素療癒瑜伽——整合脈輪的瑜伽體位法	安碧卡南達大師	林瑞堂	380
ST80007	樹的療癒能量	派屈斯．布夏頓	許桂綿	320
ST80008	靈氣情緒平衡療方	坦瑪雅．侯內沃	胡澤芬	320
ST80009	西藏醫藥	拉斐．福得	林瑞堂	420
ST80010	花草能量芳香療法——融合陰陽五行發揮精油情緒調理的功效	蓋布利爾．莫傑	陳麗芳	360

更多資訊請瀏覽：

www.OSHO.com
這是一個多國語言的網站，內容有雜誌、奧修的書籍、奧修的影音與聲音的演說、英文與印地文（Hindi）的奧修文字資料庫、以及大量的奧修靜心資訊。你也能找到奧修多元大學（OSHO Multiversity）的課程表，還有奧修國際靜心勝地（OSHO International Meditation Resort）的資訊。

與奧修國際基金會聯繫請至：www.osho.com/oshointernational

奧修靈性成長系列41

奧修自傳：叛逆的靈魂

原著書名／Autobiography of a Spiritually Incorrect Mystic
作　　者／奧修Osho
譯　　者／黃瓊瑩Sushma
執行編輯／黃春華
主　　編／王芳屏
經　　理／陳伯文
發 行 人／許宜銘
出版發行／生命潛能文化事業有限公司
聯絡地址／台北市信義區（110）和平東路三段509巷7弄3號B1樓
聯絡電話／(02)2378-3399
傳　　真／(02)2378-0011
郵政劃撥／17073315（戶名：生命潛能文化事業有限公司）
E-mail／tgblife@ms27.hinet.net
網　　址／http://www.tgblife.com.tw
郵購單本九折，五本以上八五折，未滿$1,000元郵資60元，購書滿$1,000元以上免郵資

總 經 銷／吳氏圖書有限公司・電話／(02)3234-0036
內文排版／普林特斯資訊股份有限公司・電話／(02)8226-9696
印　　刷／承峰美術印刷・電話／(02)2225-7055

2003年元月初版　2006年四月二刷　2011年12月二版
定價：450元

ISBN: 978-986-6323-41-6

國家圖書館出版品預行編目資料

奧修自傳：叛逆的靈魂 / 奧修（Osho）著；黃瓊瑩譯. -
二版. --臺北市：生命潛能文化, 2011.12
面； 公分. --（奧修靈性成長系列；41）

譯自：Autobiography of a spiritually incorrect mystic

ISBN 978-986-6323-41-6（平裝附數位影音光碟）

1. 奧修（Osho, 1931-1990） 2. 傳記

783.718　　100021059